KB145176

클라우드 도입 실천 전략

클라우드 도입 실천 전략

클라우드에 첫발 내딛는 기업 맞춤 참고서

모어 압둘라 · 잉고 애버덩크 · 롤랜드 바르시아 · 카일 브라운 · 인듀 에뮤차이 지음

정진영 · 이민아 옮김

WILEY

에이콘

에이콘출판의 기틀을 마련하신 故 정완재 선생님 (1935-2004)

내가 아는 가장 현명한 분이자, 어렵사리 홀로 우리 가족을 길러주시고 항상 기댈 수 있도록 든든하게 지지해주신 할머니께 이 책을 바친다. 또한 나를 이 자리에 있게 해준 우리 가족에게도 진심 어린 감사를 보낸다. ‐ 모어

사랑하는 아내, 캐슬린과 아들 세바스찬, 알렉스, 레너드에게 이 책을 바친다. 가족들이 없는 나의 삶은 상상도 할 수 없다. ‐ 잉고

하느님과 주 예수 그리스도께 이 영광을 바친다. 바쁜 내 일정을 이해해주는 아내 블랑카, 늘 감사하고 사랑한다. 사랑하는 알리샤, 사비, 요셉, 아모, 너희는 내게 늘 감동이다. ‐ 롤랜드

전보다 더 스트레스를 받을 줄 몰랐을 텐데도 이 집필 프로젝트를 이해해주는 사랑하는 아내 앤, 당신이 최고야. ‐ 카일

우리 가족, 특히 가슴 속에 살아 숨 쉬는 동생 아코에게 이 책을 바친다. ‐ 인듀

추천의 글

스티브 로빈슨Steve Robinson / IBM 하이브리드 클라우드 부문 총책임자

5년 전쯤 이 책의 저자 중 몇 명과 함께 업계에 혁신을 일으킬 만한 제품을 개발하는 IBM의 스타트업 팀을 이끌게 됐다. 이 제품은 지금 IBM 클라우드 제품군의 핵심인 IBM 블루믹스Bluemix PaaS의 전신이었다. 당시 제품을 혁신적이고 새로운 방식으로 개발해야 했기에 IBM 내부의 혁신이 필요한 상황이었다. 제품 개발을 위해 기존 모델에서 벗어나야 했고, 클라우드 환경에 적합한 개발 방법을 배워야 했다. 또한 고객의 변화하는 요구사항을 충족시키기 위해 새로운 업무 방식을 적용해야 했다.

고객들은 모두 입을 모아 자신들이 파괴적인 혁신을 일으키지 않으면 역으로 자신들이 도태될 것이라 말했다. 고객들이 빠르게 혁신하지 않는다면 일부 프로그래머들이 그들 대신 혁신에 나설지도 모르는 일이었다. 고객들은 과거 비즈니스 모델에서 애자일Agile 조직이 혁신을 통해 업계를 혼란에 빠트리고 기존 시장 참여자들이 뒤처지는 것을 경험한 바 있다. 고객들은 업계의 혁신과 시장 변화의 이점을 누리려면 기업의 규모에 맞는 더 큰 혁신을 서둘러서 도입해야 한다는 사실을 알고 있었다.

변화가 불가피하다는 점은 어느 기업에나 명백했다. 클라우드는 신규 디지털 비즈니스의 토대이며, 클라우드를 이용한 변화는 생존을 위해 필수적이었다. 빠른 혁신의 핵심은 기존 기술에 클라우를 어떻게 도입하는 것이 가장 좋은 방법인지를 이해하는 것이었다.

그리고 기업이 직면한 과제는 이를 현실화하는 것이었다. 기업이 어떻게 하면 스타트업 조직처럼 빠르게 혁신하고, 사용자를 항상 염두에 두며, 기업 규모에 맞게 혁신을 확장할 수 있을까? 고객들은 IBM의 변화를 보며 IBM이 어떻게 변화했으며, IBM처럼 변하려면 어떤 도움을 받을 수 있는지 물었다. IBM은 애자일과 데브옵스DevOps

방법을 폭넓게 도입해 속도 측면에서 괄목할 만한 성과를 얻었는데, 고객들은 바로 그 비결을 원했다.

기업이 변화해야 한다는 시장의 요구는 IBM이 (이 책의 저자들이 동참한) 또 다른 스타트업 팀을 구성하게 하는 원동력이 됐으며, 그렇게 구성된 팀은 IBM 고객과의 다양한 컨설팅 방법을 개발하는 데 초점을 뒀다. 이 스타트업 팀이 바로 IBM 클라우드 개러지IBM Cloud Garage 팀이다.

개러지 팀은 검증된 방법과 견고한 아키텍처를 바탕으로 디지털 경제의 핵심을 포착했다. 디지털 경제의 핵심은 바로 고객 경험에 집중하고, 최소 단위로 빨리 반복할 수 있는 제품, 기존 시스템의 현대화, 조직 문화·프로세스·도구 모두에 중점을 두는 것이었다.

IBM 클라우드 개러지 팀은 업무를 시작하면서 기업 고객에게 IBM의 상황과 유사한 방식을 적용해 어떻게 스타트업 문화의 에너지를 이용하고 조직 규모에 맞게 적용하는지를 보여줬다. IBM은 경영진과 개발자가 끊임없는 혁신의 문화를 달성하도록 도왔고, 그 결과 배포 및 개발 기간을 단축하고 고객 만족도를 높였다.

IBM 클라우드 개러지 팀은 IBM 디자인 씽킹Design Thinking, 린 스타트업Lean Startup, 애자일 개발 및 데브옵스 등에 대한 업계 모범 사례를 결합해 기업 조직이 클라우드를 도입하고 애플리케이션 설계, 개발 및 배포 등의 라이프 사이클을 빠르게 진행할 수 있도록 돕는다. 이 책은 개러지 팀과 클라우드 아키텍처 및 솔루션 엔지니어링 팀의 비결을 한데 모아 기업에서 클라우드를 실제로 어떻게 구현할 수 있는지를 보여준다.

스티브 로빈슨
고객기술지원부 총책임자
IBM

지은이 소개

모어 압둘라 Moe Abdula

IBM 클라우드 포트폴리오의 열정적인 리더 중 한 명이다. IBM 클라우드 개러지IBM Cloud Garage, 클라우드 아키텍처 및 솔루션 엔지니어링 담당 부사장인 모어는 13개가 넘는 이노베이션 개러지의 글로벌 관행을 주도하고 있다. 이 개러지는 클라우드 솔루션 팀, 디자인 씽킹 팀, 기업 제공 전문가 및 디스팅귀시드 엔지니어Distinguished Engineer로 구성되어 핵심 기술 및 업계 패턴을 정의하고 구현하는 데 집중한다. 지난 20년 동안 IBM 소프트웨어에서 수많은 개발과 현장 업무를 수행했으며, 최근에는 소프트웨어 라이프 사이클 관리, 운영 관리 및 모바일 플랫폼 분야에서 일하고 있다. 영국 리즈 대학교에서 전자 컴퓨터 공학 분야의 학사 학위를 받았으며, 축구를 좋아한다. 그리고 아름다운 두 아이가 만들어주는 예상치 못한 삶을 경험하고 있다!

잉고 애버덩크 Ingo Averdunk

IBM의 디스팅귀시드 엔지니어로서, IBM 클라우드의 클라우드 도입 및 솔루션 엔지니어링에 대한 서비스 관리 및 사이트 신뢰성 엔지니어링을 담당하고 있다. 기업 시스템과 서비스 관리 분야에서 25년 이상의 경력을 쌓아왔으며, 전 세계 IBM의 전략적 고객들에게 자문을 제공한다. 독일의 뮌헨 공과대학교에서 컴퓨터 과학 및 이론 의학 석사 학위를 취득했으며, 공인 ITIL 서비스 관리자다. 아내 캐슬린Kathleen과의 사이에 세 아들을 두었으며, 주된 취미는 35년 동안 수련한 가라테Karate다.

롤랜드 바르시아^{Roland Barcia}

IBM 클라우드 프라이빗 및 마이크로서비스의 CTO, 뉴욕 클라우드 개러지, IBM 클라우드 도입 및 솔루션 엔지니어링에 중점을 둔 IBM의 디스팅귀시드 엔지니어다. 기술적 사고 리더십 및 전략, 기술적 활력 및 기술 활성화를 담당하고 있으며, 클라우드 전략과 구현에 관해 많은 기업 고객과 협업하고 있다. 또한 4권의 책을 공동 저술했으며 클라우드 기술, 쿠버네티스^{Kubernetes}, 마이크로서비스, 노드^{Node}, 컨테이너^{Containers}, Java, Ajax, REST, 메시징 기술 등을 주제로 50편 이상의 기고와 논문을 출간했다. 콘퍼런스에서 고객들에게 다양한 기술에 대한 발표를 자주 한다. 지난 18년간 소켓, CORBA, Java EE, SOA, REST, 웹, 모바일 및 마이크로서비스 아키텍처를 포함한 다양한 플랫폼에서 클라우드, 모바일, API, 미들웨어 시스템을 구현해왔다. 뉴저지 공과대학에서 컴퓨터 과학 석사 학위를 받았다.

카일 브라운^{Kyle Brown}

IBM 클라우드 아키텍처 및 솔루션 엔지니어링의 클라우드 아키텍처 부문 CTO이며 IBM의 디스팅귀시드 엔지니어다. 대규모 분산 시스템 및 클라우드 기반 시스템을 구축해온 지는 거의 30년이 됐다. IBM 개러지 방법론의 공동 개발자이며, IBM 클라우드 개러지 방법론 사이트 및 IBM 클라우드 개러지 아키텍처 센터를 담당한다. 또한 17개의 미국 및 외국의 특허를 보유한 IBM의 마스터 인벤터^{Master Inventor}다. 100편 이상의 기고를 출간한 저자이기도 하다. 웹 채팅과 구글 행아웃^{Google Hangouts}을 사용하고 유튜브 동영상을 제작하며, 소프트웨어 엔지니어링을 다룬 10권의 책을 저술하거나 저술하는 데 도움을 줬다. 노스캐롤라이나 주립대학교에서 컴퓨터 공학 석사 학위를 받았으며, 일리노이 대학교 어바나 샴페인 캠퍼스에서 컴퓨터 공학 학사 학위를 받았다.

인듀 에뮤차이 Ndu Emuchay

글로벌 IBM 클라우드 도입 부문 CTO 및 IBM의 디스팅귀시드 엔지니어로서, 전 세계 및 업계에서 IBM의 가장 큰 고객들과 함께 폭넓은 경험을 쌓아왔다. IBM의 고객과 전략적 IBM 이니셔티브, 리더십 사고 및 혁신을 지원하기 위해 역량과 전문성, 경험을 결합하고 적용할 수 있도록 하는 차세대 기술의 육성을 주도하고 있으며, 수년간 고객 및 파트너와의 협력을 강화해 솔루션 설계 및 기술 리더십 개발을 주도하고 비즈니스 성과를 달성하는 일에 몰두해왔다. 또한 다수의 특허를 보유하고 있으며 IBM 기술 아카데미의 회원이기도 하다. 건축 설계학 학사 학위와 석사 학위를 보유하고 있으며, 정보 시스템 및 기술 전공으로 이학 석사 학위를 취득했다. 텍사스 오스틴의 '라이브 뮤직 캐피탈 오브 더 월드'에 빠져 있으며, 건축, 여행, 음악, 음식, 문화 예술 그리고 포뮬러 1을 좋아한다.

감사의 글

팀: 6장을 쓸 수 있도록 도와준 스리칸스 아이어에게 깊은 감사의 말을 전한다. 도움이 필요할 때 구원의 손길을 내밀어주어 대단히 고맙다(스릭, 당신이 최고다). 또한 연휴 내내 이 책을 읽고 검토해준 기술 평론가 레이첼 레이니츠와 보비 울프에게 깊은 감사를 보낸다. 전혀 생각지 못했는데 감사하게도 이 책 앞부분의 편집을 맡아준 스콧 셰커로우에게도 감사의 인사를 전한다. 모든 분의 헌신과 노고에 대단히 감사드린다.

모어: 이 책에 반영된 대고객 우수 업무 사례와 풍부한 협업을 진행해온 IBM 랩 서비스^{Lab Services} 및 클라우드 개러지 팀의 동료들에게 진심으로 감사를 표한다. 특히 최고의 클라우드 전문가이자 지성인이며, 이 책이 완성될 수 있도록 헌신과 격려를 보내준 친구이자 파트너인 발라 라자라만에게 깊은 감사의 인사를 보낸다.

잉고: 클라우드라는 폭풍 속을 항해할 때 곁을 지켜준 좋은 친구이자 단짝인 리처드 윌킨스(IBM 싱가포르 지부 DE)에게 감사를 표하고 싶다. 리처드 덕분에 기술적인 접근 방식과 문제 등을 논의할 수 있었다. 솔루션 엔지니어와 고객들에게도 감사드린다. 마지막으로, 많은 시간을 고객과 IBM에 바칠 수 있도록 허락해준 아내 캐슬린에게 감사의 말을 전한다.

롤랜드: 아키텍처 센터에 사용 가능한 콘텐츠를 다양하게 기고해준 작가님들께 감사의 인사를 드린다. 또한 항상 고생이 많고 나를 많이 이해해준 솔루션 엔지니어 및 개러지 팀 모두에게 감사한다.

인듀: 내 인생과 직업 전반에 걸쳐 특권과도 같은 이 훌륭한 재능을 누릴 수 있음에 감사한다. 소통을 통해 내가 얻은 지식과 지혜가 이 책에 충분히 반영됐기를 바란다.

옮긴이 소개

정진영(cissnei@cau.ac.kr)

한화그룹에서 보안 담당자로 근무했으며, 현재는 금융보안원에서 금융보안 정책 연구를 수행하고 있다. 건국대학교에서 석사 학위를 취득한 뒤 중앙대학교에서 박사 과정을 밟으며 일과 공부를 병행하고 있다. 다양한 분야 간의 융합 연구를 통해 정보 보호 체계와 전략을 효율적으로 수립하는 데 관심이 있다.

이민아(minalee3220@naver.com)

서강대학교를 졸업해 금융보안원에서 금융보안교육 기획 및 개발 업무를 수행하고 있다. CISO를 비롯한 임원진이 기업 보안 역량 강화에 핵심적인 역할을 한다고 믿는다. 더불어 IT 신기술의 기술적 측면과 성공적인 비즈니스 적용을 위한 전략, 컴플라이언스, 거버넌스 구축 등 다양한 관점에 주목하고자 한다.

옮긴이의 말

이론적 논의를 넘어 클라우드의 실무 적용이 점차 확대되면서 전 세계 기업들은 클라우드가 가져다주는 다양한 효과에 열광하고 있다. 해외에서는 클라우드를 도입해 기업의 서비스 전반을 운영하고 있으며, 클라우드에 쌓인 데이터를 분석해 고객 서비스를 제공하기도 하는 등 다양한 분야에서 클라우드를 활용하고 있다. 또한 최근에는 인공지능^{AI} 기술을 결합한 클라우드 기반 AI 서비스^{AIaaS} 등 그동안 경험하지 못한 새로운 서비스에 관해 활발히 논의한다.

디지털 전환$^{digital\ transformation}$으로 가는 여정에 있어 클라우드는 선택이 아닌 필수다. 클라우드 같은 인프라 기반이 조성돼야 애자일이나 데브옵스^{DevOps} 같은 최신 방법론을 적용하는 것이 의미가 있다. 클라우드 도입은 단순히 기존 IT 인프라를 클라우드로 옮기는 작업이 아니다. 클라우드를 도입할 때는 전략, 문화적 변화, 아키텍처 및 컴플라이언스 환경 등 다양한 영역을 총체적으로 고려해야 한다. 클라우드 도입은 단순한 IT 영역의 문제가 아니며, 그렇기에 비즈니스를 고려한 전사적 관점에서 클라우드 도입을 검토할 필요가 있다.

이 책은 기업에서 클라우드를 도입할 때 고려해야 할 사항과 노하우, 효과적으로 클라우드를 운용할 수 있는 비결 등을 이야기한다. 기술적 영역만을 다루는 대신 관리적 관점에서도 클라우드 도입에 필요한 요소를 설명하므로 클라우드를 실제 도입하고자 하는 기업 담당자가 참고하기에 좋다.

기업 혁신을 이루기 위해 클라우드 도입에 첫발을 내딛고자 하는 담당자들에게 이 책이 좋은 참고서가 되길 바란다.

차례

1장   비즈니스 동기   29

2장   프레임워크 개요   41

3장   전략   59

4장   문화와 조직   91

5장   아키텍처 및 기술   119

6장   보안 및 컴플라이언스   147

들어가며

사실 클라우드는 어디에나 존재한다고 할 수 있다. 어떤 클라우드 서비스도 사용하지 않는 사람은 없다. 애플 뮤직 Apple Music 이나 스포티파이 Spotify 같은 클라우드 음악 서비스, 드롭박스 Dropbox 같은 클라우드 스토리지, 클라우드 환경에서 작동하는 세일즈포스 Salesforce 같은 SaaS Software as a Service 애플리케이션 등 클라우드 서비스는 우리 생활에 영향을 미치고 있다.

하지만 이러한 사례는 빙산의 일각에 불과하다. IaaS Infrastructure as a Service 및 PaaS Platform as a Service 같은 클라우드 기술은 IT 조직이 고객을 위한 솔루션을 개발하고 제공하는 방식을 새롭게 정의하고 있다. 아직 IaaS나 PaaS 등의 방식으로 클라우드를 활용하지 않는 IT 전문가가 있다면, 곧 이용하게 될 것이라 장담해도 무방하다.

이 책의 대상 독자

빌 Beal 과 볼런 Bohlen [1] 이 1957년 기술 확산 프로세스를 정의한 이래로, 전문가들은 기술 수용자를 초기 수용자 Early Adopters , 초기 다수자 Early Majority , 다수자 Majority (또는 후기 다수자 Late Majority), 느린 수용자 Laggards (또는 미수용자 Non-Adopters)라는 4개의 그룹으로 나눴다. 이러한 그룹들은 통상 그림 I.1 [2] 처럼 정규 분포 또는 종형 곡선의 사분위수로 표현된다. 이때 제프리 무어 Geoffrey Moore 가 그의 명저 『Crossing the Chasm』에서 말했듯이 모든 기술이 초기 수용자 단계를 넘는 것은 아니다. 초기 수용자와 초기 다수자 사이에는 '캐즘 chasm '이라고 하는 커다란 틈이 있기 때문이다.

---

1 Bohlen, Joe M.; Beal, George M. (May 1957). "*The Diffusion Process*". Special Report No. 18. Agriculture Extension Service, Iowa State College. 1: 56–7.
2 Craig Chilius, Creative Commons 3.0에 따라 보호됨

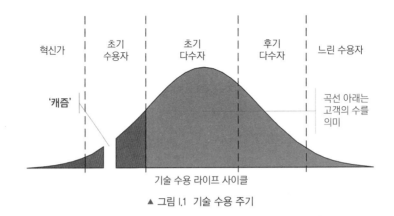

▲ 그림 I.1 기술 수용 주기

클라우드는 기술 수용 주기의 캐즘을 명백히 지났다고 볼 수 있다. 2017년 포브스 Forbes 기사[3]에서 루이스 콜럼버스Louis Columbus 는 인텔Intel 의 설문조사를 인용해 모든 IT 예산의 80%가 클라우드 애플리케이션 및 솔루션에 집중될 것이라고 말했다. 클라우드는 이제 초기 수용자 단계를 넘어 이후 이어지는 2개의 다수자 단계로 확실히 이동했다.

이 책을 쓰게 된 계기가 바로 클라우드 기술이 다수자 단계로 이동했다는 사실이다. IBM은 고객 대면 업무를 통해 모든 산업 분야에서 대다수 IT 부서가 클라우드 기술을 어떻게 도입할지 결정하는 문제에 직면해 있으며, 새로운 기술을 다루기 위해 조직을 바꿀 전략과 접근 방법을 수립해야 하는 시점에 놓여 있음을 확인했다. 하지만 성공적인 클라우드 도입 전략을 세우는 과정은 쉽지 않으며, 전략을 구현하는 과정은 더욱 어렵다. 이 책에서는 성공적으로 클라우드를 도입한 초기 수용자들과 함께 일한 경험을 공유하고, 협업을 통해 얻은 교훈을 나누고자 한다.

이 책은 클라우드 수용자 중 초기 다수자와 후기 다수자뿐만 아니라 특정 독자층인 기업의 담당자들을 위한 것이기도 하다. 이때 기업 담당자는 IT를 본업으로 삼지 않는 기업의 담당자라고 정의하고자 한다. 지금부터는 일반적인 기업 생태계와 전혀

3   Columbus, Louis. "2017 State Of Cloud Adoption And Security." Forbes. April 23, 2017. Accessed January 31, 2018. https://www.forbes.com/sites/louiscolumbus/2017/04/23/2017-state-of-cloud-adoption-and-security/#310410861848.

다른 규칙에 따라 일하는 기술 기반 스타트업은 대상에서 제외할 것이다. 클라우드를 이용해 벤처 캐피털의 다음 단계로 진출하기 위한 팁이나 기술을 찾으려는 독자라면 이 책은 적절하지 않다. 이 책의 주요 대상은 IT를 활용하기는 하지만 IT 사업을 전문적으로 하지 않는 보험회사, 은행, 제조업체, 소매업자나 그 밖의 수많은 기업 종사자다. 이때 비즈니스의 규모는 중요하지 않다. IBM은 대기업, 중소기업, 심지어 스타트업 조직과도 협업해봤으며, 이 책의 교훈은 각 조직의 상황에 맞게 조정되어 기업의 중요한 이해관계자인 내·외부 고객에게 다가가는 데 도움을 줄 것이다. 또한 진행 중인 디지털 전환 전략의 하나로 클라우드를 활용해 고객과의 관계를 좀 더 생산적이고 즉각적이며 미래 지향적으로 바꾸는 데 도움을 줄 것이다.

기업의 CIO chief information officer(최고정보책임자)나 CTO chief technology officer(최고기술책임자), 혹은 CIO와 CTO에게 특정 관점에서 보고하는 엔터프라이즈 설계자, CISO chief information security officer(최고정보보호책임자), 기술 책임자 또는 운영 책임자 등 모두에게 이 책이 도움이 될 것이다. 이 책은 각 직책의 역할을 구체적으로 서술한다. C 레벨에만 초점을 맞춘 것은 아니며, 앞서 언급한 직책자 아래에서 일하는 팀원이더라도 이 책을 통해 클라우드가 업무에 미칠 영향에 대한 귀중한 통찰을 얻을 수 있을 것이다.

스포츠에서 탄생한 책 제목

이 책의 원서 제목은 『The Cloud Adoption Playbook』이다. 제목을 이렇게 지은 데에는 두 가지 이유가 있다. 첫째, 2017년에 『DevOps Adoption Playbook』을 지은 친구이자 동료, 산지브 샤르마 Sanjeev Sharma의 발자취를 따르고자 했다. 『DevOps Adoption Playbook』과 이 책은 서로를 보완하는 자매편으로 봐도 좋다. 이 책의 내용을 이해하기 위해 산지브의 책을 읽을 필요는 없지만, 같은 주제에 대해 다른 관점에서 많은 것을 배울 수 있으므로 『DevOps Adoption Playbook』도 읽는 것을 추천한다.

책의 제목을 '플레이북'으로 지은 두 번째 이유는 산지브가 자신의 책을 플레이북이라고 이름 붙인 이유와 같다. 스포츠에서 플레이북은 (농구 또는 미식축구에서 모두) 게임 중 팀이 수행해야 할 계획과 행동을 모두 담고 있는 책이며, 이를 비유 삼아 플레이북을 제목으로 붙였다.

산지브의 책과 달리, 이 책은 스포츠에 대한 비유를 아주 조금만 사용할 예정이다. 정확히는 '들어가며'를 제외하면 스포츠에 빗대어 설명한 부분은 없다. 다만 이 책에 영감을 준 초기 스포츠 플레이북에 대한 이야기는 하고 넘어가고자 한다. 글렌 스코비 (팝) 워너 Glenn Scobey (Pop) Warner 는 초창기 미식축구 코치로, 현대 미식축구의 선구자 격 플레이를 다수 발굴한 인물이다. 워너의 가장 혁신적인 작업 대다수는 20세기로 접어드는 시점, 그가 미식축구 코치로 활동하던 조그마한 칼라일 인디언 산업학교에서 이뤄졌다. 워너는 자신의 팀이 '자신들보다 더 강한 자들을 이기기' 위해 규칙집을 파고들어 미식축구의 규칙을 비껴갈 수 있는 창의적인 방법을 찾는 데 전문가였다. 그 결과 워너의 팀은 콜롬비아나 펜실베이니아 대학교와 같이 훨씬 더 큰 대학교의 팀을 이길 수 있었다.

워너의 혁신적인 정신은 이 책에 영감을 주었다. 워너의 경우와 같이 클라우드 기술과 디지털 전환은 작은 기업이 '자신보다 더 강한 자를 이길' 수 있게 하고, 큰 기업은 더욱 민첩한 애자일로 갈 수 있게 돕는다. 하지만 이를 위해 때로는 몇 가지 규칙에서 벗어나야 하며, 적어도 기업이 기존에 수행하던 방식을 바꿔야 한다. 기업 내부의 업무 현실과 혁신 사이의 끊임없는 경쟁적 상황을 해소할 방법을 찾는 것은 이 책이 다루는 주제 중 하나다.

이 책의 구성

1장에서는 기업이 클라우드를 도입하는 비즈니스 동기에 관해 설명하고, 고객의 높은 기대가 클라우드 전환이라는 새로운 요구사항을 어떻게 만들어내는지를 설명한다. 또한 치열한 경쟁 환경이 기업을 신속하게 움직이도록 얼마나 몰아붙이는지, 변화하는 규제 요건 환경은 기존 조직에 어떤 변화를 가져오는지 등을 논의할 것이다.

2장에서는 클라우드 도입과 전환을 위한 프레임워크의 개요를 다룰 것이다. 프레임워크 주제로는 기업이 현재 어느 지점에 놓여 있으며 어디로 가야 하는지를 판단하는 방법, 클라우드 도입을 위해 체계적이고 포괄적이며 실용적인 접근 방식을 취하는 방법 등 주요한 관점을 다룰 것이다.

3장에서는 클라우드 도입 전략의 수립과 전략의 주요 요소를 제시하며, 기업 고유의 전략을 개발하기 위한 관행으로 인정받는 접근 방식을 제공한 경험을 공유할 것이다. 클라우드 도입 전략을 개발한 다른 기업의 사례를 공유하고 성공적인 클라우드 도입 전략을 위한 구성요소에 관해 이야기한다.

4장에서는 어떻게 문화적 변화가 클라우드 성공의 기반이 되는지에 주목할 것이다. 종종 고객들은 문화적 변화가 클라우드 도입과 디지털 전환을 할 때 가장 중요하면서도 어렵다고 말하고는 한다. 문화는 조직의 가장 중요한 자산인 직원과 직접적인 관련이 있다.

5장에서는 아키텍처 및 기술에 관한 시각을 다루며 새로운 클라우드 플랫폼, 마이크로서비스 같은 서비스 유형 및 프로그래밍 모델이 잠재적인 경쟁 우위를 제공하는 것을 보여줄 것이다. 특히 '아키텍처를 위한 아키텍처'를 개발하는 것과 개발자들의 언어로 의사소통하는 것 사이에서 어떻게 균형을 맞추는지를 중요하게 다룰 것이다.

6장에서는 보안, 위험 및 컴플라이언스에 대해 논의할 것이다. 리소스 풀과 공유 리소스, 신규 배포 모델, 멀티벤더 방식 등 클라우드가 유발한 새로운 기술 접근 방식은 기업이 보안, 위험, 그리고 컴플라이언스에 대해 다른 방식으로 생각해야 한다는 것을 의미한다. 6장에서는 안전하고 보안이 철저하며 규제를 준수하는 비즈니스 환경을 제공하면서도 신속한 혁신을 이루는 방법을 제시할 것이다.

7장에서는 비즈니스와 비즈니스를 지원하는 기술 플랫폼에 엄청난 영향을 미치는 몇 가지 기술과 트렌드를 설명할 것이다. 이러한 신기술들은 사용자가 이용 가능한 서비스의 본질을 바꾸고 있다. 혁신의 본질이 그렇듯 확실한 것은 변화한다는 것뿐이며, 이 변화에 어떻게 대처해야 하는가가 7장의 핵심 주제다.

8장에서는 수많은 협업 경험과 IBM 내부 개발 과정을 통해 다듬고 체계화한 IBM 클라우드 개러지 방법론을 살펴볼 것이다. 체계화된 통찰과 모범 사례는 조직 역량을 빠르게 확장하기 위한 열쇠다. 개러지 방법론의 유래와 교훈을 살펴보고 다양한 분야의 사례 및 총체적 관점에 따라 적절한 솔루션을 적절하게 개발하는 방법에 관해 이야기하고자 한다.

9장에서는 클라우드 서비스 관리 및 운영에 대해 다룰 것이다. 그리고 클라우드에서 어떤 관리 방법과 관리 관행을 따라야 하는지 논하고자 한다. 이때 IBM이 개발했으며, 가장 까다로운 기업 환경에서도 활용된 바 있는 새로운 방법도 함께 소개할 것이다.

10장에서는 거버넌스에 대한 관점을 소개할 것이다. 거버넌스는 효과적인 전략 실행과 비즈니스 성과를 위한 지속적인 발전의 배경이 되므로 그 중요성을 간과해서는 안 된다.

이 책은 클라우드 도입과 디지털 전환을 위한 개념적 프레임워크와 클라우드 환경에서 성공하기 위한 체계적이며 실용적인 접근 방법을 제공할 것이다.

질문

한국어판에 관해 궁금한 점이 있다면 옮긴이나 에이콘출판사 편집 팀(editor@acornpub.co.kr)으로 문의해주길 바란다.

1 비즈니스 동기

최근 진행 중인 디지털 혁신은 개인과 기업 모두에게 영향을 미친다. 소셜 네트워크와 디지털 기기는 점차 친구나 가족뿐만 아니라 정부, 기업 및 시민 사회의 참여를 위한 기본적인 수단으로 자리매김하고 있다. 사람들은 누구를 신뢰할지, 어디로 갈지, 무엇을 살지 등을 상호 소통이 가능한 모바일 기기를 통해 결정한다. 이는 사람들이 모든 곳에서 최상의 경험을 항상 누릴 수 있기를 기대한다는 것을 뜻한다. 경쟁 환경에서 이와 같은 대중의 기대는 기업이 반드시 디지털 전환을 이뤄야 함과 동시에 고객이 가장 중시하는 가치가 무엇인지를 다시 생각해보고, 경쟁사와의 차별화를 위해 새로운 것들을 활용하는 운영 모델을 개발할 필요가 있음을 보여준다.

기업의 과제는 디지털 전환과 클라우드 도입이라는 여정에서 얼마나 빨리, 그리고 얼마나 멀리 나아갈 수 있는가다.

기업에서 과제를 해결하는 법

기업은 과제를 해결하기 위해 디지털 전환과 클라우드를 아우르는 체계적인 접근 방식을 개발해야 한다. 접근 방식을 개발하려면 다음 질문에 답을 찾아야 한다.

- 기업의 복잡한 환경과 기업이 운영되는 복잡한 규제 환경 속에서 어떻게 대응할 것인가?
- 조직 규모에 맞는 일관성과 안전을 보장하기 위해 고려하고 통합해야 하는 일련의 의사결정은 어떤 것인가?
- 단기적 관점에서 무엇을 성공으로 판단할 것이며, 계속해서 성공하려면 어떤 단계를 거쳐야 하는가?

고객의 기대가 높아지고 기업 간 경쟁이 치열해지면서 기업의 리더는 조직을 운영하는 방식과 전략을 바꿔야 한다는 거대한 압박에 시달리고 있다. 더 많은 정보를 통합하고 활발히 상호작용하기 위한 새로운 요구사항들은 비용과 복잡성을 증가시킨다.

기업의 리더는 생산성과 효율성을 증가시키고, 신규 시장 진입과 공급망을 최적화하기 위해 오랫동안 IT를 활용해왔다. 과거와 달라진 점은 고객의 기대가 변했다는 것뿐이다. 이처럼 변화한 상황에서 기업이 취할 수 있는 최선의 대응은 무엇일까? 기술 도입으로 혁신과 성장을 위한 기회를 어떻게 활용하면 좋을까? 어떻게 하면 이 모든 것을 비용 효과적cost-efficiently으로 추진할 수 있을까?

앞선 세 가지 질문은 디지털 전환을 추진할 때 고려해야 하는 사항으로, 이는 클라우드를 도입할 때도 마찬가지다. 사회[1]의 모든 측면에서 디지털 기술 적용과 관련된 변화는 모두 디지털 전환에 포함되며, 클라우드 도입은 기업이 디지털 전환을 구현하는 한 가지 방식일 뿐이다.

---

1 Khan, Shahyan, Leadership in the Digital Age – a study on the effects of digitalization on top management leadership (Stockholm Business School, Thesis, 2016), https://su.diva-portal.org/smash/get/diva2:971518/FULLTEXT02.pdf.

고객과 함께 일하면서 우리는 디지털 전환 전략을 개발하고 효과적으로 실시하며, 클라우드 같은 새로운 기술을 충분히 활용할 수 있는 기업은 자사 비즈니스 모델을 바꿔 업계 전체에 새로운 방향을 제시할 수 있다는 사실을 알게 됐다.

디지털 전환 전략을 성공적으로 추진하려면 기업은 클라우드를 IT 플랫폼으로 선택할 때 적극적이면서도 신중한 태도를 갖출 필요가 있다. 클라우드를 성공적으로 도입해 디지털 전환 전략을 빠르게 추진하는 기업도 있지만, 반대로 잘못된 클라우드 도입 전략 때문에 디지털 전환 속도가 늦춰지거나 오히려 전환이 저해되는 기업도 있기 때문이다. 이 책은 성공적인 디지털 전환 후에 의사결정 프로세스를 모델링하는 방법과 디지털 전환에 실패한 기업이 공통으로 빠진 함정을 피하는 법을 보여주고자 한다.

이 책은 다음 세 가지 영역에 초점을 맞출 것이다.

- 전환에 대한 생각과 구상
- 전환에 대한 균형
- 새로운 기반의 마련

이 책은 업계를 선도하는 기업을 직접 컨설팅하면서 얻은 통찰을 기반으로 작성했다. 여기서 제시하는 아이디어는 스티브 제프론^{Steve Zaffron}과 데이브 로건^{Dave Logan}의 『The Three Laws of Performance』[2], 클레이튼 크리스텐슨^{Clayton Christensen}의 『The Innovator's Dilemma』[3], 마이클 린지^{Michael Lindsay}의 『View from the Top』[4]과 IBM의 디지털 전환 등에서도 강조하는 내용이다.

이 플레이북은 디지털 전환의 필요성을 느끼는 리더나 책임을 갖고 디지털 전환을 해야 하는 사람 등 기업의 디지털 전환에 촉매제 역할을 하거나 하고자 하는 이들을

---

2 Steve Zaffron and Dave Logan, The Three Laws of Performance: Rewriting the future of your organization and your life (San Francisco: Jossey-Bass, 2009).

3 Clayton M. Christensen, The Innovator's Dilemma: The Revolutionary Book That Will Change the Way You Do Business (New York: HarperBusiness, 2011).

4 D. Michael Lindsay and M. G. Hager, View From the Top: An Inside Look at How People in Power See and Shape the World (Hoboken: John Wiley & Sons, Inc., 2014).

위한 것이다. 비즈니스와 기술을 연결하며, 복잡한 조직 구조 속에서도 검토해볼 수 있고, 일관성이 있으면서도 성공적으로 구현할 수 있는 포괄적이고 실용적인 일련의 아이디어를 제공하고자 한다. 아울러 디지털 전환을 어디서부터 어떻게 시작해야 할지, 이때 중요하게 고려해야 할 측면은 무엇인지, 리스크는 줄이면서 성공 가능성을 높일 수 있는 의사결정 방법은 무엇인지 등을 알아보는 데 도움을 주고자 한다.

그간 많은 클라우드 도입 및 디지털 전환 프로그램이 성공하고 실패하는 모습을 봐 왔다. 플레이북의 조언이 성공을 재현하고 확대하기 위한 지식과 경험을 살찌우는 데 도움이 되기를 바란다.

클라우드로 전환하려는 이유는 무엇인가?

일반적으로 기술, 특히 클라우드는 목적을 위한 수단에 불과하다. 이때 목적은 다음 과 같은 비즈니스 또는 미션 전략적인 목표에 따라 정의돼야 한다.

- 탁월한 사용자 경험
- 개발 기간 단축
- 서비스 품질 향상
- 비용 탄력성
- 반복성 및 유연성
- 안전, 보안, 컴플라이언스compliance 준수

비즈니스 목표를 충족할 만큼 비즈니스를 성장시키려면 단순히 기술을 도입하는 것 이상의 변화와 조직 혁신이 필요하다. 기업의 어떤 부분에 클라우드를 도입하고 디 지털 전환을 실행해야 할지 파악하려면 총체적인 관점으로 조직 구조 상황을 고려 할 필요가 있다. 이때 장기적 목표에 집중하면서도 단기적으로는 성과를 내고 보여 줄 필요도 있다는 점을 고려해야 한다.

조직은 복잡하므로 우리는 복잡한 기업의 맥락 안에서 무엇이 성공인지를 정의해서 무엇이 어떻게 개선될 수 있고, 단기적인 성과는 어떻게 달성할 수 있는지를 설명할 수 있어야 한다. 성공의 정의를 이해하는 데는 다음과 같은 질문이 도움이 될 것이다.

- 성공의 구체적 척도는 무엇인가?
  예: '우수 인재 신규 유치 및 유지', 'IT 제공 시간 15% 단축'
- 클라우드를 통해 단기적으로 빠르게 얻을 수 있는 이점은 무엇인가?
  예: '워크로드workload5 및 데이터 분류 분석으로 클라우드와 관련된 워크로드를 결정하고 그중 5%를 1년 이내에 클라우드로 이전', '네이티브 모바일 애플리케이션, 인공지능 챗봇 등 고객과 상호작용할 수 있는 새로운 길을 열어줄 고급 클라우드 네이티브 파일럿 애플리케이션 제공'
- 디지털 전환에 있어 장기적으로 지속 가능한 성공은 어떤 것인가?
  예: '1개월 이내에 시장 출시가 가능한 아이디어 지원'
- 조직 전체가 이해하고 따라야 할 핵심적인 성공 요소는 무엇이 있는가?
  예: '순추천지수NPS, Net Promoter Score로 측정한 고객 경험의 5% 연속 상승'

빠른 성과는 조직의 지원을 확보하고 유지하기 위한 강력한 방법이다. 전략적 목표와 비즈니스 동기에 부합하면서도, 효과적이며 지속적인 클라우드 전환 전략을 추진할 경우 기업은 장기적으로 더 큰 성공을 거둘 수 있다. 필요한 경우 전략적 성과를 얻기 위해 클라우드 전환 전략과 기업의 비즈니스 동기 등이 잘 부합하는지를 주기적으로 평가하고 재조정하는 것도 좋은 방법이다.

클라우드 기술은 기업에 IT와의 관계를 다시 정립할 수 있는 전례 없는 잠재력을 지니고 있다. 클라우드는 새로운 유형의 가치를 현실화하는 것 그 이상을 제공할 수 있는 촉매제다. 클라우드 도입은 조직 구성원의 역량을 강화하며, 조직을 경쟁사와 차별화되도록 변화시킬 수 있다. 클라우드 도입의 잠재력을 활용할 수 있는 기업은 업종과 관계없이 시장에 파괴적 혁신을 일으켜 기업 리더에게 실질적인 기회를 줄 수 있다.

---

5 클라우드에서 처리되는 애플리케이션 서비스 등의 작업 부하를 뜻한다. – 옮긴이

주요 고객과의 성공적으로 마친 경험이나 현재 진행 중인 업무 등을 살펴보면서, 클라우드를 도입하는 기업이 혁신을 일으키는 자의 딜레마를 경험하게 된다는 사실도 깨달았다. 기업은 기존 IT 방법 및 도구를 사용하는 이해관계자와의 기존 약정을 유지하면서도, 새로운 비즈니스 기회 창출을 위한 획기적인 신규 기술을 도입하는 것 사이에서 적절히 균형을 잡아야 한다. 그리고 모든 조직은 기존과 신규, 양쪽 사이에서 자사에 적합한 수준을 결정해야 한다. 따라서 플레이북에서는 조직에 필요한 의사결정에 관한 실무적인 접근 방식과 중요한 의사결정 영역마다 취해야 하는 조치를 제시해줄 것이다.

클라우드를 통해 무엇을 얻을 수 있는가?

2011 NIST^{National Institute of Standards and Technology}(미국 국립표준기술원)의 정의에 따르면, "클라우드 컴퓨팅은 어디에서나 사용할 수 있으며, 편리하고, 구성 가능한 컴퓨터 공유 리소스(예: 네트워크, 서버, 스토리지, 애플리케이션, 서비스 등) 풀에 언제든지 네트워크 접근이 가능하며, 관리 노력과 서비스 제공자와 소통을 최소화하면서도 빠르게 프로비저닝 및 배포를 할 수 있는 모델"이다.

기업이 클라우드 컴퓨팅을 통해 실무적으로 얻고자 하는 것에는 리소스 유연성, 비용 탄력성, 셀프서비스 프로비저닝^{self-service provisioning} 등이 있다. 이론과 실무, 이 두 가지를 종합해본다면, 기업은 클라우드 제공자가 제공하는 서비스를 통해 결과를 달성해야 한다. 이를 위해서는 기업이 원하는 서비스뿐만 아니라 해당 서비스가 어디에서 운영될지, 어떤 벤더나 제공자를 통해 구매할지 등을 선택할 수 있도록 제시하는 모델이 필요하며, 이 책 전반에 걸쳐 이러한 모델의 실제 사례를 제시할 것이다.

한 발짝 물러나 고객이 클라우드를 도입하는 이유의 이면에 있는 비즈니스 목표를 살펴보면, 기업은 클라우드 모델이 효율성 개선, 혁신 가능성 확장, 수익 증대 등을 보장하기 때문에 클라우드를 도입한다는 것을 알 수 있다. 마찬가지로, 기술 및 비즈니스 분야의 선도기업들도 클라우드가 제공할 수 있는 가치 때문에 클라우드에 매료된다. 이런 기업에서 리더는 클라우드 도입과 디지털 전환 전략을 다음과 같은 전략적 목표에 부합하게 한다.

- **고객 중심의 기업**: 클라우드 모델을 활용해 데이터를 최적화하고 분석해 신규 사용자의 행동에 적응하고 신뢰를 구축하고자 하며, 탁월한 고객 경험을 유지하면서도 수익성을 높이고자 한다.
- **유연성 증대 및 운영 간소화**: 클라우드를 사용해 최종 사용자와 클라우드 기반 서비스 제공자 모두의 유연성을 높이는 가변 비용 구조를 구축해 영업 레버리지를 높이고, 고품질 서비스를 제공하며 개발 기간을 단축하고 리스크를 감소시킨다.
- **비용을 고려한 혁신 추진**: 클라우드를 통해 신규 서비스를 효율적으로 제공함으로써 비용 탄력성을 개선하고, 사용자에게 즉각적인 만족을 제공하며 경쟁력 있는 차별화를 유도한다. 단, 클라우드를 통한 개선과 트랜잭션당 비용 절감 및 기존 투자 최적화 사이에서의 균형점도 찾아야 한다.
- **기업 리스크 관리 최적화**: 클라우드를 활용해 컴플라이언스 목표와 운영 리스크를 완화하는 동시에 이윤 극대화, 악성 행위 대응, 반복성, 확장성, 탄력성 및 유연성을 갖출 수 있다.

2011년 NIST의 정의에 따르면, 클라우드 도입의 주된 동기는 비용 절감, 데이터 접근 개선 및 시장 수요 창출이었으나, 그 이후 비즈니스 동기와 기술 플랫폼, 제공 서비스 및 클라우드 배포 모델이 진화했다. 이제 클라우드 도입의 주요한 동기는 탁월한 사용자 경험을 구축하고, 멀티클라우드 하이브리드 환경에서 서비스를 제공하며, 기존의 IT를 업데이트하기 위해 애플리케이션을 현대화^{modernization} 하는 것 등이다. 특히, 새로운 가치 제공을 위해 애플리케이션과 데이터를 공개하면서도 기존 투자를 유지하기 위해 현대화하는 것이 중요한 동기로 꼽힌다.

기업의 디지털 전환은 비용 절감과 효율성을 위한 단순한 리프트 앤 시프트^{lift-and-shift}6 방식으로 시작했다. 그러나 이제 효율성은 당연해졌으며 기업은 조직을 혁신하

---

6 앱을 다시 설계하지 않고 다른 환경으로 통째로 애플리케이션 또는 워크로드를 이동시키는 전략 – 옮긴이

고 시장을 선도하기 위한 통합 멀티클라우드 플랫폼을 요구하고 있다.

초기 수용자들은 클라우드를 통해 혁신하고 새로운 형태로 협업할 수 있었다. 하지만 기업 전반에 클라우드를 도입하고 대규모로 확장할 수 있었던 것은 여러 가지 변화가 있었기 때문이다. 이러한 변화에는 디지털 전환을 꾸준히 수행하거나 특정 비즈니스 기능이 다른 기능들보다 클라우드 도입에 더 적합하다는 점 등이 있다.

클라우드 도입과 디지털 전환을 새롭게 바라보기 위해 비즈니스 동기와 전략적 목표를 활용한다는 것은 곧 디지털 전환의 과정에서 비즈니스 동기와 전략적 목표가 연계되도록 한다는 것과 마찬가지다. 비즈니스는 혁신이 나타나고 성과가 달성됨에 따라 새롭게 창조된다. 클라우드는 좋은 촉진제가 될 수 있으며, 모멘텀^{momentum}을 만들어 기업 전반에 지속적인 사업 성공의 영향을 확대하는 선순환을 창출해낸다.

비즈니스와 기술의 본질적인 관계를 이해하고 플레이북에서 말하는 기술을 지속해서 적용하기 위해 노력한다면 장단기적으로 모두 성공에 가까워질 것이다.

기업에 시사하는 바

플레이북이 제시하는 아이디어 대부분은 어느 기업에나 적용될 수 있고 적용돼야 하지만, 대기업, 특히 전략적 아웃소싱을 진행하고 있는 대기업의 경우 클라우드 도입이 다소 어려울 수 있다.

대기업의 경우 기술 벤더 및 서비스 제공자가 기업에 제공하는 가치와 더불어, 기업에서 어느 정도의 비율만큼 클라우드를 도입하고 전환할지 아는 것이 중요하다. 플레이북은 기업의 관점에서 서술하지만, 기업은 더 넓은 맥락에서 서비스 제공자와의 관계나 계약 수단 등이 자사에 제공하는 가치를 반드시 고려해야 한다.

특히, 전략적 아웃소싱 방식에서 서비스 제공자들은 고객 대신 위험을 감수함으로써 이윤을 얻는다. 기업이 전략적 아웃소싱 방식을 취하고 있다면 플레이북의 내용을 실무에 적용할 때 서비스 제공자가 계약을 통해 제공하는 요소(적절한 절차, 버퍼, 서비스 수준 협약^{SLA, service level agreement} 및 점검)를 반드시 고려해야 한다. 그러므로 기업은 시간, 관계, 조직, 가설, 역량, 문화 및 그 외 요소들을 고려해 전체적인 관점에서 전환을 수행할 필요가 있다. 마찬가지로, 플레이북의 팁을 조직에 적용할 때도 실무적인 관점에서 현재 조직이 어느 시점에 놓여 있는지 파악하고 해당 시점에 적합하면서도 기업이 향후 나아갈 길을 제시해주는 팁을 적용해야 한다.

시장의 요구와 비즈니스의 우선순위를 충족시키면서 지속적 혁신과 파괴적 혁신 사이의 균형을 잡다 보면, 신속한 혁신의 요구가 보수적이고 위험 회피적인 문화와 직접 충돌하는 경우가 발생한다. 우리는 경험을 통해 상충관계 속에서 의사결정을 하기 위해 고려해야 하는 몇 가지 기준을 추렸다. 지속적 혁신과 파괴적 혁신이라는 스펙트럼 속에서 수준을 결정하고 어떤 결정을 내려야 할지는 클라우드를 도입하는 기업의 특수성과 해당 기업의 우선순위에 따라 달라진다. 기업이 의사결정을 위해 고려해야 하는 중요한 영역은 프레임워크를 다루는 2장에서 설명한다.

특히, 장기적으로 전략적 아웃소싱을 하는 경우에 기업은 클라우드를 도입하면서 기존 계약과 유사하거나 더 적은 비용이 들 것이라 기대할 수 있다. 클라우드의 잠재력은 코그니티브^{cognitive7} 역량, 컨테이너, 조립식 모바일 애플리케이션 개발 환경, 데브옵스 구성요소 및 데이터 분석, 머신 러닝, 인공지능 등 유용한 서비스를 통해 현실화될 수 있다. 이러한 서비스들은 다양한 클라우드 환경에서 제공되며, 기업은 서비스를 활용하기 위해 멀티클라우드 도입 전략을 적용한다. 그 결과 시장은 새로운 가치를 더 빨리, 더 많이 제공하기 위해 이와 같은 강력한 기능을 도입할 것을 더욱 권한다.

이는 혁신이 기업 관점에서 서비스 공급자와 서비스 수요자의 관계를 어떻게 바꾸는지 보여주는 사례 중 일부일 뿐이다. 경험상 디지털 전환의 여파는 훨씬 더 확대될 수 있다고 본다. 기술의 혁신 외에도 기업은 기업과 서비스 제공자 간에 발전하는 관계를 위해 기존의 벤더 계약을 혁신할 필요가 있다. 또한 새로운 가능성을 의미 있고

---

7 다양한 정형 및 비정형 정보 소스로부터 시스템 스스로가 지식을 학습하고 구축해 직접 답변을 제시하는 등 의사결정을 지원하는 시스템 – 옮긴이

충분하게 활용하기 위해 신규 엔터프라이즈 운영 모델에 기술을 통합해야 한다. 만일 새로운 클라우드 기반의 기술로 전환하면서 더는 필요하지 않은 서비스인데도 서비스 제공자와 계약 때문에 비용을 내야 하거나, 셀프서비스 카탈로그를 통해 바로 프로비저닝을 요청할 수 있는데도 개발 환경 등을 수동으로 프로비저닝해야 한다면 운영 모델에 기술을 통합해도 쓸모가 없을 것이다.

지속적 혁신이나 파괴적 혁신을 기업이 받아들일 수 있는지, 혁신이 기업의 우선순위에 적합한지도 반드시 고려해야 한다. 이러한 과정은 기업의 목표를 명확히 하는 것에서 시작할 수 있다. 기업은 디지털 전환과 클라우드 도입을 통해 진정 얻고자 하는 것이 무엇인지 반드시 결정해야 한다. 또한 목표의 이면에 숨겨진 전략적 목표를 결정하고, 현재 기업이 이러한 목표와 얼마나 잘 부합하는지 판단하며, 전략적 목표와 잘 연동되려면 기업이 무엇을 해야 하는지를 계속 재평가해야 한다.

클라우드 서비스 제공자와 그들이 제공하는 서비스는 기존에 신뢰할 수 있다고 증명된 많은 비즈니스 모델을 파괴하고 있다. 그 결과 기업은 다양한 방식으로 대응하고 있으며, 대부분 기업은 멀티모달multimodal8 IT, 즉 프로젝트를 '신속히 추진하는' 것과 '보수적으로 추진하는' 것과 같이 2개로 나누어 다른 대안을 찾으면서도 혁신하는 방법을 적용하고 있다.

한편 클라우드 도입에 대한 시장의 압박을 받는 사업 부서는 내부 IT 부서로부터 서비스를 받는 것을 꺼리기도 한다. 내부 IT 부서가 제공할 수 있는 수준 이상의 대응력이나 역량이 사업 부서에 필요하다고 믿기 때문이다. 결과적으로 내부 IT 부서는 신뢰할 수 있는 조언자나 실질적인 서비스 제공자로 간주되지 않으며, 클라우드 제공자와 같은 다른 역할을 하는 사람이 클라우드를 도입하는 역할을 한다.

---

8 두 가지 이상의 방법을 동시에 사용하는 방식 – 옮긴이

정리

1장에서는 무엇이 기업을 클라우드로 이끌고, 클라우드 도입을 통해 어떤 이점을 얻을 수 있는지 알아봤다. 또한 클라우드가 내부 및 외부 벤더와의 기존 접근 방식이나 IT 운영 모델을 어떻게 혁신하는지 보여줬다.

디지털 전환은 쉽지 않다. 전환하려면 결심한 뒤, 일관성 있게 집중하고 오랜 시간에 걸쳐 노력해야 한다. 고려해야 하는 모든 다양한 영역을 이해하고 이것들이 어떻게 얽이고 부딪힐 수 있는지를 이해하기 위해 플레이북이 필요하다.

촉매이자 리더의 역할을 하는 이들은 도전적인 상황에 놓일 것이며, 다음과 같은 문제를 해결해야만 한다.

- 포괄적이면서도 실용적인 접근 방식을 어떻게 구현해야 조직의 불안감을 참작하면서도 조직이 신속하고 일관되며 조율된 방식으로 변화해야 한다는 것을 이해시킬 수 있는가?
- 주요 이해관계자들을 어떻게 설득할 것이며, 목표와 클라우드 도입을 위한 전략을 세우려면 어디에서부터 시작해야 하는가?
- 위험을 줄이면서도 성공 가능성을 상당히 높이기 위해서는 어떤 단계를 밟아야 하는가?

2장에서는 위와 같은 질문에 대한 답을 찾아볼 것이다.

2 프레임워크 개요

2장에서는 실제 구현할 수 있는 프레임워크를 통해 기업이 클라우드 기반 디지털 전환을 수행하는 방법을 소개하고자 한다. 이 프레임워크는 플레이북에서 2장 이후의 내용을 구성하는 것으로서, 수많은 기업 고객과의 협업을 통해 얻은 통찰을 모아 구성됐다. 기업에서 전환을 가속하고 성공을 반복하고 싶은 리더, 촉진자 및 핵심 인원들에게 이 프레임워크는 의미가 있을 것이다.

플레이북 전반에서 디지털 전환을 성공적으로 수행한 다양한 업계의 고객 실사례를 참고할 것이며, 특히 프레임워크를 성공적으로 적용한 3개 기업의 사례를 중점적으로 볼 것이다.

- 유럽에 본사를 둔 한 글로벌 다국적 은행은 워크로드 현대화와 마이그레이션 migration[1] 노력으로 2년 만에 전체 IT 비용 지출을 21%나 감소시켰다.
- IBM과 파트너십을 맺은 글로벌 항공사는 수년이 아닌 단 몇 개월 만에 기존의 주요 워크로드를 클라우드로 이전하고, 클라우드에서 서비스를 관리하는 방식을 근본적으로 바꾸는 새로운 애플리케이션을 제공했다.

---

1 워크로드를 이전하고자 하는 클라우드 환경에 맞게끔 변경, 조정하는 것 – 옮긴이

- IBM과 협력한 글로벌 건축자재 제조사는 통합 디지털 플랫폼의 이점을 활용해 공급망 및 주문 결제 프로세스를 변경하고, 주문, 배송 추적, 송장 및 지불 관리를 구분 없이 수행할 수 있게 하는 멀티 디바이스 환경을 제공했다.

위 사례들은 프레임워크가 실무에서 어떻게 적용될 수 있는지를 보여준다. 프레임워크의 접근 방법은 의사결정을 수행하고 디지털 전환 로드맵을 반복적으로 규모에 맞게 실현하는 방법을 안내한다.

프레임워크에 대한 서술을 포함해 이 책은 아웃사이드-인[outside-in] 방식[2]을 가정한다. 아웃사이드-인 방식을 기반으로 한 접근 방식은 프레임워크를 고객 중심적으로 적용할 수 있게 한다. 프레임워크의 규칙이나 프로세스를 따르는 것보다 훨씬 중요한 것은 고객이 성공하도록 하는 것이다. 그래서 아웃사이드-인 방식에 따라 프레임워크의 구조를 의사결정 프로세스를 돕는 단순한 세 가지 주제로 구성했다(그림 2.1 참조).

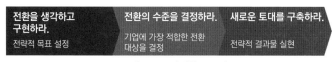

▲ 그림 2.1 프레임워크 주제

- **전환의 전략적 목표를 설정하기 위해 전환을 생각하고 구현하라.** 이 단계가 가장 중요하다. 앞서 언급한 것처럼 클라우드는 목적을 달성하기 위한 수단이다. 다른 계획을 실행하기에 앞서 우선 비즈니스가 달성하고자 하는 목표를 결정해야 한다.
- **어떤 업무가 전환에 적합한지 결정하고자 전환의 수준을 결정하라.** 로마가 하루 만에 만들어지지 않은 것처럼, 기업이 클라우드로 완전히 이전하는 일은 하루는 물론 1년 만에도 이뤄지지 않는다. 디지털 전환 시, 어떤 부분을 신속히 이전할 수 있고 어떤 부분은 시간이 오래 걸리는지 이해하기 위해 항상 적정선을 찾

---

2 조직 내부 혹은 고객을 바라볼 때 내부의 관점에서 문제를 파악하면 자신의 시야에 갇혀 왜곡된 판단을 내릴 수 있으므로 외부의 관점에서 문제를 파악하려는 관점을 의미 – 옮긴이

아야 한다.

- **새로운 토대를 구축하고 지속적인 기간(통상 3~5년)에 걸쳐 규모에 맞는 전략적 결과물을 실현하라.** 장기적으로 성공하는 조직을 구축해야 하며, 이는 단순히 하나의 프로젝트를 클라우드로 이전하거나 개발 팀 하나를 변화시키는 것 이상을 의미한다. 기간 내 성공을 거두려면 급변하는 기술 환경에 맞는 탄력적이고 효과적인 기업 구조, 정책, 프로세스를 확립해야 한다.

고객의 전략적 목표는 프레임워크의 기반이 되어 조직의 현재 위치에 맞는 이정표 역할을 하며, 나아가 미래의 전략적 결과로 향하는 길을 제시한다.

프레임워크

앞서 배경을 설명하고 프레임워크의 요소를 자세히 분석함으로써, 전환은 어려운 일이며 면밀한 검토가 필요하다는 사실을 알 수 있었다. 디지털 전환은 기술뿐만 아니라 사람, 프로세스, 정보, 문화 등 그 밖의 중요한 요소들을 포함한다. 그래서 클라우드 도입과 디지털 전환에는 많은 어려움이 뒤따르며 기존 구성요소와의 마찰이 발생한다. 발생할 수 있는 마찰은 다음과 같으며, 성공적인 결과를 위해서는 이를 해결할 필요가 있다(단, 모든 요소를 포함한 것은 아니다).

- **클라우드로 전환을 꾀하는 조직은 마이그레이션 및 현대화를 통해 어떤 것이 기존 애플리케이션과 데이터에 가장 적합한지 판단해야 한다.** 이때 문제는 애플리케이션을 클라우드로 이전할지 기존 플랫폼에 남길지 결정할 때 일부 관계자는 기술적인 이점이 아니라 자신의 커리어 목표에 미치는 영향에 따라 결정을 반대하기도 한다는 점이다.
- **조직이 의도한 변화의 속도를 달성하려면 혁신을 가속할 적절한 인력이 필요하며, 새로운 업무 방식을 지원하기 위한 조직 문화의 변화가 필요하다.** 그러나 조직의 우선순위가 변할 때 직원들은 기술과 능력에 따라 조직이 자신에게 부여한 가치가 변한다는 사실을 알게 되므로 인사 결정에는 항상 갈등이 뒤따른다.

- 기존 엔터프라이즈 애플리케이션 개발에 사용된 도구가 클라우드 개발에는 적합하지 않아 기업이 위험에 직면할 수 있다. 이 경우 현재 도구를 담당하는 기업 담당자와 수익에 부정적인 영향이 생기게 되는 기존 벤더가 압력을 행사한다. 기업 담당자와 기존 벤더들은 자신들의 이익을 보호하고자 전환 계획이 타당한지 의문을 제기한다.
- 기업은 클라우드를 이용하거나 클라우드에 기반을 둔 개발 모두에 적합하면서도 멀티 클라우드 모델에서 규모에 맞게 관리하고 배포할 수 있는 개발 방법론을 지원해야 한다. 이 경우 기존 엔터프라이즈 방법론을 주장하는 이들과 새로운 방법론을 주장하는 이들 간의 저항에 부딪힐 수 있다. 즉, 클라우드 벤더들은 자신들의 수익을 극대화하기 위해 조직이 준비하는 수준보다 더 높은 수준으로 퍼블릭 클라우드로 이전하기를 제안할 것이며, 동시에 온프레미스[on-premise 3] 하드웨어, 소프트웨어 및 전략적 아웃소싱 업체는 클라우드로의 전환을 저지하려고 할 것이다.
- 조직은 온(오프)프레미스 애플리케이션과 데이터를 일관성 있게 통합하고 관리하며 보안을 유지하기 위한 운영상의 어려움을 겪을 수 있다. 클라우드 운영이 자신들의 현재 모델과 접근 방식을 침범한다고 느끼는 기존 운영 팀과 이들의 개입 없이도 스스로 클라우드 운영을 할 수 있다고 생각하는 신규 클라우드 개발 팀 간에 마찰이 종종 발생한다.

이러한 과제를 해결하기 위해 조직은 다음을 수행해야 한다.

- 새로운 형태의 애자일 참여[4]와 조직적 연계를 수행
- 공급자와의 관계를 재고하고 다시 협상
- 적절한 전환을 위해 (방법론, 도구, 기술 측면에서) 새로운 토대를 마련

---

3 온프레미스는 기업 내 구축형으로 사용하는 서비스, 인프라 등을 의미하며, 오프프레미스는 클라우드 기반의 임대 서비스, 인프라 등을 의미한다. – 옮긴이
4 직원들에게 보람을 줄 수 있는 업무 환경을 조성해 직원들의 적극적인 참여를 유도함으로써 생산성을 높이고 혁신을 이끌어내는 비즈니스 전략 – 옮긴이

3장에서는 이러한 고유한 문제들을 다루면서 조직이 새로운 요구사항을 어떻게 충족시킬 수 있는지 보여줄 것이다.

많은 IT 조직의 중요 목표에는 효율성 향상, 규정 준수, 비즈니스 거래를 위한 안전한 환경 제공, 비즈니스 목표와 기술을 연계시키는 것 등이 포함된다. 이 모든 목표를 달성하기 위해서는 비즈니스와 IT 부서 간 긴밀한 협조와 신뢰가 필요하다. 목표 달성을 위해 IT 조직은 새로운 클라우드 패러다임에 기반을 두고 중요 이해관계자들과 궁극적으로 다시 효율적인 관계를 수립하고 구축해야 한다.

프레임워크는 클라우드 도입과 디지털 전환을 위한 접근성 높은 모델을 만들 목적으로 설계됐다. 또한 프레임워크는 클라우드 성숙도 수준이 각기 다른 기업들이 자신에게 맞는 클라우드 도입 및 디지털 전환을 추진하는 데 사용될 수 있다. 프레임워크는 혁신 기반의 전환에 따른 가치를 제공하기 위해 함께 일해야 하는 이해관계자들과의 소통을 원활하게 한다. 이때 이해관계자에는 IT 리더, 개발자, 사업 부서 임원, 보안 전문가와 준법 감시인, 서비스 관리 및 운영 리더 등이 포함된다.

3장에서는 이해관계자의 관점에서 성공적인 클라우드 도입의 이점과 잠재적 위험, 지표를 이해하는 방법을 보여줄 것이다.

클라우드 도입 시 주요 검토 분야

프레임워크는 클라우드 도입과 디지털 전환의 주요 검토 분야에 대한 접근 방식을 분명히 보여준다. 또한 구조화된 방법을 적용하기 위한 방법론과 추진을 위한 업계의 모범 사례 등을 포함한다. 프레임워크는 실용적이며 현재 조직의 상태에 부합하는 유연한 접근 방식을 따른다. 프레임워크는 조직이 전략적 목표가 비즈니스 결과로 이어지고 비즈니스와 기술이 더 잘 부합할 수 있도록 도와주며, 조직에 중요한 가치를 제공하는 활동들의 우선순위를 결정하는 데 도움을 줘서 수치로 환산할 수 있는 성공 가능성을 상당히 높인다.

클라우드 도입과 비즈니스 전환은 전 조직에 파급효과를 가져올 수 있고, 이러한 프로젝트를 시작하는 것이 상당한 부담이 될 수 있으므로 프레임워크 안에 기업이 주목해야 하는 몇 가지 중요 검토 분야를 식별해뒀다(그림 2.2 참조). 해당 분야들은 비즈니스에 직접적인 영향을 미치므로 IBM 개러지 팀이 고객과 작업할 때 고려하는 내용이다. 다만 시간이 지나면서 해당 검토 분야들은 변하고 진화할 수 있으므로 다음의 항목들은 현재의 추세를 반영해 기업이 우선순위를 정할 수 있도록 도울 목적으로 제공된 것이며, 모든 내용을 포함하고자 한 것은 아니라는 점에 유의하기 바란다.

- 문화 및 조직
- 아키텍처 및 기술
- 보안 및 컴플라이언스
- 새로운 혁신 기회
- 방법론
- 서비스 관리 및 운영
- 거버넌스governance

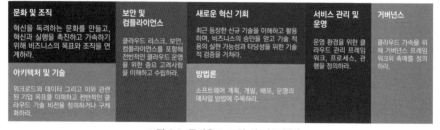

문화 및 조직
혁신을 독려하는 문화를 만들고, 혁신과 실행을 촉진하고 가속하기 위해 비즈니스의 목표와 조직을 연계하라.

아키텍처 및 기술
워크로드와 데이터 그리고 이와 관련된 기업 목표를 이해하고 전반적인 클라우드 기술 비전을 정의하거나 구체화하라.

보안 및 컴플라이언스
클라우드 리스크, 보안, 컴플라이언스를 포함해 전반적인 클라우드 운영을 위한 중요 고려사항을 이해하고 수립하라.

새로운 혁신 기회
최근 등장한 신규 기술을 이해하고 활용하며, 비즈니스의 승인을 얻고 기술 적용의 실현 가능성과 타당성을 위한 기술적 검증을 거쳐라.

방법론
소프트웨어 계획, 개발, 배포, 운영의 애자일 방법에 주목하라.

서비스 관리 및 운영
운영 환경을 위한 클라우드 관리 프레임워크, 프로세스, 관행을 정의하라.

거버넌스
클라우드 가속을 위해 거버넌스 프레임워크와 촉매를 정의하라.

▲ 그림 2.2 클라우드 도입 시 검토 분야

이 검토 분야들은 기업이 클라우드 도입과 디지털 전환에 성공하기 위해 바꿔야 하는 사람, 프로세스, 기술의 핵심 영역을 요약하고 있다. 3~10장에서 개념을 설명하고 각 검토 분야에 대해 상세히 설명한다.

도입의 단계

기업에 적합한 로드맵을 만들면 기업이 정의한 결과를 달성하는 데 도움이 된다. 급변하는 애자일 환경 속에서 비즈니스 요구사항을 빠르게 이해하고 필요한 역량을 평가하는 것은 클라우드 도입을 위한 첫 번째 단계다. 그리고 이러한 아이디어를 빠르게 평가하고 검증하며 확장하는 것이 두 번째 단계다.

이를 반복적이고 일관적으로 수행하기 위해 다음 단계를 따를 것을 권장한다(그림 2.3 참조).

▲ 그림 2.3 도입을 위한 단계

- **전략적 목표 이해**: 비즈니스의 전략적 목표를 이해하고 평가하라. 기술을 평가하고 중요한 도입 방법과 기업 변화의 영향을 이해함으로써 클라우드 도입이 시작된다.
- **전략적 기회 식별**: 기능 전반의 성숙도를 파악하고 디지털 변화를 가속할 기회를 식별하라.
- **아이디어 도출 및 우선순위 결정**: 아이디어와 권장사항을 평가하고 우선순위를 정하라. 실현 가능성, 영향, 비용 등의 특성을 활용해 변화를 위한 활동의 우선순위를 결정하라.
- **시범 적용 및 검증**: 권장사항을 테스트, 검증 및 시범 적용하라. 측정 가능한 결과를 식별하고, 기능을 검토한 뒤 사용자와 비즈니스 중심의 기준에서 검증하라.
- **확장**: 최종 사용자와 검증하면서 확장하라. 접근 방식을 검증하고, 기술적 결정사항을 확인하며 규모에 맞는 클라우드 모델의 도입을 시작하기 위해 반복적인 단계를 수행하라.
- **전략적 결과 도출**: 검증된 성공을 활용하고, 피드백을 통해 학습하며, 비즈니스 절차 전환을 통해 이점을 얻어라.

중요 검토 분야별로 구조화된 탐색 접근 방식은 의사결정 과정이 통합된 단계별 도입 프로세스와 함께 장기적인 사용자 관점 및 비즈니스 목표에 따라 프레임워크를 구성한다.

변화의 장기적인 특성과 영향을 고려할 때, 주기적으로 자리를 마련하여 조직이 있어야 할 위치 대비 실제로 현재 어디에 위치하는지를 평가하는 것이 좋다. 개선을 지속하려면 그림 2.3에서 제시한 단계를 다시 수행하는 것이 실용적이다.

조직의 리더들이 이 방식을 성공적으로 적용한다면, 분명 미래에 내·외부 고객 모두가 인정하는 변화의 파트너로 선정되어 활동하게 될 것이다.

프레임워크의 10가지 주요 행동 지침

디지털 전환을 하려면 지속적 성공을 위한 전략적 로드맵을 설계할 필요가 있다. 기술 도입과 디지털 전환의 비전에 맞추어 조직은 시간의 흐름에 따라 어떤 통합적 의사결정이 필요한지를 이해하면서도 현재와 미래 기술의 요구사항 사이에서 균형을 잡아야 한다. 이때 프레임워크는 비즈니스에 커다란 영향을 미칠 수 있는 기능 간 우선순위를 어떻게 결정하면 좋을지 의사결정을 내릴 때 도움이 된다. 프레임워크를 활용하면 조직은 전략적 목표에 초점을 맞추면서도 조직의 변화하는 요구사항을 충족시킬 수 있을 것이다.

다음은 성공적인 결과를 달성하기 위해 반드시 취해야 하는 10가지 프레임워크 행동지침이다.

1. 적절한 인력 투입

클라우드의 도입과 디지털 전환은 조직에 막대한 영향을 미치므로, 조직 전체를 전환 작업에 참여시킬 필요가 있다. 이때 변화의 핵심은 위에서부터 아래까지 조직 내 모든 구성원의 리더십이다. 특히 중요한 의사결정을 내리고, 무엇을 성공으로 정의할지 결정하며, 전환의 성공을 위해 단계마다 적극적으로 참여하는 등 경영진의 후원이 무엇보다도 중요하다. 주요 경영진이 마이크로 매니지먼트를 해야 한다는 뜻은 아니다. 그렇지만 경영진이 클라우드 도입과 디지털 전환 계획에 대해 개인적인 견해를 밝힐 정도로 충분히 참여하는 것이 좋다.

우리는 디지털 전환 프로젝트가 경영진의 적절한 후원(기술뿐만 아니라 사업 부서의 핵심 관계자 포함)을 받으면 성공할 가능성이 커진다는 점을 경험했다. 또한 리더가 개인적으로 관심을 두고 무엇을 성공으로 정의할지 함께 결정하면 실무자가 새로운 아이디어를 무탈하게 찾아낼 수 있는 환경이 조성된다는 사실도 발견했다. 이 방법은 혁신을 촉진하며 성공까지 걸리는 시간을 단축하므로 디지털 전환을 담당하는 리더라면 다음의 간단한 단계를 따르기를 권장한다.

a. 전환을 위해 최고 경영진의 후원을 확보하라.
b. 사업 부서, 기술 부서, 그 밖의 주요 이해관계자를 파악하고 전환 작업에 참여시켜라.
c. 이해관계자가 적극적으로 참여할 수 있도록 커뮤니케이션 계획을 수립하고 실행하라.

이 간단한 모델을 통해 클라우드 도입과 디지털 전환 프로그램에 필요한 수준의 구체적 결과와 승인을 확보할 수 있다. 이 모델은 모든 적절한 관점을 포함하며 명확한 커뮤니케이션과 의사결정을 보장한다. 커뮤니케이션 계획을 수립할 때 후원자와 이해관계자가 얼마나 자주, 얼마나 많이 소통하는지 확인해야 한다. 소통의 양과 빈도는 조직과 개인의 선호에 따라 달라지는데, 기업과 함께 일해본 결과 슬랙Slack 같은 협업 플랫폼을 이용할 경우 가장 최신의 관련 콘텐츠를 접하기 쉽다.

2. 비즈니스와 기술의 연계

성공하기 위해서는 전반적인 접근 방법과 주요 성과에 대한 여러 관점을 함께 고려할 필요가 있다. 주요 성과에는 클라우드 도입과 전환 사업 중 수익성이 있는 사례나 장기적 로드맵, 인력 및 문화에 대한 의사결정, 성공을 위한 (장단기) 주요 방안이 포함된다.

접근 방법과 성과를 적절히 연계하는 것은 조직의 비즈니스 이해관계자들이 전환 프로그램을 신뢰하도록 하는 데 필수적이다. 장기적으로 접근 방법과 성과를 연계하는 것에는 전환 계획을 제안할 때 예산을 확보하는 일도 포함된다. 이때 기억해야 할 두 가지는 빠른 성과를 얻으면서도 장기적인 로드맵을 개발해야 한다는 것과, 동시에 비즈니스 관점과 기술적 관점을 잘 연계해 클라우드 도입 및 디지털 전환의 수익성이 보장돼야 한다는 것이다.

클라우드 도입과 디지털 전환을 위한 사업 중 수익성이 있는 사례는 왜 디지털 전환을 시도해야 하는지 검토할 때 근거가 되며, 디지털 전환으로 얻는 경제점 이점을 볼 수 있다. 수익성 있는 사례는 비즈니스의 관점에서 클라우드 전환과 도입이 성공할 수 있음을 설득하기 위해 꼭 필요하다. 이때 중요한 건, 해당 사례가 전체 사업에서 처음이자 마지막이 되어서는 안 된다는 것이다. 수익성이 있는 사례는 반드시 검증된 가정에 기초해야 한다. 인력 채용, 생산성, 설비 투자 비용Capex, capital expenditure 과 운영 비용Opex, operational expenditure 의 상충 등 이러한 가정은 보통 클라우드 도입 로드맵을 정의하고, 초기 몇 가지 소규모 파일럿 프로젝트를 통해 가정의 일부를 증명하기 전까지는 검증할 수 없다.

클라우드 도입 및 전환 로드맵은 조직이 장기적인 혁신을 구상할 수 있게 한다. 또한 단기적 노력을 기울일 때도 로드맵은 기업이 장기적인 전환 목표와 관련된 주제들을 식별하고, 우선순위를 정하며 해결할 수 있게 한다. 로드맵은 의사결정을 복잡하게 만드는 것이 아니라, 실수를 방지하고 클라우드의 도입을 가속하며, 비용이 많이 드는 재작업의 필요성을 줄여준다.

3. 전체적인 관점에서 검토 분야를 바라보기

디지털 전환을 위해서는 여러 검토 분야를 전체적인 시각에서 볼 필요가 있으며, 각 검토 분야는 성공적인 결과를 위한 의사결정을 내릴 때 반드시 함께 고려해야 한다. 모든 조직은 고유한 상황에 놓여 있으므로, 조직마다 탐색하고 의사결정하는 폭과 깊이는 다를 것이다. 그러나 프레임워크를 적용하면 각 조직에 가장 잘 작동하는 고유한 게임 플랜을 세울 수 있게 된다. 예를 들어, 조직은 프레임워크의 한 검토 분야를 다른 검토 분야보다 우선할 수 있으며, 한 검토 분야를 다른 검토 분야보다 더 심층적으로 조사할 수도 있다. 프레임워크의 주요 속성은 결합성, 유연성 및 민첩성이다. 프레임워크가 전체적인 시각에서 보도록 디자인되기는 했으나, 실제 디지털 전환을 진행할 때는 기업별 중요 검토 분야를 고려해 자사 요구에 맞도록 변형해 사용하는 것을 권장한다. 프레임워크의 세 가지 속성은 다음과 같이 정의된다.

- **결합성**composability은 게임 플랜을 세울 때, 조직 내 우선순위가 높은 프레임워크 요소를 조합할 수 있음을 의미한다. 전체적인 그림을 완성하기 위해 다른 모든 분야를 검토해야 하지만, 목표를 달성하기 위해 해당 방법론 검토를 강화할 수 있다.
- **유연성**flexibility은 조직에서 중요한 검토 분야라면 계획을 앞당기기 위해 조직이 필요한 만큼 깊이 검토하면 된다는 점을 의미한다.
- **민첩성**agility은 비즈니스 요구사항에 맞게 과정을 조정할 수 있고 시도를 통해 학습하며 클라우드 도입 프로그램의 성과를 구축하고 필요한 만큼 평가하고 방향을 재조정할 수 있음을 의미한다.

프레임워크는 조직 발전을 촉진하는 일련의 의사결정에 대한 전체적이고 통합적인 시각을 유지하면서도 각 조직의 상황에 맞게 조정할 수 있도록 설계되어 있다.

4. 고객 중심의 아웃사이드-인 접근 방식

고객 중심의 아웃사이드-인 접근 방식은 계획이 비즈니스 목표와 부합하게 만든다. 기업 고객과 일할 때 우리는 IBM 디자인 씽킹IBM Design Thinking[5] 기술을 적용해 고객 조직의 핵심을 파악한다.

디자인 씽킹 기술은 모든 이해관계자가 동의하는 비즈니스 요구사항을 명확히 설명하고 우선순위를 설정할 수 있게 한다. 또한 비즈니스 이해관계자를 참여시켜 그들이 중요한 위치에서 궁극적인 성공을 정의하기 위한 핵심 임무를 수행하게 한다.

---

5 https://www.ibm.com/design/thinking

디자인 씽킹은 사용자 경험 디자인에만 국한되지 않으며, 전환 과정의 모든 부분에 효과적으로 적용될 수 있다. 디자인 씽킹에 대해서는 8장에서 두루 살필 것이다.

5. 새로운 가능성 열기

기업은 고유한 가치, 인사, 문화, 행동, 프로세스 및 작업 방식을 가진 복합체라고 정의할 수 있다. 기업은 클라우드 도입과 디지털 전환을 위해 변화를 수용해야 하지만, 이 프로세스는 기업에 존재하는 모든 분야에 영향을 미친다. 그 결과 기업은 자사의 상황에 맞게 해결해야 하는 어려운 질문들에 직면하게 된다.

- 어떻게 하면 기존의 방식에서 긍정적인 변화를 만들 수 있는가?
- 어떻게 하면 새로운 아이디어가 혁신을 일으킬 수 있다는 사실을 이해시키면서도 안전하게 아이디어를 도입할 수 있는가?
- 어떻게 주요 이해관계자들을 참여시켜 그들을 변화시킬 수 있는가?

이 모든 문제를 해결하는 방법은 개방형 아이디어 제안 세션이라고 부르는 회의에 핵심 이해관계자를 불러모으는 것으로 시작한다. 이 방법은 다른 기업의 실제 경험을 토대로 새로운 아이디어를 도입할 수 있게 한다.

개방형 아이디어 제안 세션open ideation session은 해당 분야의 전문가가 주재하는 실무 기반의 세션으로, 조직의 관심 주제나 프레임워크의 검토 분야를 고민하는 것이 목표다. 그리고 이 고민은 기업이 클라우드 도입과 디지털 전환을 가속하기 위해 갖춰야 할 역량에 대한 구체적인 가이드를 제공한다. 주제 전문가SME, subject-matter expert6는 회의를 총괄하기는 하지만 참석자가 자유롭게 아이디어를 공유하고 교환할 수 있도록 독려한다. IBM의 경우, 디스팅귀시드 엔지니어Distinguished Engineer7와 IBM 펠로우Fellow8 및 업계 전문가들이 특정 주제에 초점을 맞추지 않고 다음과 같은 간단한 방식에 따라 개방형 아이디어 제안 세션을 진행했다.

---

6 해당 직무나 과제를 가장 잘 알고 수행할 수 있는 전문가 – 옮긴이
7 기술적 지식과 역량뿐만 아니라 실무적인 감각을 갖춘 전문가에게 부여하는 IBM의 직책 – 옮긴이
8 IBM에서 가장 우수한 엔지니어, 프로그래머 등에게 부여하는 IBM의 직책 – 옮긴이

a. 기업 및 업계의 시각에서 주제를 소개

b. 주제와 관련된 핵심 개념에 대해 토의. 리더는 각 질문이 공격적이지 않은 방식으로 다루며, 이 토의가 더 큰 산업 환경에 대해 논의할 기회라는 점을 모두에게 이해시켜 다양한 소스로부터 아이디어가 나올 수 있게 함

c. 주요 교훈과 시사점을 요약하고 후속 조치를 맡을 담당자를 지정

이 간단한 방식은 구조적이면서도 의제와 직접 관련된 토의를 독려한다. 이 방식은 가까운 분기 내에 문제에 몰두해 이를 해결한 사람들이 제시한 주제를 현실적인 시각으로 볼 수 있게 한다. 모든 조직은 고유한 가치 제안value proposition[9]을 가진 고유한 집단이다. 개방형 아이디어 제안 세션은 새로운 아이디어와 토대를 모색할 수 있는 안전하고 의미 있는 토론의 장을 제공한다.

6. 일의 진척과 빠른 성과 보이기

디지털 전환은 정의로 보나 설계 방식으로 보나 장기적인 노력이라고 할 수 있다. 디지털 전환에서 성공은 단기와 장기에서 다른 모습으로 나타나며, 핵심 지지자와 이해관계자, 심지어 최종 사용자도 디지털 전환의 처음과 끝 사이에서 크게 달라질 수 있다.

신규 시장이나 인접 시장으로 진출하기 위한 진입장벽이 낮으므로 미래의 핵심 시장은 현재 조직이 서비스하고 있는 시장과 급격하게 달라질지도 모른다. 3~5년이 지나면 지금 조직에서 제공하는 서비스 역시 마찬가지로 달라질 수 있다.

환경은 계속 변화하며 이에 대한 지원도 계속돼야 한다는 점을 고려하면 비즈니스와 시장의 요구사항은 늘 연계돼야 한다. 장기적인 성공에 필요한 선순환 구조를 가능하게 하면서 계속 모멘텀을 창출하려면 어떻게 해야 할까?

바로 장기적인 시각에 집중하면서도 전환 프로그램 안에 즉각적인 성과를 통해 진

---

9 가치 제안은 기업이 목표하는 고객에게 제공할 수 있는 가치의 내용을 구체적으로 명시한 것으로 브랜드, 가격, 상품, 서비스의 편익 등이 해당된다. – 옮긴이

척 상황을 보여줄 방법을 반드시 포함하는 것이다. 이 방법은 전반적인 클라우드 도입과 디지털 전환 프로그램을 소개하고 지속하는 데 도움이 된다. IBM은 각 조직의 장기적인 목표와 성공의 정의에 정확하게 들어맞으면서도 단기적으로 진정한 가치를 끌어내면서 즉각적인 성과에 초점을 맞추는 법을 고객에게 알려줬고, 이는 장기적으로 성공을 지속할 수 있는 선순환을 만들었다. 다음은 고객이 주목했던 즉각적인 성과의 두 가지 예시다.

- 한 글로벌 다국적 은행은 클라우드 애플리케이션 현대화를 추진하기 위해 워크로드 및 데이터 분류 의사결정 플랜을 수립했다. 애플리케이션 워크로드와 데이터가 프라이빗 클라우드 환경에 적합하다고 판단했기에 IBM은 이 분석을 압축된 일정 안에 완성할 수 있었다. 그 결과, 고객사는 6개월에서 12개월 정도 소요될 것이라는 본래 계획과 달리 2개월이라는 기록적인 기간 안에 클라우드 전환 준비를 마칠 수 있었다.

- 또 다른 고객사인 글로벌 항공사의 경우에는 고객 전환 챔피언이라는 작은 프로모션 애플리케이션을 개발했는데, 이는 본래의 전환 범위에서는 벗어났으나, 고위 경영자들의 눈에는 좋아 보이는 것이었다. 문제는 예정된 프로모션이 시작되기 직전이었는데도 아직 애플리케이션이 구축되지 않았다는 것이었다. 우리는 애플리케이션 구축을 위해 빠르게 리소스와 모범 사례 및 도구를 신속히 도입했고, 그 결과 두 달 만에 개념적인 수준에서 실제 애플리케이션을 운영할 수 있게 해 기술 및 비즈니스 리더들에게 감사의 인사를 받고 신뢰를 얻었다. 그 덕분에 해당 사업부의 더 많은 애플리케이션을 전환 범위에 추가할 수 있었다.

빠른 성과를 주기적으로 보여주는 이른바 스포트라이트 spotlight 방식은 성공을 실재적인 방식으로 증명한다. 스포트라이트 방식은 단기적인 클라우드 도입 성과를 보여주는 프로그램 플랫폼을 제공해 장기적인 전환을 돕는다. 그러므로 성과의 증거를 문서화하기 위해 스포트라이트 방식을 이해관계자와의 커뮤니케이션 계획 내에 포함해야 한다.

7. 적극적 협업

협업과 공동 작업은 클라우드 도입 및 디지털 전환 프로그램의 성공을 위해 매우 중요하다. 경험상 조직의 구성원이 자신의 운명을 만드는 작업에 직접 관여할 경우, 그들은 전체 프로젝트의 성공에 개인적으로 관심을 두게 된다. 그러므로 SME와 고객이 함께 대면하며 협업을 할 수 있는 공동 작업 공간이나 협업이 가능한 혁신적 방법을 시행하는 것을 추천한다. 한 공간에 모여 대면하는 시간을 보내면 창의성을 장려할 수 있다. 창의적인 프로세스를 촉진하고 지원하기 위해 IBM 디자인 스튜디오IBM Design Studios나 IBM 클라우드 개러지IBM Cloud Garages 등의 공간 및 그 밖의 공간을 활용하는 것을 권장한다.

연구를 통해 발견한 효과적인 기법은 다음과 같다.

- 같은 검토 분야나 주제 등에 대해 IBM의 전문가와 고객 전문가가 함께 협업하게 한다. 이에 대해서는 8장 '방법론'에서 심도 있게 다룰 것이다.
- 기술적인 토론에 사업 부서 SME를 포함한다. 이 주제에 대해서도 8장 '방법론'에서 다룰 것이다.
- 개발자들이 운영 SME와 긴밀하게 협업해 데브옵스DevOps와 같은 문제를 해결하게 한다. 이는 9장 '서비스 관리 및 운영'에서 중점적으로 다룰 주제다.

기업이 직면한 가장 어려운 주제에 대해 주요 이해관계자들이 직접 협업하기 위해 시간을 할애할 경우 깜짝 놀랄 만큼 엄청난 결과를 얻을 수 있다.

8. 파괴적 혁신과 지속적 혁신 간 균형 찾기

비즈니스의 우선순위와 시장의 힘 모두와 보조를 맞추려면 지속적 혁신과 파괴적 혁신 사이에서 균형을 찾아야 한다. 프레임워크는 의사결정을 도와 현재와 미래의 상태가 비즈니스 목표와 어떻게 연계되는지 이해할 수 있게 한다.

경험상 모든 종류의 필요한 상충 관계에서 의사결정을 내리려면 모든 핵심적인 검토 분야마다 명확한 기준을 마련할 필요가 있다. 기업이 지속적 혁신과 파괴적 혁신의 범위 속에서 어느 지점을 선택하고 어떤 결정을 내려야 하는가는 기업 고유의 요소와 기업의 우선순위에 따라 결정된다. 기업이 해야 할 일은 시간의 흐름에 따라 단계적으로 수행해야 하는 일련의 상태를 결정하는 것이며, 각 상태에서는 새로운 성숙도 수준에 다다를 때마다 더 많은 가치를 제공해야 한다.

일련의 상태에 도달하기 위해서는 우선 각 검토 분야별로 조직의 성숙도 평가를 수행해야 한다. 그 후 스파이더 차트나 히트맵 등의 도구를 이용해 각 검토 분야마다 가장 중요한 항목을 식별한다. 그런 다음 시간이 지나 원하는 각 상태에 도달하기 위한 소견과 권장사항이 포함된 단계별 플랜을 수립해야 한다.

주의할 점은 현재 스펙트럼상의 기업 위치는 단순히 특정 시점의 평가일 뿐이라는 것이다. 디지털 전환에 대한 장기적인 시각과 마찬가지로 기업의 성향은 시간의 흐름에 따라 변할 수 있으므로 주기적으로 재평가하기를 권장한다.

9. 성공 기준 설정하기

이해관계자 및 참여하는 협력자의 승인을 얻는 것을 포함해 프레임워크의 각 검토 분야별로 명확한 성공 기준과 결과를 설정해야 한다. 이렇게 하면 클라우드 도입과 디지털 전환 프로그램에 참여하는 모든 사람이 권장사항을 성공적으로 수행하는 데 참여한다.

명확한 결과물과 그에 대한 승인은 결과를 만드는 과정에서의 책임감과 적절한 관리를 보장한다. IBM은 명확하게 정의된 결과물/서명 정책이 성실함을 독려하고, 불필요하고 반복적인 작업을 최소화하는 것을 경험했다. 이 방법을 통해 공동 생산하는 참여자와 팀은 그들이 합의한 결과물을 개발하기 위해 양질의 작업을 수행해야 한다는 사실을 알게 된다.

10. 멀티클라우드 하이브리드 모델 고려하기

많은 기업이 멀티벤더와 멀티클라우드 하이브리드 환경을 보유하고 있으며, 이는 엔터프라이즈 고객과의 글로벌 협업에서 계속 고려하는 점이다. 이 추세는 멀티클라우드 하이브리드 환경, 즉 통합과 연결을 통해 독립된 가치를 형성하는 오프프레미스 서비스와 연결된 온프레미스 프라이빗 클라우드를 의미한다. 많은 하이브리드 환경에서도 다중 벤더 솔루션과 서비스를 많이 볼 수 있다.

엔터프라이즈 클라우드 환경은 종종 오픈소스와 벤더가 독점하는 기능을 모두 포함한다. 멀티클라우드 환경이 우연한 섀도^{shadow} IT에 의한 것이든 고의적인 멀티벤더 클라우드 도입 프로세스에 의한 것이든 간에 관계없이, 프레임워크는 이와 같은 현실을 인식하고 벤더에 구애받지 않는 접근법을 가정한다. 멀티클라우드의 미래에 대해서는 7장 '새로운 혁신 기회'에서 상세히 다룰 것이다.

정리

프레임워크는 기업의 기존 투자에 기반을 두고 새로운 토대로 전환하기 때문에 시간이 지나면서 기업에 이점을 가져다준다. 프레임워크를 이용하면 기업의 기술 및 비즈니스 분야의 핵심 이해관계자들을 통합해 권장사항을 만들고 디지털 전환의 여정에 필요한 핵심 의사결정을 내릴 수 있다.

- 전환의 전략적 목표를 설정하기 위해 전환을 생각하고 구현하라.
- 어떤 업무가 전환에 적합한지 결정하기 위해 전환의 수준을 결정하라.
- 새로운 토대를 구축해 지속적인 기간에 걸쳐 규모에 맞는 전략적 결과를 실현하라.

프레임워크는 전략적 목표와 핵심 조력자에 명확히 초점을 맞춰 기업의 변화하는 요구사항을 충족하면서도 비즈니스에 큰 영향을 미칠 수 있는 역량의 우선순위를 결정하는 것을 돕는 효과적인 의사결정 구조를 제공한다.

3 전략

전략 없는 비전은 환상과 다름없다.
– 리 볼먼 Lee Bolman

클라우드 전략은 비즈니스가 추구하는 결과물을 정의하고 이를 달성하는 법을 알려준다. 클라우드 전략은 조직이 도입 요소를 연결하고 요소 간 의존관계를 이해해 궁극적으로 일정의 지연 없이 빠르게 전략을 실행할 수 있도록 돕는다.

오랜 시간이 지났는데도 대다수 기업에 여전히 클라우드 도입이 최우선 과제로 남아 있다는 점은 상당히 놀라운 일이다. 대부분이 클라우드의 가치를 잘 이해하고 클라우드 기반의 전환을 하기 위해 투자하지만, 경험상 아주 적은 비중의 기업만이 클라우드 도입 전략을 문서화한다.

기업이 클라우드 도입 속도에 박차를 가하려면 다른 기업의 모범 사례를 적용해 클라우드 전략을 성공적으로 개발하는 것이 매우 중요하다. 성공적인 클라우드 전략은 조직의 속도를 저해하지 않으며, IT나 사업 부서의 민첩성, 자율성, 유연성 등을 해치지도 않는다. 오히려 클라우드에 관한 의사결정은 비즈니스 서비스나 부서, 혹은 각 개인에게 어떤 영향이 미치는지를 더 잘 이해하게 하며 통합된 비전이나 로드맵을 기반으로 조직 전체를 응집시킨다. 때로는 천천히 가는 것이 빠르게 가는 방법이기도 하다.

이 책의 목표는 실행 가능한 전략을 개발하는 것이다. 전략은 조직의 비전을 광범위하고 관행에 들어맞으며 실행할 수 있으면서도 유연한 실무적인 로드맵으로 바꿔준다. 동적이고 빠르게 변화하는 클라우드의 세계에서 로드맵을 이행할 때 유연성은 특히 필수다.

이 장에서는 클라우드 전략을 수립하고 구체화하는 데 종종 활용되는 네 가지 주요 질문을 살펴볼 것이다. 필요한 것을 이해시키고 방향을 설정하는 데 도움을 주는 검증되고 확인된 구조를 각각의 질문에서 차례로 보여줄 것이다.

CIO에게 클라우드 전략의 의미

지난 몇 년간 최고경영자^{CEO, chief executive officer} 들은 기술을 비즈니스의 성공에 영향을 미치는 가장 중요한 요소로 꼽았다.[1]

최고경영자들에게 기술은 단순히 비즈니스 전략을 구현하는 데 필요한 인프라의 일부가 아니라 완전히 새로운 전략을 가능하게 하는 요소다. 경영자들은 기술이 의미 있게 활용되어 지속적인 혁신을 촉진하지 않으면 조직이 뒤처질 것이라고 두려워한다. 그 결과 CIO^{chief information officer} (최고정보책임자)는 서비스 제공자에서 전략적 지원자로 지위가 격상되며 자신들의 우선순위가 크게 변화할 것으로 예측한다.

비즈니스 및 기술 임원의 90%가 조직의 현재 또는 3개년 계획에 클라우드 컴퓨팅을 포함한다.[2] 비즈니스와 IT 모두가 지속적인 혁신을 위한 촉매로 클라우드를 꼽았다는 점을 생각하면 이는 그리 놀라운 일도 아니다. 클라우드는 빠르게 진화하고 있

---

1   The Customer-activated Enterprise: Insights from the Global C-Suite Study, page 5. IBM Institute for Business Value. October 2013. http://www-935.ibm.com/services/us/en/c-suite/csuitestudy2013.

2   The Power of Cloud: Driving Business Model Innovation, page 2. IBM Institute for Business Value. February 2012. http://www-935.ibm.com/services/us/gbs/thoughtleadership/ibv-power-of-cloud.html.

다. 처음 인프라 자본 비용과 사내 관리 비용을 줄이기 위해 시작된 클라우드는 이제 고객과의 상호작용, 전체 비즈니스, 심지어는 기존 산업을 재창조하는 광범위한 촉매로 발전했다. 리더들은 클라우드를 비즈니스 혁신의 용광로로 활용하고 있다. 그림 3.1은 사물인터넷IoT, Internet of Things, 증강 현실AR, Augmented Reality, 인공지능AI, Artificial Intelligence, 소셜미디어 등의 산업 트렌드가 어떻게 고객을 클라우드로 이끄는지 보여준다. 이러한 변화는 하루아침에 이뤄지지 않는다. 경험 많은 리더들은 이 과정이 전략과 계획이 필요한 긴 여정이라는 점을 이해하고 있다.

1. IHS Markit IoT platforms: enabling the Internet of Things, 2016년 3월, https://www.ihs.com/info/0416/internet-of-things.html
2. IBM Institute for Business Value, 2016, n=6050, https://www-935.ibm.com/services/us/gbs/thoughtleadership/cognitiveinnovation/market-214655476.html
3. 증강현실 소프트웨어 시장: http://www.marketsandmarkets.com/Market-Reports/augmented-reality-software-market-214655476.html
4. 가트너(Gartner), http://www.gartner.com/newsroom/id/3551217
5. "New Business Models of the Future", Frost&Sullivan, 2015년 9월 25일

▲ 그림 3.1 비즈니스 혁신을 위한 도가니, 클라우드

리더들이 클라우드 전환 계획을 시작할 때 첫 번째 단계는 당연히 이 기나긴 여정과 씨름하기 위해 조직과 해당 업계의 맥락에 맞는 타깃 전략을 수립하는 것이다.

'전략'의 진짜 의미

전략strategy은 비전과 실제 이행을 연계시킨다. 간단히 말해, 전략은 조직이 경쟁자를 상대로 정의한 비전을 어떻게 따를지 알려주는 일련의 통합적 의사결정이다.

전략은 조직이 어떤 시장에 참가할지, 어떻게 참여할 것인지, 성공하려면 기술, 인사, 기량을 포함해 어떤 능력을 갖춰야 하는지 등을 결정해준다. 또한 효과적인 관리를 위해 어떤 관리 시스템이 필요한지, 관련 사항들을 실행해야 하는 시점, 성공 여부를 확인하는 방법 등도 알려준다. 물론 어떤 전략이라도 당연히 시간이 지나면 피드백을 반영해 개선해야 한다.

전략은 단순한 성명서가 아니라, 이행 요구를 해결하기 위한 매우 중요한 방향이자 계획이다. 전략은 여러 시장의 상황에 맞게 현지화하여 이행해야 한다. 다시 말해, 다양한 시장에서 전략을 구현하고 현지화하는 방법은 구체적인 시장 상황과 고려사항에 따라 달라진다.

조직이 평소보다 훨씬 잘하고 시장과 고객에게 뛰어난 서비스를 제공하며 주주에게 가치를 돌려주려면, 조직이 누구를 대상으로 서비스를 제공하고 무엇을 만들고 있으며 어떻게 수익을 창출하고 어떤 역량이 필요하며 가치를 제공하기 위해 무엇을 하는지 등을 정확하게 이해해야 한다. 이를 이해하는 것은 조직에 가치를 제공하기 위한 신뢰할 수 있고 중요한 전제다. CIO, CSO chief strategy officer (최고전략책임자), 그 외 임원과 디지털 전환 담당자는 반드시 실제 이행을 통해 전략적 목표와 결과물이 연계된 것을 보여 가시성과 신뢰를 얻어야 한다.

특히 엔터프라이즈 환경에서 전략은 다소 복잡할 수 있다. 전략과 전략 이행의 핵심을 이해하는 것이 목적이므로 간결성을 위해 앞으로 설명은 단순하게 하겠다.

클라우드 전략 개발

클라우드 전략을 개발할 때 CIO, CSO 및 비즈니스 방향을 설정하는 임원 등은 다음 질문을 반복해서 던져보기를 권한다.

- 클라우드 전략에서 완전한 검토 분야란 무엇인가?
- 클라우드 전략에서 다뤄야 할 주요 고려사항은 무엇인가?
- 클라우드 전략 개발을 위한 관행적 단계에는 어떤 것들이 있는가?

- 우리 조직에 적합한 검증된 접근 방식이나 방법에는 무엇이 있는가?

위 질문에 대한 답은 명확한 목표가 필요하며, 전환을 유도하는 전략이 목표를 뒷받침한다는 것을 이해하면 찾을 수 있다. 우리는 클라우드 전략이 CIO에게 필수적인 것임을 많은 사례를 통해 배웠다. 클라우드 전략은 전략적 비즈니스 목표와 예상되는 결과를 명확히 보여준다. CIO에게 전략은 더 큰 디지털 전환으로 나아갈 수 있도록 돕는 가이드이며, 전환 전반에 아무 효과도 없는 단편적이고 끊임없는 실험을 방지하는 존재다.

전략은 제대로 이행되면 비즈니스에 의미 있고 자명한 가치를 가져다준다. 주의할 점은 클라우드 전략 자체는 성공을 위한 필요조건이지 충분조건이 아니라는 것이다. 가치가 실현되기 위해서는 반드시 전략이 이행돼야 한다.

이 장의 나머지 부분에서는 성공적인 클라우드 전략 개발과 실행 플랜을 위해 필요한 핵심 검토 분야 및 고려사항, 단계, 접근 방법을 검토해 클라우드 전략에 대한 이해도를 높이고 앞선 질문에 답해볼 것이다.

그림 3.2는 2장에서 살펴본 클라우드 전략의 중요 검토 분야를 간략히 요약해 보여준다.

▲ 그림 3.2 클라우드 전략의 중요 검토 분야 요약

그림 3.3은 주요 주제, 밟아야 할 단계, 규범적인 접근 가이드 등 고려사항이 포함된 클라우드 전략 개발 프로세스를 보여준다. 조직은 클라우드 전략에 반영해야 하는 핵심 기술 고려사항과 구조적인 고려사항을 반드시 검토해야 한다. 또한 클라우드 전략에서 반드시 검토해야 하는 다양한 분야마다 결정해야 할 사항도 정해야 한다. 이때 조직의 변화 필요 여부와 어떤 측면이 변해야 하는지 등을 포함해 결정해야 한

다. 마지막으로, 필요한 작업을 결정했다면 실행 가능한 클라우드 전략 개발을 위해 권장 절차를 따르라. 물론 권장 절차를 따르면서 학습한 점을 토대로 이전 결정사항을 다시 평가해야 한다. 반복과 단계적 재평가는 전체 전략 수립 과정에 당연히 포함된다. 그럼 먼저 조직이 구축할 클라우드 전략의 검토 분야를 살펴보자.

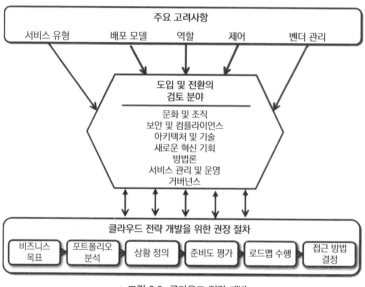

주요 고려사항

서비스 유형　　배포 모델　　역할　　제어　　벤더 관리

도입 및 전환의
검토 분야

문화 및 조직
보안 및 컴플라이언스
아키텍처 및 기술
새로운 혁신 기회
방법론
서비스 관리 및 운영
거버넌스

클라우드 전략 개발을 위한 권장 절차

비즈니스 목표 | 포트폴리오 분석 | 상황 정의 | 준비도 평가 | 로드맵 수행 | 접근 방법 결정

▲ 그림 3.3 클라우드 전략 개발

클라우드 전략의 완전한 검토 분야

일반적으로, 클라우드 전략을 확실하게 시작하거나 제대로 이행하려는 조직은 몇몇 클라우드 관련 이니셔티브^{initiative}를 이미 시행하고 있거나 검토하고 있다. 종종 사업 부서가 이른바 '섀도 IT'[3] 모드에서 실험을 하거나 이미 세일즈포스닷컴^{Salesforce.com} 등 클라우드 기반 벤더가 제공하는 클라우드 솔루션을 사용하는 사업 부서를 볼 수 있다. CIO와 CFO^{chief financial officer}는 주로 조직의 모든 그룹과 부서가 자신들의 목적

3　IT 관리 부서에서 승인하지 않은 클라우드 애플리케이션이나 서비스를 구매해 사용하고 있으나 이를 IT 관리 부서나 책임자가 파악하지 못하는 현상 – 옮긴이

을 추구하는 것을 관찰해 전사적으로 광범위한 통합 클라우드 전략을 구성하기 위해 개입한다. 조직 전반이 클라우드에 관심이 있다는 점을 고려할 때, 다양한 이해관계자가 참여하고 개입하게 하려면 모든 분야를 완전히 검토하는 것이 중요하다.

2장에서는 도입 및 전환 프레임워크를 소개하고, 프레임워크의 개발에 들어간 사고 과정을 전사적 도입 여정 속에서 광범위하게 표현했다. 클라우드 전략의 구조 측면에서 각 검토 분야는 전략의 결정과 이행을 명료하게 해주는 이정표를 제공한다.

완전한 클라우드 전략 범위는 다음과 같다.

- **문화 및 조직**: 혁신을 독려하고 조직의 전략적 목표와 잘 조화되는 문화를 사전에 적극적으로 개발해야 한다. 이 검토 분야는 아마 대부분 조직에 가장 어려울 것이나, 이를 잘 이해하는 것이 클라우드 도입과 전환의 결과물을 얻는 데 가장 중요하다. 실험과 위험을 장려하는 조직 구조는 아무도 비난하지 않는 환경 속에서 실제 동작하는 아이디어는 지원하고 제대로 작동하지 않는 아이디어는 폐기하는 등 빠르게 아이디어를 테스트할 수 있게 한다. 혁신을 촉진하고 가속하는 문화를 개발하려면 항상 총체적인 비즈니스 결과에 초점을 맞춰야 한다.

- **아키텍처 및 기술**: 아키텍처와 기술은 전환을 가능하게 하는 핵심 구조를 제공한다. 성공적인 클라우드 전략은 신속한 시장 실험이 가능하면서도 실질적인 ROI[return-on-investment] 분석이 곁들어진 아키텍처 및 기술 검토 분야에 기반을 둔다. 일반적으로 대다수 기업에서 이 검토 분야가 가장 먼저 발전한다. 그러나 경험상 어떤 기술을 선택하기 전에 조직이 달성하고자 하는 것이 무엇인지를 명확하게 정해야 한다. 아키텍처 및 기술 분야를 제대로 작업해야 미래에 재작업 비용을 최소화할 수 있다. 다양한 종류의 클라우드 서비스, 애플리케이션, 데이터의 특성과 이를 지원하는 클라우드 아키텍처 및 기술 종류마다 기업의 선호 등을 이해하는 것은 도입 및 전환 프로그램이 성공하기 위해 매우 중요하다.

- **보안 및 컴플라이언스**: 사전에 적절한 보안과 컴플라이언스 정책 및 기능을 개발하고 반영하는 것이 중요하다. 규제 환경의 영향을 이해해야 조직이 혁신의 아젠다agenda를 유지하면서도 적절한 컴플라이언스와 보안 태세를 구현할 수 있다. 예를 들어, 클라우드 도입 및 전환 전략은 개인 식별 정보PII, Personally Identifiable Information 요구사항을 충족하는 잠재적인 리팩토링 애플리케이션과 데이터 스토리지 접근 방식을 설명해야 한다.

- **방법론**: 만약 얻으려는 핵심 결과가 속도와 민첩성이라면, 메커니즘 중 방법론 분야에 주목해야 한다. 경험상, 우선순위가 지정된 모든 배포 목표를 해결하기 위해 방법론 분야가 필요하다. 방법론은 클라우드 네이티브 애플리케이션에만 국한된 이야기가 아니기 때문이다.

- **새로운 혁신 기회**: 새롭게 떠오르는 혁신의 기회를 이해하고, 혁신을 신속히 실험하며 마케팅에 앞서 이를 빠르게 활용할 수 있는 사용자 보장을 수행하라. 새로운 아이디어의 육성과 적용을 독려하는 문화는 기술 측면에서 조직이 항상 살아 있음을 의미한다. 새로운 기술을 실제 사용자와 비즈니스 요구사항에 적용하는 것은 비즈니스와 직접 관련된 혁신을 유도한다.

- **서비스 관리 및 운영**: 방법론 분야와 마찬가지로 운영 환경을 혁신하면 속도와 효율성을 얻을 수 있다. 서비스 관리 및 운영 분야는 클라우드 운영 모델을 통합하기 위해 개선되면서, 중요한 IT 인프라 라이브러리ITIL, IT infrastructure library 프로세스를 단계적으로 생각한다. 도구, 기술, 벤더와의 관계, 서비스 수준 및 운영 모델을 업그레이드하기 위한 내부 투자 등 이 모든 것을 서비스 관리 및 운영 분야에서 고려해야 한다.

- **거버넌스**: 거버넌스는 의사결정 프레임워크decision rights framework와 관리 관행 및 이행 정보에 관한 정책을 제시한다. 책임을 명확히 하고 책임과 매트릭스 가시성을 확보하면 기업 내부에 투명하고 효율적인 의사결정을 유도할 수 있다. 조직의 거버넌스 모델은 전략의 영향을 받거나 이를 이행하는 조직 및 전체적인 클라우드 전략과 잘 조화돼야 한다. 기업은 거버넌스 프레임워크의 정의와 기존 구조로부터의 변화, 그리고 중앙집중식 제어부터 애자일 문화를 지원하는 더욱 유연한 거버넌스 접근 방식 등을 적극적으로 계속 평가해야 한다.

클라우드 전략이 고려해야 할 핵심 사항

클라우드 컴퓨팅 전략 수립은 혁신한 기업에 대한 비전을 얻을 수 있는 로드맵을 구축하게 한다. 우선, 기업은 클라우드에 대한 일반적인 범주나 시각을 합쳐야 한다. 다음 두 관점에 대해 생각해보자.

- IT 서비스 제공 영역의 산업화라고도 볼 수 있는 클라우드는 소비자 인터넷 서비스에서 영감을 받은 새로운 소비 유형이자 제공 모델이다. 이 모델은 셀프서비스, 규모의 경제, 유연한 가격 모델, 워크로드 기반의 IT 자원 프로비저닝을 통한 서비스 자동화, 가상화, 표준화를 바탕으로 가능하다.
- 클라우드 컴퓨팅은 편리하면서도 네트워크, 서버, 스토리지, 애플리케이션, 서비스 등 구성 가능한 리소스 공유 풀에 온디맨드on-demand4 네트워크 접근이 가능하게 한다. 이를 통해 빠른 프로비저닝이 가능하고, 관리 노력이 적게 들며 서비스 제공자와 소통을 줄이면서도 IT 서비스를 제공할 수 있다.

클라우드에 대한 각각의 정의는 서로 다른 렌즈를 통해 클라우드를 정확하게 볼 수 있게 한다. 클라우드에 대한 조직 차원의 정의는 고유한 관점에 따라 달라지며, 클라우드의 엄청난 변동성과 클라우드가 제공하는 가치는 각 관점에 엄청난 기회를 제공한다.

다양한 변수가 있으므로 조직은 클라우드의 유연성을 기업의 비즈니스와 전략적 목표에 어떻게 활용할지 반드시 결정해야 한다. 기업의 과제는 앞서 논의한 검토 분야의 맥락 안에서 자사만의 클라우드의 정의를 내리는 것이다. 이때 조직은 다음 고려 사항을 깊이 고민해야 한다.

- 서비스 타입
- 제공 모델
- 역할

---

4 사용자의 요구에 따라 네트워크를 통해 필요한 정보를 제공하는 주문형 방식 - 옮긴이

- 제어 방식
- 벤더와의 관계

이 고려사항은 어쩌면 광범위해 보일 수도 있다. 그러나 기억하라. 전략은 비전과 실제 이행을 연결해준다. 고객사와 작업하면서, 전략과 관련된 어떤 실현 계획이라도 명확한 기준을 가지려면 위 사항을 설명할 수 있어야 한다는 점을 깨달았다. 그럼 이제부터 각 고려사항을 차례대로 검토해보자.

서비스 타입

우선 IaaS^{Infrastructure as a Service}, PaaS^{Platform as a Service}, SaaS^{Software as a Service} 등 클라우드의 기본 개념에 익숙해져야 한다. 이 개념들은 일반적인 서비스 타입을 상식선에서 이해하는 데 있어 여전히 유효하며 중요하다.

2011년 초기 클라우드 도입과 NIST의 클라우드 정의 이후로(1장 참조), IBM이 협업한 업계와 고객들은 서비스 유형에 대해 더 광범위한 시각을 갖추게 됐다. 예를 들어 IaaS와 PaaS 간의 연결성이 증가하고, 컨테이너화의 효용성과 인기 덕에 CaaS^{Containers as a Service}라고 통상 불리는 것이 도입됐다. 또한 새로운 서버리스 아키텍처의 발전은 FaaS^{Functions as a Service}라고 하는 새로운 변종을 가져왔다. 클라우드 전략 구성 속에서 개념들은 합쳐질 수 있으며, 그림 3.4에서 보듯이 클라우드 파운데이션^{Cloud Foundation} 계층의 일부로 고려될 수 있다.

다음 계층은 SaaS를 이른바 데이터, 코그니티브(인지), 솔루션의 세 가지 단계로 분해한다.

- 데이터^{Data}: 최근 DaaS^{Data as a Service}가 화두로 떠오르고 있다. 네트워크, 스토리지 및 컴퓨터 성능은 모든 IaaS의 필수적인 핵심 요소다. 처리, 정제, 마스킹, 활용, 거버넌스 등의 성능이 모든 DaaS에 필요하다. 전략적 개발의 관점에서 이 분야는 데이터 소스가 무엇이며, 어떻게 데이터를 분류하고 처리하는지, 그리고 어느 정도로 데이터를 세분화하는지 등의 범주를 다룬다.

- **코그니티브** Cognitive : 사실상 우리가 다루고 있는 모든 조직은 인공지능AI, 머신 러닝, 딥러닝, 예측 분석 등의 코그니티브 기능을 활용해 사업을 차별화할 방법을 생각한다. 전략적 개발의 관점에서 이 코그니티브 영역은 조직의 코그니티브 전략과 연결되어 기준이 되면서도 기업이 제공하는 가치를 차별화하는 중요한 서비스의 집합을 정의해야 한다.
- **솔루션** Solutions : 솔루션은 가장 일반적인 SaaS의 종류이며, SaaS 중 가장 잘 구성된 가치 또는 구성의 단위다. 완벽한 인적 자원이나 고객 관계 관리 솔루션 등이 이에 해당한다. 판매기회 관리, 고객 관리, 직원 관리 등 수많은 산업 중심적 솔루션 영역이 있다. 전략 개발의 관점에서, 솔루션 영역에서는 기업이 소비할 솔루션뿐만 아니라 핵심적인 통합 요소도 식별해야 하며, 솔루션과 나머지 복합 비즈니스 애플리케이션 간의 연결 관계도 함께 식별할 필요가 있다.

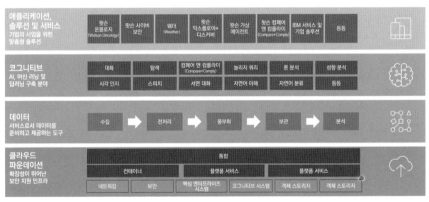

▲ 그림 3.4 클라우드 서비스 타입

배포 모델

서비스 타입과 마찬가지로 배포 모델의 다양한 선택지에도 익숙해질 필요가 있다. 가장 넓은 의미에서의 퍼블릭public과 프라이빗private 등은 공유 퍼블릭, 전용 퍼블릭, 호스팅 프라이빗, 관리형 프라이빗, 온프레미스 프라이빗 등으로 나뉜다. 이 다양한 배포 모델은 그림 3.5에 설명되어 있다.

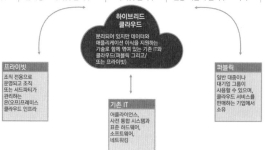

▲ 그림 3.5 클라우드 배포 모델

전략 개발의 관점에서 핵심은 비즈니스와 기술적 고려사항을 기반으로 가장 최적의 것을 정의하면서 조직에 가장 많은 선택지를 제공하는 멀티클라우드 접근이 필요하다는 사실을 인지하는 것이다. 멀티클라우드 방법은 다양한 클라우드 배포 모델이 각각 제공하는 서비스의 이점을 활용할 수 있게 하므로 신중하게 접근할 필요가 있다. 이에 대해서는 3장에서 제어 및 워크로드를 논의할 때 함께 다룰 것이다.

역할

그 밖의 중요한 결정사항은 조직이 어떤 역할을 맡고 있는가에 따라 달라진다. 기업은 소비자, 통합자, 또는 공급자의 세 가지 가능성 중 하나 또는 그 이상을 복합적으로 맡을 수 있다.

소비자

만일 퍼블릭 클라우드의 소비자consumer 라면, 아마 외부 클라우드 서비스 공급자와 협력할 가능성이 크다. 퍼블릭 클라우드 소비자로서 기업은 공급자와 관계를 구성하는 상호작용, 기대치, 퍼포먼스, 계약, 그 밖의 요소를 관리하기 위해 **통합자**integrator 로서의 역할을 구축할 필요가 있다.

일반적으로 프라이빗 대 퍼블릭 클라우드에 대한 질문은 상호 배타적이지 않다. 기업은 무엇이 기업에 가장 적합한지, 비즈니스 목적을 위해 필요한 배포 모델은 무엇인지 등의 관점에서 답해야 한다. 하이브리드 클라우드hybrid cloud 모델에서는 프라이빗과 퍼블릭, 양쪽 모두를 택하기도 한다.

하이브리드 환경은 목적한 환경에 가장 적합한 액세스, 사용, 그리고/또는 서비스와 애플리케이션의 제공 등을 가능케 하는 등 장점이 확실하지만, 도입이 복잡하므로 소싱이나 관리가 어려울 수 있다. 이 새로운 과제는 데이터의 지역성, 워크로드 배포와 이동성, 산업 코어core 나 레거시legacy 시스템 등이 포함된 시스템 통합, 사용 가능여부를 포함해 전반적인 시스템 상태를 보여주는 가시성, 그리고 서비스와 소프트웨어 라이선스의 포팅 가능성 등을 포함한다. 물론 이것이 전부는 아니지만, 이 고려사항들은 하이브리드 모델의 가치를 제대로 이해하기 위해 중요하다.

이 중요한 과제를 검토하고 클라우드 도입과 디지털 전환의 가능성을 모두 실현하기 위해, 책의 나머지 장에서는 IBM이 고객과 함께 작업한 솔루션, 접근 방식 및 기법을 검토할 것이다.

통합자

외부 이해관계자가 제공하는 클라우드 서비스를 통합자integrator 가 책임지므로 통합자의 역할은 그 어느 때보다 중요성이 더욱 커지고 있다. 비즈니스와 기술적 요구사항을 서비스 공급자와의 협업으로 풀어내야 하므로 이 역할은 비즈니스와 기술에 대한 통찰력이 요구된다. 실제로 통합자는 모든 서드파티 공급자와 소통하는 기업의 연락책이자 기업을 대신해 공급자와 상호관계 속에서 관계, 기대치, 결과물 등을 관리하는 인터페이스로 변모하고 있다. 내부 IT나 아웃소싱 파트너가 기업 전체를 대신해 통합자의 역할을 하기도 한다.

공급자

만일 클라우드 서비스를 고객에게 제공하는 데 필요한 자산의 소유권이나 보유권 등을 갖고 있으며 해당 자산들이 서비스 계층에 따라 달라질 수 있는 경우, 클라우드 서비스 **공급자**^{provider} 라고 볼 수 있다. 공급자는 프라이빗이나 공유 클라우드 서비스를 기업 내부 사용자에게 제공하거나 기업 외부의 조직에 제공할 수 있다. 서비스 공급자는 하이브리드 컴퓨팅 모델에서 핵심적인 역할을 한다.

역할을 이처럼 엄격하게 정의해야 할까? 꼭 그래야 할 필요는 없다. 사실 하이브리드 기업^{hybrid enterprise}은 소비자, 통합자, 공급자 중 1개 이상의 역할을 맡을 가능성이 크다. 사전에 이 사실을 이해하면 전반적인 클라우드 전략을 지원하는 실행 계획을 수립할 때 상당히 긍정적인 다운스트림 효과를 볼 수 있다. 그림 3.6을 참조하라.

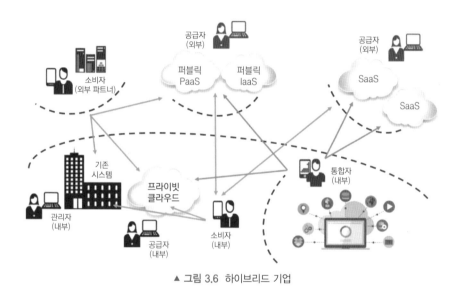

▲ 그림 3.6 하이브리드 기업

제어 방식

제어는 거버넌스, 조직 설계, 보안과 컴플라이언스, 운영 등에 적용된다. 여기에는 배포된 서비스의 설계, 구현, 테스트, 사용, 모니터링뿐만 아니라 IT 서비스 인수를 위한 정책, 절차, 표준 등에 대한 관리도 포함된다.

컴플라이언스와 위험 관리는 기존 IT 시스템에서 항상 중요하게 다루는 거버넌스 절차이며, 클라우드에서도 마찬가지로 중요하다. 다만 클라우드에서의 차이점은 고려해야 할 사항이 많아졌다는 점이다. 클라우드 서비스는 일반적으로 IT 조직의 외부에서 조달되므로 제어 능력이 부족하면 기업은 프라이버시나 보안, 컴플라이언스, 비즈니스 연속성, 법적, 심지어는 평판 리스크 발생으로 위험에 빠질 수 있다. 보통 거버넌스가 명확하게 수립되지 않으면 클라우드 사일로^{silos}[5]나 클러터^{clutter}[6]가 발생한다.

강력한 클라우드 거버넌스는 클라우드 컴퓨팅 전략의 일부가 되어야 한다. 클라우드 거버넌스는 다음과 같은 것을 포함한다.

- 이해관계자 식별, 서비스 조달을 포함해 클라우드 생태계에 참여하는 모든 사용자를 위한 의사결정 프레임워크를 구축
- 중요 프로세스에 대한 클라우드 의사결정 프로세스 개발
- 클라우드 서비스, 환경, 공급자를 관리하기 위해 정책을 수정하고 집행

마지막으로, 클라우드 전략에는 많은 조직에 부족한 역량인 설계나 운영 역량이 필요하다. 필요한 사항은 다음과 같으며, 보통 개수가 많고 실행도 어렵다.

- 클라우드의 기본 원칙을 반영해 공유된 서비스 거버넌스 모델
- 필요할 때 조달할 수 있는 구매 및 조달 프로세스
- 가시성, 자동화, 제어 기능을 제공하는 통합된 이벤트, 변경, 배포, 용량 및 서비스 수준 관리
- 투명성과 책임성을 지원하는 계량, 등급, 청구 및 클라우드 서비스 가입 관리
- 사용자의 요구를 인지하고 빠르게 대응하는 관리 기능 제공
- 서비스 배포와 서비스 지원의 산업화를 돕는 표준화된 서비스와 플랫폼
- 투자와 규모의 경제를 달성하기 위해 합칠 수 있는 중요한 리소스 집합
- 클라우드 소비 모델에 적합하게 맞춰진 소프트웨어 라이선스 계약
- 조직의 수준 및 그 이상으로 가치를 확대하기 위한 새로운 프로그래밍 모델, 기술 활용, 애플리케이션 프로그래밍 인터페이스$^{API, application programming interface}$ 등과 결합된 통합적이고 일관되며 현대화된 산업 코어에 대한 관점

---

5 곡식을 저장하는 창고. IT에서는 네트워크, 서버, DB 등 각기 다른 영역이 통합적으로 관리되지 않고 개별적인 이익에만 몰두하는 현상을 뜻한다. – 옮긴이
6 불필요한 전파가 반사되어 돌아와 관측되는 것을 뜻한다. – 옮긴이

이러한 사항들은 특정 IT 요구사항이나 고유한 요구를 달성하는 데 필요한 유연성을 기업에 제공하며, 기업이 전략적 목표에 맞게 시장에서 차별성을 유지할 수 있게 한다. 그러나 적절한 IT 배포 서비스 포트폴리오를 유연성과 제어 기능을 갖춘 상태로 구성하려면 신중하게 접근할 필요가 있다. 예를 들어 기업은 컴플라이언스를 보장하고, 서비스 수준 계약SLA, service-level agreement 을 달성하며 과도한 프로세스나 복잡성을 만들지 않으면서도 효과적으로 보안 수준을 유지하기 위한 적정 수준의 구조를 구성할 수 있어야 한다. 구조를 유지하면서도 유연성을 갖출 수 있도록 적절한 균형을 잡으면 기업은 이점을 얻을 수 있다. 기업은 클라우드 컴퓨팅이 기존 IT 배포 방식의 '대체'가 아니라 기존 IT 제공 대안이 좀 더 체계적으로 '확장'된 것이라고 보는 게 좋다.

요약하자면, 산업 코어의 일부인 기존 서비스를 지원하거나 새로운 서비스를 개발하고 얻기 위해 거버넌스 실행 계획을 개발할 때, 기업은 제공 가능성을 아우르는 새로운 관점에서 서비스 범위를 평가할 필요가 있다. 제대로 개발한 전체 엔터프라이즈 클라우드 모델에 부합하지 않는 솔루션은 비싸기만 하고 IT 서비스와 호환되지 않는 포트폴리오를 만들지도 모른다. 이는 표준 구성요소에서 솔루션을 설계하고 유연성을 얻기 위해 통합되며 적절한 방식으로 제공되는 클라우드 목표와 반대라고 볼 수 있다.

벤더와의 관계

새로운 전환 이니셔티브를 부담 없이 시작하고 싶겠지만, 기업은 반드시 기존 그리고 미래 전략적 벤더와의 관계를 계획 단계에서 검토해야 한다. 경험상 기업들은 하나 이상의 전략적 벤더를 파트너로 삼아 가장 성공적인 클라우드 전략을 구축했다.

파트너십을 위해 벤더를 선택할 때 기업은 기존에 체결한 계약, 벤더의 실행 능력, 방향과 목표와의 조화, 벤더의 클라우드 기술 성숙도 등을 반드시 고려해야 한다. 또한 벤더의 전문 분야나 특정 분야에서의 벤더의 역량 등 기업이 필요로 하는 것을 벤더가 실제로 실행할 수 있는지를 반드시 고려해야 한다. 벤더가 기업의 전략적 목표를 지원하기 위해 수행할 역할을 정의하는 것도 중요하다. 가끔 기술적 공급업체에만 초점을 맞추는 경우가 있는데 전환, 설계, 교육, 공동 개발, 그리고 지속적인 관리 기회를 효과적으로 지원할 수 있는 벤더까지로 범위를 넓힐 필요가 있다.

모든 경쟁 시장이 그렇듯 클라우드 분야의 벤더도 기존 고객이나 잠재 고객을 대상으로 독점적이고 주도적인 입지를 확보하기 위해 경쟁한다. 그러나 실제로 클라우드 생태계를 구축해야 하는 것은 거의 기업임이 틀림없다. 멀티클라우드나 하이브리드 클라우드 요구사항, 락인lock-in[7]을 피하는 것 등 앞서 논의한 요소들은 기업의 요구사항에 따라 구성된 다양한 서비스 선택지를 제공하며 기업을 공급자 생태계의 개념 앞으로 이끈다. 만일 기업이 외부 업체에 대해 배타적인 정책을 취하더라도, 여전히 IaaS, PaaS나 SaaS 공급자에 관한 통합과 관리가 필요하다. 따라서 대부분 기업 주도의 생태계가 불가피하다.

다음은 클라우드 전략을 구축할 때 염두에 둬야 할 추가 고려사항이다.

의미 있는 파트너십 찾기

기업은 직접 개발을 하기 위해 귀중한 시간이나 자원을 투자하는 등 핵심 업무와 동떨어진 작업을 하기 어려우므로 기업 단독으로 성공하는 경우는 거의 드물다. 그러므로 전략을 수립할 때 설계, 실행, 유지보수 등 라이프 사이클 전반에 걸친 의미 있는 파트너십을 찾기를 권한다. 객관적으로 볼 때 잘 구축된 클라우드 전략은 벤더 간 관계뿐만 아니라 기업과 벤더 간 관계를 정의할 기회를 제공한다. 이는 특히 하이브리드나 멀티클라우드가 불가피한 기업에서 중요하다.

기존 IT 자산의 이점 활용

대부분 기업은 기업 애플리케이션 자산에 투자해왔다. 기존 파트너의 다수가 차례로 클라우드 전환 모델이나 믿을 수 있다고 증명된 통합 및 리팩토링 기술 등을 이용해 자신들의 기존 서비스에 클라우드를 적용하려고 많은 투자를 한다.

---

7 기존 시스템의 대체 비용이 어마어마해 기술 전환을 하지 못하는 상태 – 옮긴이

그중 하나가 IBM이다. IBM은 엔터프라이즈 미들웨어나 웹스피어 애플리케이션 서 버WebSphere Application Server, MQ 등 데이터 스택을 빠른 소비와 확장을 위해 컨테이너 화된 솔루션이나 관리형 서비스로 제공한다. 또 다른 예로 SAP는 인적 자원, 인적 자본 관리, SAP HANA 등과 관련된 내용을 포함해 클라우드에 적합한 일련의 솔루 션을 제공한다.

이러한 환경에서는 애플리케이션, 플랫폼, 관리 계층이 구분 없이 통합되어 기업의 마이그레이션 부담을 상당히 낮춰준다. 이런 경우에는 기존 파트너십을 활용하면 상 당히 유용할 수 있다.

지속적 학습과 평가

클라우드 기술의 초기 수용자는 보통 특정 벤더나 벤더의 솔루션에 투자했다. 일반 적으로 기업은 아마존 웹 서비스Amazon Web Services, IBM, 마이크로소프트 애저Microsoft Azure, 구글 등의 퍼블릭 클라우드 서비스나 오픈스택OpenStack, VM웨어VMware, 레드 햇Red Hat, 그 밖의 솔루션을 활용해 자신만의 클라우드 방식을 구축하는 프라이빗 클라우드 환경으로 시작한다.

이 방식이 성공하면 기업은 계속 같은 방식을 지속하려는 경향을 보이며, 특히 기업 이 특정 플랫폼에 종속된 기술이나 역량에 투자한 경우라면 더욱 그렇다.

그러나 이 방식을 고수해야 한다고 결론을 내리기보다는 계속 기업의 방식을 평가 하고 이를 전략적 성과와 연계하기를 권한다. 경험상 기술이 성숙하고 기업이 초반 의 클라우드 도입 시도를 통해 지식과 경험을 얻으면 새롭게 생각하거나 확신하는 경우가 발생한다. 기업만의 클라우드 이니셔티브는 장기적으로 상당한 비용이 소요 될 수 있으며, 초기에 의도한 개방성과 달리 해당 기업만의 고유한 모습으로 바뀌고 통제도 어려워지면서 지원이 어려워진다.

잠깐 멈추고 한 발 물러서서 기업이 원했던 바와 현재 상황을 비교하면 대부분 처음 의도했던 기본으로 돌아갈 수 있다. 전략적 목표를 고려할 때 우리는 여전히 옳은 길 을 가고 있는가? 클라우드 도입과 전환의 여정을 가속하기 위해 우리가 취해야 할 조치는 무엇일까? 목표를 달성하고 최대의 잠재력을 이용하려면 어떻게 투자해야 할까? 이 질문들을 다시 평가하는 것은 조직의 방식을 어떻게 조정해야 할지 결정하는 데 매우 중요하다.

상업화를 위한 표준화된 솔루션 찾기

초기의 결정이 사용자 종속이 심하고 통제도 어려운 시스템으로 이어지면서 표준화된 벤더 솔루션이 정착하는 활로가 생겼고, 기업은 귀중한 리소스를 더 가치가 높은 기능에 집중할 수 있게 됐다. 이 변화는 프라이빗과 퍼블릭 클라우드 모델 모두에서 나타난다. 새로운 하이브리드 아키텍처가 지리적 위치, 성능, 벤더에 종속되지 않게 하려는 기업의 요구와 맞아떨어지면서 이것이 멀티클라우드 환경의 표준이 됐기 때문이다.

복잡성을 감소시키고 조직 전체에서 작동하도록 확장

기업은 아키텍처 및 기술 분야에만 초점을 맞추는 것이 아니라, 기업 전체의 디지털 전환 검토 분야에서 폭넓게 생각할 필요가 있다. 규모가 작을 때는 작동했지만 기업 전체 수준에서는 작동하지 않을 수 있기 때문이다. 많은 벤더가 어쩌면 동종업계 중 최고의 핵심 기능을 제공하더라도 글로벌 기업 혁신에 대한 규모, 깊이, 이해가 부족할 수 있다. 만일 기업이 일하는 방식을 바꾸고 기업의 전략적 목표에 부합하는 가치를 제공하는 클라우드 이니셔티브를 원한다면, 반드시 앞서 논의한 모든 도입 및 전환의 검토 분야를 지원할 수 있는 벤더를 선택하는 것이 좋다.

클라우드 전략 개발을 위해 필요한 사전 단계

대부분의 초기 클라우드 이용은 대기업의 개별 사업 부서나 애플리케이션 팀이 주도했으며, 일반적으로 예산과 CIO의 통제 밖이었다. 그러나 이제는 IT 팀과 기업 내 광범위한 지원 부서가 기업 전체가 클라우드를 사용할 수 있도록 지원하기 위해 전략을 개발해야 한다.

새로운 클라우드 요구사항 충족을 위해 업계 전반의 CIO가 전반적인 접근 방식을 재검토하고 다시 설계하고자 빠르게 움직이고 있다. 클라우드 전략 개발을 위한 다음 공식은 수천 개의 기업 혁신 과정에서 시도되고 검증됐다. 이 간단한 공식은 앞서 논의한 고려사항을 포함해 도입과 전환 검토 분야와 연계된 여섯 단계의 조치 방안을 제시한다. 여섯 단계는 다음과 같다.

1. 비즈니스 목표와 제약조건 정의
2. 기업의 워크로드 포트폴리오 완벽 분석
3. 미래와 현재 상황 분석
4. 기업의 준비도 평가
5. 사전 정의된 전략적 이정표에 따라 실행 프레임워크 구축
6. 기업에 가장 적합하면서도 검증된 접근 방식 정의

이제부터 위 단계를 차례로 살펴보자.

1단계: 비즈니스 목표와 제약조건 정의

전략은 조직의 비전을 어떻게 수행할지를 결정하는 것에서 시작한다. 기업이 클라우드 컴퓨팅을 통해 얻고자 하는 바를 결정하는 것은 의도한 결과를 얻기 위해 결정한 바를 실행하는 것만큼 중요하다. 기업은 반드시 가능한 결과물들의 목록을 고려하면서 결과물을 염두에 둬야 한다. 1단계에서는 기업이 어디로 가기를 원하는지, 디지털 전환의 가치가 무엇인지, 기업의 우선순위는 무엇인지 등을 결정한다. 기업이 희망하는 잠재적 결과물은 다양하지만, 일반적으로는 다음과 같다.

- **경쟁력**: 경쟁력은 고유의 가치를 통해 설계, 기술, 운영상의 우수성을 차별화 요소로 종종 활용하면서 시장의 기회에 대응하는 역량이라고 정의한다. 경쟁력은 반드시 비즈니스 전반에 걸쳐 통합된 방식으로 대응하는 능력을 포함해야 한다.
- **민첩성**: 민첩성은 급변하는 비즈니스 현실에서 신속하고 지속적인 방식으로 변화하고 능동적으로 반응해 대응하는 능력을 말한다. 민첩한 방식으로 대응

하려면 비즈니스, IT, 지원 등 조직의 모든 부분이 같거나 거의 비슷한 속도로 반응해야 한다.

- **속도**: 속도는 현재 수준보다 더 빠르게 혁신하고 변화하며, 빠르게 결과를 보여주는 능력이다. 속도는 가치 흐름 전반에 걸쳐 일을 좀 더 효율적으로 수행해야 얻을 수 있다.

- **비용 절감**: 비용 절감은 궁극적으로 돈이 적게 드는 리소스 풀 집합의 이점을 활용하는 능력을 의미한다. 비용 절감은 한 부문이 다른 부문에 부담을 이전하지 않으면서도 가치 흐름 전반에 걸쳐 효율성을 창출해야만 달성할 수 있다. 예를 들어, 자본지출$^{CapEX, capital expenditure}$ 절감액을 운영지출$^{OpEx, operating expenditure}$ 비용으로 전환하는 것은 부담을 이전시킬 뿐, 궁극적으로 비용을 절감하는 것은 아니다. 그러나 불필요한 인프라를 제거하거나 필요하지 않은 소프트웨어 라이선스를 제거해 개발 비용을 줄이는 것은 비용 절감에 해당한다.

- **집중**: 집중은 관련 없는 활동을 배제하고 핵심 비즈니스에만 관심을 기울이는 능력이다. 예를 들어, 기업은 서비스 제공 및 관리 책임을 맡고 싶지 않을 수 있다. 핵심 비즈니스에 집중하면 기업이 어디에 시간과 돈을 투자해야 하는지를 좀 더 정확하게 판단할 수 있다. 다만, 기업은 반드시 비용 절감이 허황되지 않고 현실적이도록 처음부터 끝까지 비용의 통제를 이해하고 유지해야 한다.

목표에 대한 제약조건을 식별하는 것은 목표를 강조하는 것만큼 중요하다. 제약조건은 프라이버시, 지역성, 보안, 데이터 컴플라이언스 등에 대한 일반적인 제약사항일 수도 있고 어쩌면 기존 계약이나 일정만큼 미묘할 수도 있다. 다음은 제약사항을 고려해야 하는 비즈니스 목표의 예시다. 어떤 기업은 B2B 모두에게 중요한 확정 SLA를 따르면서 API 경제로 빠르게 발전했는데, 클라우드 전략, 도입, 전환 프로젝트에서 겪어본 바로는 SLA 등 제약을 각 조직이 다르게 이해하고 있는 경우가 많다. 기존 비즈니스나 IT 환경에서 가장 일반적으로 발생하는 사일로 책임을 고려해보면 놀라운 일도 아니다. 클라우드 전략 구축 시 사일로를 해체하고 전략을 현실화하는 데 필요한 것을 명확히 정의해야 한다.

2단계: 기업의 워크로드 포트폴리오 완벽 분석

전략을 수립하기 위한 다음 단계는 기업의 최종 배포 모델을 결정하기 위해 계획되거나 실제 존재하는 데이터나 애플리케이션 등의 워크로드 포트폴리오를 분석하는 것이다.

전략 개발의 관점에서 핵심은 어떤 워크로드가 어떤 클라우드 배포 모델 유형에 적합한지, 또는 적어도 어떤 워크로드가 클라우드에 적합한지를 우선 결정하는 것이다. 기업은 애플리케이션을 구성할 수 있는 IT 역량이나 서비스의 기능, 조합 등 어떤 워크로드를 리팩토링refactoring, 개선, 또는 마이그레이션할지를 평가해야 한다.

이때 유용한 방법은 기업의 워크로드를 선호도/준비도 매트릭스 안에 분해하는 것이다. 이 매트릭스는 기업의 워크로드를 사업부와 사업부 안의 기능적 영역으로 나눈다. 히트맵Heatmap은 사업부와 기능적 영역 속 각 워크로드의 준비도, 즉 클라우드 이동 준비 완료, 준비 예정, 준비 미비 등을 색상으로 표시한다. 은행 애플리케이션의 포트폴리오 사례를 자세히 분석한 것을 보면 요점을 파악할 수 있다. 그림 3.7을 참조하라.

이 사례에서는 애플리케이션을 평가하기 위해 3개 조치, 2단계의 접근법을 취했다. 첫 단계는 비즈니스 가치, 위험 노출, 기술 적합성 측면에서 기업의 목표를 결정하는 것이다. 이를 결정한 뒤, 기업은 애플리케이션을 평가할 개별적인 기준을 결정한다.

워크로드의 클라우드 실현 가능성을 우선 평가하고 나면, 비즈니스 가치가 무엇인지에 따라 첫 질문이 달라진다.

- 워크로드를 클라우드로 이전시켜 얻는 현실적인 비용상 이점이 무엇인가?
- 마이그레이션은 생태계에 어떤 영향을 미치는가?

다음으로 애플리케이션을 이전할 때의 위험을 개괄적으로 고려해야 한다.

- 애플리케이션 이전으로 더 나빠질 수 있는 기존의 알려진 위험은 무엇인가?
- 기업이 직면할 수 있는 새로운 위험 범주가 존재하는가?

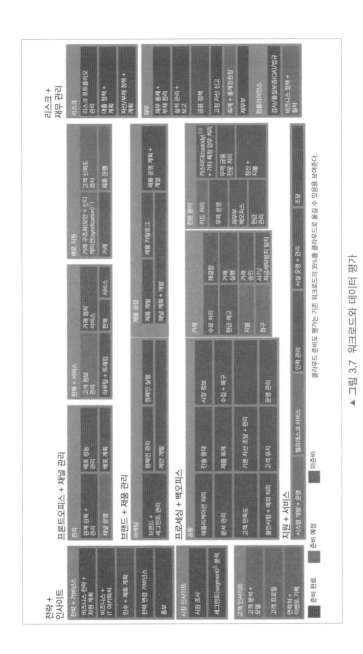

▲ 그림 3.7 워크로드와 데이터 평가

8 　구글의 마케팅 데이터 분석 프로그램인 구글 애널리틱스 데이터의 하위 집합 – 옮긴이
9 　독립된 개별 경제 주체들이 공동의 목적을 달성하기 위해 만든 잠정적인 조직 – 옮긴이
10 해외 투자자들이 한국 채권, 주식 등을 거래할 때 금융 자산을 대신 보관·관리하는 서비스 – 옮긴이

마지막으로, 마이그레이션의 기술적 측면을 고려해야 한다.

- 애플리케이션은 클라우드 서비스와 호환되게끔 설계됐는가?
- 애플리케이션을 다른 것과 '구분'하는 것이 기술적으로 실현 가능한가?

워크로드 평가를 위한 심도 있는 일련의 질문과 고려사항은 5장에서 좀 더 논의할 것이다.

클라우드 환경이 무척 유연하기는 하지만, 모든 워크로드가 클라우드 활용에 적합한 것은 아니다. 그러므로 기업은 클라우드가 지원하는 새로운 워크로드를 찾으려 할 것이다. 대용량-저비용 분석, 협업 비즈니스 네트워크, 업계 규모의 스마트 애플리케이션 등의 워크로드는 비즈니스 가치를 빠르게 창출하고 기업의 혁신을 강화할 수 있다.

전략 개발의 관점에서 볼 때, 그림 3.8에서 보이는 것처럼 핵심은 타깃 워크로드 및 데이터를 결정하고 이것이 기술적, 비즈니스 이점의 관점에서 클라우드에 적합한지를 이해하는 것이다. IBM이 판단하기에 워크로드와 데이터에 대한 평가, 그리고 이를 적절한 클라우드 구현 모델과 연결하는 것은 모든 클라우드 전략의 핵심 중 하나다.

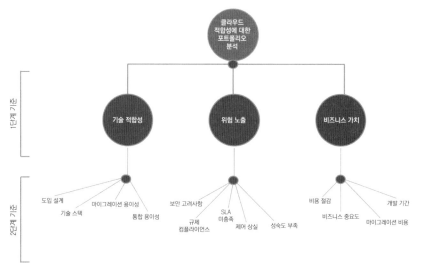

▲ 그림 3.8 워크로드와 데이터 배치

3단계: 미래와 현재 상황 분석

목표를 합의했고 제약조건을 검증했으며 어디서부터 시작할지 명확한 관점을 세웠다면, 전략 수립의 논리적인 다음 단계는 현재와 미래 상황 간의 갭 분석을 하는 것이다.

고객에게 제공하는 가치를 고려하면서 미래 상황을 상상하는 것이 가장 좋다. 이 방식의 가장 중요한 장점 하나는 고객 경험의 공통 목표를 달성하려는 이해관계자를 통합할 수 있다는 것이다. 이때 고객 제공 가치를 고려하기 위해 IBM 디자인 씽킹을 활용하기를 권장한다. 이 프레임워크는 팀이 기업에 적합한 속도와 규모에 맞춰 우수한 사용자 결과를 이해하고 제공할 수 있게 도와준다. IBM 디자인 씽킹은 사용자 결과, 다양한 분야의 팀, 최종 사용자 경험의 지속적 재생산을 가능케 하는 일련의 관행에 초점을 맞춘다. 미래의 상황은 소유 비용, 가치 창출 시간, 비즈니스 연계 등 기능에 특화된 목표를 파헤칠 수 있다. 이러한 관점의 조합을 명확히 표현하기 위해 우선순위에 있는 고객의 애플리케이션 기능 변경 요구에 2주 안에 응대할 수 있는 능력 등 고객 중심의 가치 표현을 사용하기를 권한다.

현재 상황을 이해하는 데 중요한 비즈니스 및 기술적 관점을 포함하려면 전환에 대한 전체론적인 시각에서 기능 간 교차 방식을 취하는 것이 좋다. 즉, '기업이 서버를 요청하는 데 12시간 이상이 소요된다'와 같은 초반 단계의 기능별 제약보다는, '유저 스토리 제공까지 평균 16주의 노력이 필요하다'와 같은 기능 간 제약에 초점을 맞추라는 의미다. 후자의 예시는 설계에서 개발, 운영과 그 이상에 이르기까지 기능별 영역에 걸쳐 핵심적인 차이를 드러낸다.

처음부터 끝까지의 프로세스 흐름을 분석하려면 현재와 미래, 둘 사이에 연결 상태를 만드는 것이 좋다. 가치 흐름 매핑value stream mapping은 통상적으로 권장하면서 실제 사용하는 한 방법이다. 골드랫의 제약 이론Goldratt's Theory of Constraints에 따르면 프로세스 전이나 프로세스의 병목 현상 이후 만들어진 모든 제약은 프로세스 전체의 효율성을 떨어트리기만 한다.

앞선 문장에 대해 잠시 생각해보면 곧 말이 된다는 것을 알게 될 것이다. 그러나 병목 현상이 어디에서 나타나는지 아는가? 아마 일부 표면적인 현상에는 익숙할 것이다. 예를 들어, 안정적으로 빌드 생성을 하려면 평균적으로 6번을 재실행해야 한다. 그러나 이 병목 현상은 전체 흐름에서 정말 큰 문제일까, 혹은 그럴 수도 있는 걸까? 만일 빌드 완성을 위해 여섯 번을 재실행했더라도 생산을 위한 코드 배포에 꼬박 만 2주 정도가 걸렸다면 이 경우에도 문제가 될까?

가치 흐름 매핑은 식스시그마Six Sigma의 린 엔터프라이즈lean enterprise[11] 기술로, 고객을 위한 제품이나 서비스를 생산하는 데 필요한 정보나 자료의 흐름을 기록하고 분석하며 개선하는 데 사용된다. 클라우드 환경에서 가치 흐름 매핑은 프로세스 안에서 병목 현상을 식별하는 것을 돕고 성공의 핵심 요인인 개선책을 짚어준다. 가치 흐름 맵의 예시는 그림 3.9를 참조하라.

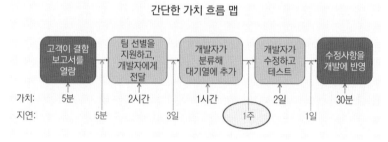

▲ 그림 3.9 가치 흐름 매핑

IBM은 고객과 작업할 때 필요한 경우 TOGAF[12] 같은 프레임워크나 기술을 이용해 기본적인 기업 아키텍처를 수정해 클라우드 도입을 지원했으며, 기업에 애자일 관행을 적용하기 위해 SAFeScaled Agile Framework[13] 같은 산업 프레임워크를 활용했다. 비록 이 모델이 작동하기는 하지만 일부 프레임워크는 기업이 추구하는 민첩하고 빠른 전환 유형에 딱 적합하지 않다. 그래서 8장 '방법론'에서 다룰 린lean 원칙과 마이

---

11 낭비나 절차를 최소화하면서 고객을 위한 가치를 창출하는 데 집중하는 기업을 뜻한다. - 옮긴이

12 "TOGAF®, an Open Group standard." The Open Group. Accessed January 31, 2018. http://www.opengroup.org/subjectareas/enterprise/togaf.

13 Scaled Agile Framework. https://www.ibm.com/cloud/garage/content/culture/practice_safe_overview.

크로서비스 같은 현대적 아키텍처를 기반으로 관점을 수립했다. 클라우드 중심의 프레임워크는 기업이 현재 상황을 평가하고 미래 상황을 정의할 때 권장하는 방법이다.

4단계: 기업의 준비도 평가

앞선 내용을 통해 클라우드 도입의 주된 기회와 가장 가치 있는 비즈니스 결과, 원하는 결과를 달성하기 위해 해결해야 하는 핵심 차이를 알게 됐다. 또한 어떻게 정확한 사실과 데이터를 수집해 클라우드 전략에서 측정 가능한 부분을 지원할 수 있는지도 알아봤다.

전략을 실행할 수 있는 모습으로 만들려면 기업이 조직의 준비도로 관심을 전환해야 한다. 이를 위해 다음 사항을 검토하라.

- **문화적 준비도**: 문화는 클라우드 전략을 수용하거나 거부하는 데 핵심적인 역할을 한다. 이해관계자 매수, 위험을 수용하는 능력, 새로운 협업 모델, 새로운 조직적 구조 등은 모두 전환의 일부다. 당신의 기업은 변화에 필요한 속도와 규모에 대해 얼마나 개방적인가?
- **자원 조달 준비도**: 현재 당신의 기업은 현실적으로 기존 자원을 활용해 기업 목표를 제때 달성할 수 있는가? 현재 기업의 책무를 이해하는 것이 이 부분의 핵심이다. 만약 시간이 촉박하다면 내부 팀이 클라우드 기술을 업그레이드하고, 계획하고 실행하는 부담을 떠안으면서 비즈니스와 일상적인 업무 사이에서 균형을 잡기는 어려울 것이다. 기업은 이 부담을 어떻게 완화할지, 어떤 기술 격차가 있으며 어떤 전략적, 전술적 역할이 달성되지 않았는지 등을 반드시 식별해야 한다. 특히 전환 초기라면 외부 파트너와 함께하는 것이 가치 있는 방법일 수 있다.
- **예산 준비도**: 클라우드 도입을 위해 얼마나 준비가 됐는가? 장기적으로 클라우드가 성공하려면, 반드시 비용 제어와 재무 예측 개선이 나타나야 한다. 가장 좋은 예산 준비도 평가 방법은 현재 포트폴리오 비용과 예상되는 클라우드 및 클라우드 서비스 비용을 나란히 두고 비교하는 것이다. ROI^{Return on Investment} 나

TCO$^{\text{Total Cost of Ownership}}$ 모델을 활용하면 서비스 이용을 보장하고 기대치 관리를 더 잘할 수 있다. 이때 전환 초기라면 운영 비용이 더 많이 필요하며 그게 현실적이다. '절약을 위한 투자'를 전략의 일부로 삼는다면 성공 가능성은 크게 향상될 것이다.

- **기술적 준비도**: 기술적 준비도의 범위는 앞서 언급한 워크로드 분석에서 중요하다고 여긴 측면을 넘어 반드시 포트폴리오의 모든 검토 분야를 포괄해야 한다. 기술적 준비도는 아키텍처, 인프라, 플랫폼, 서드파티가 제공하는 서비스 등에 관한 기업 상태를 평가하는 방법론적인 접근 방식을 포함해야 한다. 주의할 점은 과거의 모든 병폐를 개선하기 위해 노력할 필요는 없다는 것이다. 이 분석의 목적은 기업의 진척 모델에 들어갈 핵심 구성요소별 준비도를 설정하는 것이다.

- **프로세스 준비도**: 많은 요소가 기존 프로세스에 의문을 던진다. 우선, 기업은 어떤 속도를 택할지, 제품을 제공할지 서비스를 제공할지, 민첩성을 추구할지, 새로운 아키텍처를 수직적으로 처리할지 수평적으로 처리할지, 새로운 도구를 사용할지 등을 선택한다. 이때 소규모 스타트업에 적합한 작업을 엔터프라이즈 규모로 적용하는 법을 이해하고 있는가? 프로세스 준비도는 IT나 사업 개발 팀과 관련이 없으며 기업이 자사 애플리케이션을 구축, 실행, 관리하는 방식에서 요구되는 변경사항과도 관련이 없다. 이와는 다른 이해관계자들이 규모에 따라 관련된다. 보안, 컴플라이언스, 리스크, 재무, 법무, 인력, 조달, 서비스 데스크, 운영, 그 밖의 많은 부분이 관련되어 있다. 현재 당신의 기업은 프로세스 재설계를 위해 이 정도 수준으로 준비되어 있는가?

상기 내용은 다음 장들에서 자세히 다룰 것이다.

5단계: 사전 정의된 전략적 이정표에 따라 실행 프레임워크 구축

클라우드 전략 수립을 위한 마지막 단계는 실행 로드맵을 설계하는 것이다. 로드맵의 목적은 기술 투자 이니셔티브를 수립하고 기업의 클라우드 비전을 현실화하기 위한 준비 작업을 하는 것이다. 로드맵은 계획과 다양한 이해관계자들이 포함된 실행 전략을 검토하기 위한 기준을 제공하고 클라우드 도입 뒤에서 비즈니스와 기술 전략이 소통할 수 있는 공통 관점을 마련한다.

5단계에서는 사전에 정의된 전략을 지원하기 위해 이전의 모든 분석과 결정, 결론들이 광범위한 로드맵의 개요를 그리는 데 사용된다. 이때 앞서 논의한 핵심 도입 및 전환 검토 분야에 바탕을 둔 실행 계획을 활용하는 것을 추천한다. 이 실행 계획은 기업의 관점에서 주요 이해관계자들의 요구사항을 포함하면서도 트랙 간 병렬 실행 경로나 종속성 등을 이해할 수 있도록 돕는다.

클라우드 전략 로드맵이 고정적이지 않아야 한다는 것도 중요하다. 로드맵은 우선순위가 변하거나 이행사항이 변하면 반드시 업데이트돼야 한다. 기존에 정의된 전략이나 관련 실행 로드맵을 90일 기준으로 검토하고 기업이 미래에 어떤 방향으로 전환하더라도 더 좋은 위치에 놓이도록 돕는 프로세스가 중심축이 되어 변경사항이 정확히 반영돼야 한다.

그림 3.10은 기업 고객을 위한 높은 수준의 실행 로드맵 관점을 보여준다.

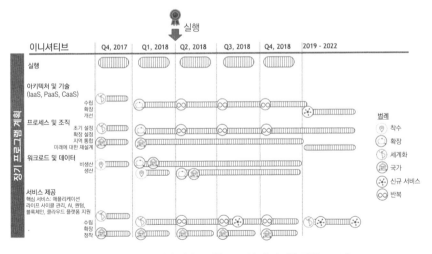

▲ **그림 3.10** 고객의 장기 클라우드 도입 및 디지털 전환 로드맵

6단계: 기업에 가장 적합하면서도 검증된 접근 방법 정의

이제 비즈니스 목표를 설정했고 과제를 이해했으며 준비도를 평가했고 광범위한 로드맵을 정의했으므로 클라우드 도입에 가장 적합한 방법을 정의할 차례다. 도입 방법의 범주 양 끝에는 2개의 접근법이 있는데, 하나는 파괴적 방식이고 다른 하나는 진화적 방식이다. 어떤 측면에서 파괴적 혁신 방법은 급진적이고, 진화적 또는 지속적 혁신 방법은 점진적으로 보일 수 있다. 그러나 중요한 것은 어느 하나가 다른 것보다 우월한 것이 아니며, 최소한 둘 중 하나, 범주의 특성을 이해하면 어쩌면 양쪽 모두 기업에 적합할 수 있다는 점이다.

클라우드 구현 방법을 결정할 때 다음 네 가지 정책을 사용할 수 있다.

- **클라우드 우선**: 이 정책은 일련의 식별된 애플리케이션을 위한 사내 기능을 구축하기 전에 클라우드를 먼저 살펴보게 한다.
- **클라우드 사용 가능**: 이 정책은 클라우드를 사용하면 더 나은 결과물을 얻을 수 있는 경우 클라우드를 사용하도록 지시한다.
- **클라우드 연결**: 이는 기업이 클라우드 서비스의 사용을 전혀 고려하지 않는 경우다. 예를 들어 특정 규제나 컴플라이언스 이슈가 있는 시스템이라면 클라우드 고려 대상에서 제외되지만, 클라우드 생태계에 참여하려면 여전히 클라우드 시스템이 필요하다.
- **클라우드 전용**: 이는 클라우드만 사용하고 사내에는 아무것도 구축하지 않는 상황이다. 보통 업계 최고의 솔루션을 사용할 수 있거나 클라우드에서 호스팅되는 전문 서비스의 이점을 활용할 수 있는 비중요 워크로드가 이에 해당된다.

위의 네 가지 정책은 상호 배타적이지 않다. 시간이 지나면 기업은 아마 두 개, 혹은 그 이상의 정책이 필요해질 것이다.

파괴적 접근 방식을 택하는 기업은 보통 '클라우드 전용' 정책의 하나로 퍼블릭이나 프라이빗 클라우드를 적극 활용해 상당한 비즈니스 이점을 얻는다. 이 경우 급격한 프로세스 및 조직 변화가 나타나며, 특정 애플리케이션 집합에 맞춰 전환을 설계하고 주도한다. 이 방식은 수용 가능한 위험과 제한된 투자에 바탕을 두므로 업무 일정이 상대적으로 공격적이며 실패 비용이 낮다.

진화적 접근 방식에서는 일반적으로 클라우드를 도입하기 위해 IT가 사업부나 개발자에게 권한을 주는 클라우드 전략을 구현한다. 이 방식은 풀뿌리, 즉 아래로부터의 접근 방식에 훨씬 가깝다. '클라우드 연결'이나 '클라우드 사용 가능' 정책으로 시작할 수 있으며, 반드시 일정 제어 수준이 유지되고 기업 전반에 걸쳐 모두가 이를 광범위하게 받아들일 것이 보장돼야 한다.

그림 3.11은 파괴적 접근 방식과 진화적 접근 방식의 공통 특성을 보여준다.

급진적/파괴적		진화적/점진적
빠름	변화의 속도	느림
많음	조직의 변화	적음
빠른 실패	실험적 시도에 대한 접근	통제
저렴	실패 비용	비쌈
높음	기술적 변화의 적응력	낮음
새로움/리팩토링	기술 접근 방식	새로움/통합
클라우드 우선/전용/연결/사용 가능	강조하는 정책	클라우드 사용 가능/우선/연결/전용
다양한 하이브리드	클라우드 기술 스택	맞춤형 하이브리드

▲ 그림 3.11 선택과 의사결정 범위에서의 검증된 접근 방식

파괴와 지속적 혁신의 스펙트럼 중 어디가 궁극적으로 적합한지는 기업의 선택에 따라 달라진다. 그림 3.12에 나타나는 것처럼 적절한 방식은 기업마다 고유하다.

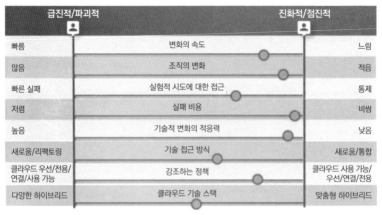

급진적/파괴적		진화적/점진적
빠름	변화의 속도	느림
많음	조직의 변화	적음
빠른 실패	실험적 시도에 대한 접근	통제
저렴	실패 비용	비쌈
높음	기술적 변화의 적응력	낮음
새로움/리팩토링	기술 접근 방식	새로움/통합
클라우드 우선/전용/연결/사용 가능	강조하는 정책	클라우드 사용 가능/우선/연결/전용
다양한 하이브리드	클라우드 기술 스택	맞춤형 하이브리드

▲ 그림 3.12 각 기업의 선택은 고유하다.

정리

클라우드 도입은 하나의 여정이다. 여정에 올랐다면, 기업은 어떻게 도입하고, 전환하며, 가치를 제공할 것인지에 대한 전략을 수립해야 한다. 그 이후 높은 수준의 클라우드 전략을 실제 실행이 가능한 유형의 로드맵으로 변환해야 한다. 핵심 고려사항 및 여섯 단계 계획과 함께 앞서 논의한 도입 및 전환 검토 분야를 사용하면 기업은 클라우드 성숙도를 벤치마킹하면서 클라우드를 성공적으로 도입하기 위한 최고의 방법을 식별할 수 있을 것이다.

사용되는 기술은 성공적인 클라우드 전략 수립의 일부에 불과하다. 기업의 구조와, 새로운 기술을 도입하고 새로운 운영 모델을 관리하려는 의지도 마찬가지로 중요하며 간과해서는 안 된다. 도입이 가속되면서 기업이 다른 접근 방식을 선택할 수도 있다. 예를 들어, 처음에는 기업에 맞춰진 파괴적 접근 방식으로 시작했다가 시간이 지나면서 궁극적으로 진화형 접근 방식으로 이동할 수도 있다. 기업의 선택권을 이해하고 비즈니스와 기술적 요구사항을 충족하도록 클라우드를 구축할 수 있게 안내하는 것이 성공적인 전략의 핵심이다.

4장부터 10장까지는 클라우드 도입과 전환 과정에서 문화가 하는 역할을 필두로, 클라우드 도입과 전환의 핵심 검토 분야를 상세히 살펴볼 것이다.

4 문화와 조직

모든 조직에는 고유한 문화가 있으며, 문화는 시장이 변하고 산업이 발전하면서 생기는 과제를 해결하기 위해 진화했다. 조직이 이러한 변화의 수요를 충족시키기 위해 적응하는 방법을 습득하는 과정에서 문화적 요소가 비즈니스와 기술 전환의 걸림돌이 될 수 있다. 4장에서는 기업의 성공적인 디지털 전환을 어렵게 하는 문화적 장애요소를 식별하는 방법을 보여줄 것이다.

인사 부서에 클라우드는 어떤 의미인가?

클라우드 도입 같은 기술적인 결정은 인사담당 임원에게는 큰 의미가 없을 것 같지만, 기업이 클라우드로 전환해야만 하는 근본적 이유는 인사 리더십과 매우 큰 관련이 있다.

HR 투데이[HR Today][1]의 최근 실크로드 설문조사 '무엇이 HR을 잠 못 들게 하는가'를 살펴보면 역량 관리 전문가의 53%가 직원을 참여시키는 매력적인 조직 문화를 만

---

[1] "Top HR Concerns." HRO Today. January 29, 2014. Accessed January 31, 2018. http://www.hrotoday.com/news/sourcing/top-hr-concerns.

드는 것이 가장 중요한 이슈라고 응답했다. 이는 41%가 세 번째로 중요하다고 응답한 이슈인 최고의 인재를 유치하고 채용하는 능력과 밀접한 관련이 있다.

인사부 임원들이 마주할 가능성이 있는 다른 문제에는 사람 간 갈등을 해결하고, 제기됐거나 아직은 제기되지 않은 부정적 의견들을 처리하며, 기업 목표 강화를 위해 미션을 행동으로 전환하는 노력을 하는 것 등이 포함된다. 이 모든 이슈에는 한 가지 공통점이 있다. 바로 기업 문화에 강하게 영향을 받는다는 것이다. 만일 조직이 협력을 가치 있게 여기는 문화를 만들 수 있다면, 그 문화는 임파워먼트empowerment 2, 긍정적인 팀 정신, 높은 기준 등의 가치를 실행 가능한 결과로 바로 도출할 수 있다.

'문화'의 진짜 의미

조직 문화organizational culture 란 공유된 가치, 신념, 기업 내 사회적 규범 등의 집합으로, 기업 구성원이 따르는 행동, 관행, 관습 등을 만들어낸다. 조직 문화는 조직에 미치는 내·외부의 힘으로 형성되고 변형된다. 문화는 조직의 역사를 반영하며, 때로는 공유된 믿음이나 조직의 철학에서 파생되기도 한다.

조직의 문화를 형성하는 가치와 신념은 기업의 가치나 비전에 일부 표현되지만, 일반적으로 조직은 공식적인 절차나 정책만큼이나 많은 암묵적 규칙을 갖고 있다. 내·외부 변화의 대상은 조직 문화를 바꾸기 위한 행동을 하기 전까지는 통상 암묵적 규칙과 숨겨진 문화의 규범을 제대로 이해하지 못한다. 그 때문에 조직은 변화하기 어려우며, 암묵적 규칙이 깨지면 마찰이 발생한다.

조직 문화는 기업이 전혀 다른 관행을 수용하거나 거절하는 이유를 제시한다. 한 가지 주목할 점은 하나의 기업 안의 조직 문화라도 동질적이지는 않다는 것이다. 조직 내 계층이나 사업부마다 각기 다른 문화가 존재할 수 있다. 모든 계층의 리더십이 또한 중요한 역할을 수행하게 되는데, 강한 리더는 새로운 문화를 형성하거나 기존 문화를 변화하는 데 상당한 영향력을 행사하기 때문이다. 이러한 이유로, 현재의 조직

---

2   조직 구성원에게 업무 재량을 위임해 자발적인 의욕과 성과를 이뤄내는 방법 – 옮긴이

문화를 이해하는 것은 새로운 개발이나 운영 관행을 도입하기 위한 결정이나 기술적 선택을 위한 결정 등에 영향을 미친다.

더욱 심도 있는 이야기를 진행하기 전에 한 가지 짚고 넘어가야 할 사항은 이러한 논의는 클라우드 도입이 가져오는 조직의 변화에 국한된다는 점이다. 이 논의는 기본적으로 IT 조직 안에서의 변화와, 어쩌면 더 중요한, IT가 비즈니스와 관련되는 방식에서의 변화를 다룬다. 어떤 기업이든 IT는 비즈니스를 지원하기 위해 존재한다. 그리고 이 관계는 좀 더 긴밀하고 강력해질 필요가 있다. 빠른 피드백과 분석을 결합해 비즈니스가 IT 환경에 따라 내려지는 결정에 대한 영향을 이해할 수 있게 함으로써 이 관계가 개선될 수 있다. IT 팀이 하는 모든 것은 비즈니스를 지원해야 한다. 만일 이 말이 당신의 IT 조직에서는 진실이 아니거나 불명확하다면, 우선 좀 더 기본적인 문제를 조정할 필요가 있다.

어떤 문화적 요소가 클라우드 도입을 쉽게, 또는 어렵게 하는가?

몇 가지 문화적 요소는 기업의 클라우드 도입을 어렵게 만든다.

- 우선 2장에서 클라우드 도입과 관련된 다양한 분야에 대해 언급했듯이, 클라우드 도입에는 프로그래밍 모델, 복원력 달성을 위한 메커니즘, 데이터베이스, 프레임워크, 데브옵스 도구 같은 새로운 요소가 포함된다. 이러한 새로운 요소들에 따라 구축 속도와 빈도를 향상하기 위한 새로운 선택지가 제공된다.
- 가장 큰 변화는 클라우드 도입이 소프트웨어를 제공하는 방식을 근본적으로 바꾼다는 것이다. 다른 변화들 가운데에서, 기업은 클라우드 서비스를 제공하는 기업과 함께 비즈니스를 위한 새로운 방법을 적용해야만 한다. 그리고 이는 기업이 해야 하는 커다란 사고방식의 전환 중 한 예시일 뿐이다.

클라우드가 기업 문화에 미치는 영향의 한 예로서, 클라우드가 벤더 관리에 미치는 영향을 생각해보자. 많은 기업의 기업 문화가 단기적인 재무 목표에 상당히 치우쳐 있다. 그리고 기업은 작은 규모일지라도 구매 결정에 관여하는 벤더 관리 팀을 보유하고 있을 것이다. 벤더 관리가 기업의 중요한 업무가 아니라고 말하는 것은 아니다.

여기서 말하고자 하는 바는 벤더 관리 팀이 기술적인 의사결정에 영향을 미치거나, 예전 방식의 애플리케이션 개발을 위한 기업 구매 표준에 부합하지 않는 선택을 거부할 경우 갈등이 발생할 수 있다는 것이다.

벤더 관리 팀은 클라우드의 특성을 이해하기 쉽지 않다. 클라우드 서비스 제공자는 기존 호스팅 공급자들이 보장하는 것과 같은 수준을 보장하지 않기 때문이다. 클라우드 제공자는 기본적으로 완전한 호스팅이나 관리 솔루션이 아니라 컴퓨팅 파워, 스토리지, 네트워킹 같은 형태의 서비스를 제공하기 때문에 서비스 수준 계약SLA은 전혀 다르게 서술되며, 어쩌면 다른 측면에 대해 다룰 수도 있다. 많은 기업이 기존 호스팅 공급자와 맺은 계약은 애플리케이션 중심인 경향이 있다. 즉, 가용성이나 기타 조치의 측면에 대한 보장 범위는 애플리케이션의 관점에서 서술된다. 반면에 클라우드 공급자들의 보장 범위는 애플리케이션을 지원하기 위해 반드시 포함돼야 하는 서비스의 측면에서 이뤄진다. 벤더 관리 팀은 벤더가 제공하는 서비스를 새롭게 보는 관점에 익숙해져야 하므로, 이 사고방식의 변화는 종종 계약 협상에 어려움을 초래한다.

이 하나의 예시는 더 큰 문제를 시사한다. 기업은 클라우드가 가져오는 변화에 적응하지 못하고 기존 작업 방식을 고수하는 팀과의 마찰에 직면할 것이다. 클라우드를 도입함에 따라 기업은 IT와 비즈니스 사이의 빠른 피드백에 초점을 맞추게 되며, 제공 속도를 상당히 개선할 수 있다. 이러한 기회는 기업이 때로는 논란이 되는 관계를 전부 처음으로 돌아갈 수 있게 해준다.

많은 기업이 혁신과 급격한 변화를 지원하기 위해 클라우드를 도입하지만, 도입이 성공하는 데 필요한 근본적인 문화의 변화를 이해하지 못하는 경우가 많다. 다음 절에서는 이러한 이슈를 살펴보고, 각 문화적 요소가 클라우드 도입 전체에 어떻게 영향을 미치는지 논의할 것이다. 모든 다양한 이슈는 양극 사이의 축으로 표현될 수 있다. 각각의 경우에 기업이 해당 축의 어디에 놓여 있는지, 이것이 문화를 변화시키는 데 어떤 의미가 있는지 살펴볼 것이다.

변화를 수용하려는 의지

클라우드를 도입할 때는 반드시 팀 구성원이 가진 기술 변경, 조직 구조, 프로젝트 비용 모델의 재원과 관리 방법 등에서 변화가 발생한다는 사실을 인지해야 한다. 더 작은 단위의 릴리스가 빈번하게 일어나면서 기업의 위험 관리 방식도 바뀌게 된다.

기업이 얼마나 빠르게 필요한 변화를 할 수 있는지를 결정하는 핵심은 기업이 얼마나 변화를 수용할 의지가 있는가에 달려 있다. 혁신을 기꺼이 수용하는 기업은 빠르게 의사결정을 하고 신속하고 급진적인 변화를 만드는 능력이 변화하는 비즈니스 환경 속에서 기업을 민첩하게 반응할 수 있게 만들어주는 자산이라고 생각한다. 반면, 다른 기업들은 훨씬 신중하고 느리게 변화에 대응한다. 이들은 여러 각도에서 의사결정을 검토하여 비용 측면의 효과와 팀 구성원에게 미치는 영향을 완벽하게 분석하고자 한다.

두 가지 방법 모두 성공할 수는 있으나, 둘 다 함정이 있다. 파괴적인 변화를 수용하는 팀은 변화를 어느 수준으로 하는 것이 적절한지 결정할 수 있어야 한다. 변화를 수용하고자 하는 팀은 종종 너무 많은 변화를 동시에 수행하며 결과가 기대치에 미치지 못할 때 모든 변화를 한 번에 거부하게 되는 함정에 빠진다. 또는 일련의 변화 결과를 거부하기 전에 변화가 제대로 이뤄질 시간을 충분히 주지 않는다.

반면에 신중한 팀들은 너무 세세하고 복잡한 계획을 만드는 함정에 종종 빠지는데, 이러한 함정을 보통 분석 마비^{analysis paralysis}라고 한다. 분석 마비란 의사결정에 따른 결과를 파악하기 위한 통제된 실험들을 수행하는 대신, 모든 의사결정마다 검토나 계획 단계를 끊임없이 하나씩 추가하는 식으로 순환의 고리에 빠지는 것을 의미한다. 또한 신중한 팀은 비즈니스의 조건이 바뀔 때 방향을 재평가해야 한다는 근본적인 필요성을 간과하기가 쉽다.

두 가지 함정을 피하려면 변화를 점진적으로 수용하면서 데이터에 기반을 둔 의사결정을 내리기를 권한다. 즉, 의사결정 과정에서 과학적인 방법을 따르는 것이다.

만일 기업이 TDD^{test-driven development}(테스트 기반 개발) 같은 데브옵스 방법을 도입하거나 쿠버네티스^{Kubernetes} 같은 새로운 컨테이너 오케스트레이션 기술을 도입하고자 하는 등 변화를 만들고자 한다면, 이를 통해 측정 가능한 어떤 이점을 얻고자 하는지를 먼저 식별해야 한다. 예를 들어, TDD를 도입하고자 하는 기업은 전체 테스트 비용을 줄이거나 사용자로부터 보고된 전체 사고 개수를 줄이려고 할 것이다. 쿠버네티스를 도입하고자 하는 기업은 미들웨어에 새로운 개발 환경을 배포하는 데 걸리는 시간 같은 매트릭스를 식별하고자 할 것이다. 어떤 경우든지 기업은 의사결정마다 하나 또는 일련의 매트릭스를 추적 관리해야 한다.

매트릭스를 추적함으로써 기업은 의사결정이 옳은지, 실제 결과가 기대한 결과와 같은지를 확인해 결정할 수 있다. 단, 이 과정은 한 의사결정의 결과를 다른 결과와 분리할 수 있을 때만 적합하다. 실제로 기업은 독립 변수를 추적한 것이 맞는지, 너무 많은 변수를 한 번에 바꾼 것은 아닌지 등을 확인하기를 원한다. 다만 클라우드 기술이나 방법을 도입하기 위한 모든 의사결정이 완전히 독립적인 것은 아니다. 긴밀하게 관련된 방법이나 기술을 한데 엮어 도입함으로써 도입을 가속할 수 있는 경우도 있으며, 이 주제는 5장과 8장에서도 다룰 것이다.

그러나 많은 변화는 상대적으로 독립적이며 별도로 평가할 수 있다. 점진적 의사결정의 장점은 한 번에 몇 가지 요소만 바꾼 후에 그 결과를 평가하는 방식으로 의사결정 과정을 좌우하는 요소가 물을 흐리는 것이 아님을 확신할 수 있다는 것이다. TDD와 쿠버네티스는 상호 독립적이므로, 기업은 이 두 가지를 동시에 도입할 수 있다. TDD 도입에 대한 매트릭스(테스트 적용 범위가 변경되는가? 개발 생산성이 변하는가?)와 쿠버네티스 도입 매트릭스(새로운 환경을 얼마나 빨리 지원할 수 있는가?)는 상대적으로 개별적인 것으로 판단되기 때문이다. 반면에 팀이 TDD를 수용하면서도 고Go나 스위프트Swift 같은 새로운 프로그래밍 언어를 도입하려고 한다면, 결함률이나 사고 레포트가 새로운 언어의 학습곡선과 팀이 이에 익숙하지 않기 때문에 발생한 것인지, 혹은 TDD를 도입했기 때문인지 원인을 알 수 없게 된다.

변화를 흔쾌히 받아들이든 주저하며 받아들이든 간에 언제나 필요한 한 가지는 변화에 대한 리더십이다. 조직의 리더는 반드시 변화의 요인으로서 역할을 해야 하며, 변화를 평가하는 데 필요한 측정값과 변화가 조직에 적절한 속도로 발생하게 해주는 안전망을 마련해야 한다.

의사결정 스타일

또 다른 핵심적인 문화적 요소는 팀이 의사결정을 내리는 방식이다. 이 경우에도 양 끝의 두 축이 있으며, 어떤 기업이든 완전히 한쪽에 치우치진 않겠지만 그래도 극단적인 경우도 알아볼 필요가 있다.

우선 첫 번째는 극단적 중앙집권식 의사결정이다. 이러한 문화에서 의사결정은 톱다운top-down 방식으로 이뤄진다. 이 문화는 일반적으로 모든 직책의 역할과 책임이 명확하게 정의되고 설명되면서, 매우 계급적인 관리 방식을 보이는 특징을 보인다. 이 의사결정 방식의 장점은 의사결정이 매우 빠르다는 것이다. 주요 단점은 의사결정이 위에서 내려질수록 점차 옳은 결정을 내리는 데 필요한 실무 지식으로부터 멀어진다는 것이다.

두 번째는 합의에 따른 의사결정이다. 이 의사결정 방식에서는 모든 팀 구성원과 상의하거나 최소한 투표 같은 절차가 진행되며, 의사결정은 공동으로 이뤄진다. 합의에 따른 이 방식은 다소 느슨하게 구성된 조직, 특히 팀 역할이 매우 유동적일 때 흔히 나타난다. 합의에 따른 의사결정 방식의 장점은 모든 팀 구성원이 결정 권한이 있다고 느끼는 것이다. 팀의 모든 이들은 자신의 의견이 가치가 있으며, 최종 결정에 반영된다고 느끼게 된다.

두 접근 방식 모두 효과가 나타날 수 있다. 어떤 스타일이 팀에 잘 맞는지는 팀이 속한 더 큰 사회적인 상황 등에 따라 달라진다. 다양한 문화가 혼재된 캘리포니아 사람들로 구성된 실리콘밸리 스타트업 팀은 동남아시아의 정부 소유 사업에 참여하는 팀에 비해 조직적, 사회적 규범을 더 고려해야 한다. 하지만 이질적인 이 접근 방식들에도 몇 가지 공통적인 교훈이 있다.

첫 번째는 접근 방식이 효과를 보려면 팀이 잘 정의된 수준의 자율성autonomy을 갖춰야 한다는 것이다. 즉, 팀은 어느 수준까지 의사결정을 내리고 책임을 지면 되는지를 명확하게 이해해야 한다. 모든 의사결정이 위로 진행될 수는 없다. 실무 지식은 중요하며, 심지어 중앙집권화된 의사결정 문화에서도 팀 수준에서 내릴 수 있는 의사결정과 위로 올라가야 할 의사결정의 경계를 명확히 정의하는 것이 매우 중요하다. 그러나 임파워먼트, 즉 권한 이양과 책임은 반드시 함께 가야 한다. 팀이 자율적이려면 구성원들이 각자가 내린 의사결정의 결과에 반드시 대응할 수 있어야 한다. 마찬가지로 합의에 기초한 방식에서도 팀 리더는 구성원 간 관계를 끊고 팀이 같은 장단점을 반복하면서 소모되지 않게 해야 한다.

두 방식에 모두 유용한 아티팩트가 바로 작업 계약work agreement이라고 불리는 것이다. 스크럼Scrum 커뮤니티에서 등장한 이 아티팩트는 팀이 따라야 할 관행, 규칙, 규율을 정의한다. 어떤 의사결정 방식을 선택하든 팀은 성공할 수 있겠으나, 어떤 경우일지라도 프로세스의 세부사항이 명확히 전달되도록 하는 것은 중요하다. 심지어 중앙집권식 의사결정 문화에서도 작업 계약에서 팀 구성원들이 명시된 방법대로 투입되게 하는 것이 중요하다. 어떤 규율과 절차를 팀이 따를지는 팀이 원활하게 기능할 수 있도록 보장하는 실무 지식이 뒷받침돼야 한다.

위험에 대한 태도

고려해야 하는 또 다른 문화적 요소는 위험에 대한 조직의 태도다. 어떤 조직은 모르는 것에 대한 극도의 두려움으로 고통받는데, 이는 특히 성숙기에 접어든 조직이나 규제가 심한 업계에 종사하는 조직에서 충분히 공감할 수 있는 상황이다. 신뢰할 수 있는 프로세스에서 벗어나는 것이 규제기관, 감사, 심지어 다른 기관의 정밀한 검토를 요하는 경우, 보수적인 문화가 이 기업의 특징이 되고 만다. 이러한 보수적인 태도가 매우 사소한 의사결정에까지 확장될 때 문제가 발생한다. 예를 들어 팀이 단순히 새롭다는 이유로 새로운 프로그래밍 도구나 프레임워크, 개발 관행을 시도하는 것을 두려워하는 것 등이 이에 해당된다.

반대로, 항상 모든 것을 내던지는 문화를 가진 조직도 있다. 이와 관련된 문제를 포모FOMO, fear of missing out3라고 부른다. 매일 큰 베팅이 이뤄지는 신흥 산업이나 중개업과 같이 극단적으로 경쟁적인 시장에서는 과도하게 보수적인 태도보다 과도한 무모함이 문제가 된다. 모든 프로젝트에서 모든 결정이 가장 새로운 것이나 온라인에서

---

3 좋은 기회를 놓치고 싶지 않은 마음을 의미하는 신조어 – 옮긴이

읽거나 콘퍼런스에서 들은 가장 근사한 것을 시도하려는 시도로 변질될 경우, 팀은 프로젝트 내에서 또는 전체에서 재사용이 가능한 자산을 구축하거나 공통된 운영 방식을 개발하는 데 필요한 일관성을 충분히 유지하기 어려워진다.

양극단 사이에 바로 조직에 가장 효율적인 지점이 있다. 기업은 팀이 협업할 수 있도록 팀 간에 충분한 일관성을 유지하면서도 사소한 결정은 실무에서 자율적으로 결정하게 하고 싶을 것이다. 클라우드 도입에서 아키텍처의 역할 중 하나는 팀이 기술적인 자유를 누릴 수 있는 합리적인 경계를 설정하는 일을 돕는 것이며, 이에 대해서는 5장에서 다룰 것이다.

위험에 대한 양극단 사이에서 팀이 균형을 잡는 데 가장 유용한 접근 방식 중 하나는 통제된 실험을 하는 것이다. 이 방법을 시작하기에 가장 좋은 방법은 실험의 대상이 아닌 것을 먼저 정의하는 것이다. 무언가가 성과를 거두기 전까지 새로운 것을 임의로 계속 시도하라는 뜻은 아니다. 더 큰 규모 순으로 나아지기를 바라는 희망을 안고 끊임없이 도구, 프로세스, 접근 방법을 바꾸라는 뜻도 아니다. 이 방법이 뜻하는 바는 팀의 전문지식을 뛰어넘는 기술적 이슈를 해결하기 위한 프로세스를 신중히 고려해야 하며 2개 이상의 실행 가능한 해결책이 있는 문제에 대해 무엇을 할지 고민하라는 것이다. 이때 사용하는 용어가 바로 제한된 폭발 반경이다. 조직은 결정이 일으킬 피해를 제한하고 싶을 것이다. 실험이 제대로 진행되지 않을 때 손실 규모를 제한하기 위해 시간, 비용, 자원 측면에서 각 실험의 경계를 정의해야 한다. 또한 성공 여부를 확인할 수 있도록, 각 실험별 매트릭스를 정의해야 한다.

모든 위험이 동일하진 않다는 사실을 팀이 이해하는 것도 중요하다. 기술적 변화는 종종 비즈니스 변화와는 다른 결과를 가져온다. 그러나 보수적인 태도는 보통 조직의 비즈니스와 기술적 측면 모두에 적용된다. 점진적인 변화의 가치를 보여줘 과도한 신중론에 대처하는 것은 IT 조직이 비즈니스에 더 유용하고 핵심 비즈니스 요소들을 더 잘 지원할 수 있도록 만드는 기회가 된다. 8장에서 살펴볼 MVP^{minimum viable product} 접근 방식을 통해 소규모의 점진적 변화를 구현하는 방법을 비즈니스와 협력하며 학습함으로써 IT는 새롭고 검증되지 않은 영역으로 확장하면서도 비즈니스가 위험을 관리하는 것을 도울 수 있다.

실패에 대한 관점

위험에 대한 관점과 긴밀하게 관련된 문화적 요소를 볼 수 있는 영역은 바로 실패에 대한 기업의 관점이다. 어떤 기업들은 실패를 개인적인 잘못의 한 종류로 간주한다. 이러한 태도는 아마 프로젝트 시작 전에 프로젝트를 망칠 수 있는 가장 드러나지 않았던 문화적 요소일 것이다. 지금껏 봐온 모든 극단적인 경우에서 우리는 문화를 어떻게 수용하는가에 따라 어떤 쪽의 접근 방식을 사용하든 성공할 수 있음을 기업이 깨닫도록 노력했으며, 경쟁적인 양극단 사이에서 균형점을 찾기도 했다. 그러나 한쪽을 택하거나 균형을 찾는 방법 중 어느 경우든 실패를 개인적인 잘못으로 보는 문화는 적합하지 않다. 실패를 개인의 잘못으로 간주하고 보너스 삭감, 강등 또는 해고 등 실패에 대한 처벌을 내리는 기업 문화에서는 클라우드를 포함해 새로운 기술이나 작업 방식을 도입하기가 매우 어렵다.

대신 실패는 개인이나 조직 전체가 배울 수 있는 것이라는 관점으로 문화를 조성해야 한다. 이러한 관점이 앞서 다뤘던 많은 문화적 요소들의 핵심이다. 새로운 접근 방식을 시도하고 그 방식이 팀의 기술, 특성, 비즈니스 제약에 잘 맞는지를 배워야만 팀이 성장할 수 있으며 생산성과 실행 능력을 향상할 방법을 찾을 수 있다. 사람들이 역량을 펼치기 위해서는 심리적 안전성이 필요하다. 오직 사소한 실패를 배움의 경험으로 보는 문화를 조성할 때에만 팀은 더 큰 보상을 받을 수도 있는 크고 야심 찬 실험을 할 수 있다. 그렇지 않으면 실패에 대한 두려움이 모르는 것에 대한 두려움으로 이어져, 과도하게 신중한 프로세스를 유도하고 팀의 발전을 저해하게 된다.

위험을 완화할 수 있는 또 다른 방법은 위험을 감수한 팀을 격려하는 것이다. 팀이 성공하는 경우, 성공은 더 큰 조직으로 전파된다. 만일 팀이 실패해도, 실패를 통해 배우고 심리적인 안전망을 강화하는 방식으로 격려해야 한다. 이 방법을 통해서만 팀은 실패에 대한 두려움을 극복하는 방법을 배울 수 있다.

기업 문화가 완전히 동질적이지 않다는 것에 유의할 필요가 있다. 일반적인 기업 문화 내에서도, 더 넓은 맥락에서 차이가 있거나 고유한 문화가 존재할 수 있다. 기업 내 여러 팀들이 각기 다른 가치를 구현하거나 기업 전체 문화와는 다른 행동을 할 수도 있다. 예를 들어 새로운 아이디어에 개방적이며 합의에 따른 의사결정 방식을 보이는 개발 팀이 있는가 하면, 좀 더 중앙집권적인 의사결정을 내리며 변화에 다소 신중한 운영 팀이 있을 수 있다.

기업이 수행해야 하는 클라우드 추진 과정을 따라가다 보면, 여러 팀이 다른 속도로 움직여야 하며 각 팀에 맞게 접근 방식을 조정할 필요가 있다는 사실을 이해하게 될 것이다. 다음 사례 연구에서는 2년 이상에 걸쳐 IBM이 클라우드 전환을 주도했던 대형 항공사에서 이러한 방법이 어떻게 적용됐는지를 보여줄 것이다.

항공사와 작업을 시작하고 머지않아 클라우드 도입을 위해 변화를 제안하면서 조직 내 여러 다양한 이해관계자 집단을 참여시켜야 한다는 사실을 곧 깨달았다. 다음과 같은 이들이 이해관계자 집단에 포함되어 있었다.

- **개발 팀**: 개발 팀은 이미 애자일 개발 일부를 수용했으나, 이 방법을 팀 전체로 확장하는 데 어려움을 겪고 있었다. 그 결과 조직은 애자일 개발을 하는 아주 작은 집단을 갖춘 상태였다. 어떤 사람들은 다른 사람들보다 좀 더 많은 경험을 갖췄고 클라우드 네이티브 애플리케이션을 구축할 수 있는 조직으로 변하기 위한 원칙 구현에 일조했다. 게다가 이 팀은 홀로 일을 처리하는 강한 문화를 갖추고 있어서 애자일을 어떻게 구현할지에 대해 많은 의견을 제시했다. 이 팀에는 어떻게 기술과 방법을 조직 전반에서 시작할 수 있는지 이해할 수 있도록 하는 비전이 필요했다. 조직 전체는 권한이 매우 분산되어 있었으며 이미 분산된 의사결정 프로세스를 선호하고 있었으나, 팀의 개별 관리자들은 때로 전통적인 하향식 리더십에 의존하고 있었다.
- **운영 팀**: 항공사의 운영 팀은 애자일을 도입하기 위한 노력에 많이 개입하지 않았다. 운영 팀의 구성원들은 전통적인 ITIL(IT Infrastructure library) 관행을 따르고 있었으며, 그래서 클라우드 네이티브 개발에 대해 들었던 모든 것이 운영 팀에 무슨 의미가 있는지 확신하지 못하는 상황이었다. 게다가 클라우드 네이티브 구현 관리에 필요한 도구가 기존 도구 제품군과 다르다는 사실을 알게 되어 팀원들이 미래에 대한 불확실성을 느끼는 상황이었다. 이 팀은 소규모이며 이미 분권화되고 합의에 따른 의사결정 방식을 갖추고 있었으나, 구성원들이 새로운 기술을 도입하기 전에 여러 각도에서 분석하는 데 시간을 들이는 경향이 있었다.

(이어짐)

- **설계 팀**: 항공사 안의 설계 팀도 여러 방식으로 나뉘었다. 어떤 팀 구성원들은 완전히 코딩을 중요시하는 설계자들이어서, 템플릿 프로젝트에서 작동되는 서비스를 만드는 것을 그들의 업무로 여겼다. 다른 구성원들은 설계에 대한 세부 설명을 제공하는 것을 업무로 하는 전통적인 페이퍼 설계자였다. 게다가 팀은 어떤 설계 원칙을 수용해야 할지에 대한 공통의 비전이 없었고 자신들의 업무가 무엇으로 구성돼야 하는지에 대한 공통된 이해도 없었다.

고객을 이해하기 위해 고객 팀과 협력하면서 일찍이 깨달은 한 가지는 각 팀이 전체 기업 문화 속에서 각기 다른 하위문화를 구현하고 있다는 것이었다. 기업 차원에서 모든 팀은 몇 가지의 강력한 믿음과 원칙을 고수했으며, 그중 하나는 임직원들이 항공사의 가장 중요한 자산이라는 것이었다. 이 원칙은 일자리를 없애거나 새로운 사람을 고용하는 방식으로 인력이나 기술 문제를 해결하지 못하게 했다. 대신 새로운 역할에 맞게 기존 직원들을 재교육해야 했다.

두 번째 기본 원칙은 속도가 전부라는 것이었는데, 이 원칙은 조직 안에 매몰되어 있었다. 이 항공사는 한때 업계에서 지배적인 위치를 차지하고 있었으나 항공사가 혁신성을 잃으면서 경쟁 압력으로 고객과 언론은 이 항공사를 낡고 고루하다고 보고 있었다. CIO(최고정보책임자)는 새로운 방향으로 팀을 이끌려고 노력하고 있었으며, 리더의 자리를 이용해 신속하게 혁신하는 데 성공한 팀에게 보상하고 있었으나 IT 부서의 많은 사람들은 과거 시대에 적합했던 오래되고 전통적이며 신중한 운영 방식에 갇혀 있었다.

다양한 하위문화가 관련되어 있었기에, 그들이 속한 팀을 만나고 접근 방식을 팀들이 수용하고 있던 변화에 대한 다양한 학습 스타일, 의사결정 스타일, 태도 등에 맞춰야 한다는 사실을 깨달았다.

그 결과 향후 몇 년간의 방향을 설정한 초기 계획은 다음과 같았다.

- 설계 팀에게 가장 중요한 것은 공유된 비전을 개발하는 것이었다. 그 결과 다른 팀들과 함께 협업해 전체 프로젝트가 따라야 하는 클라우드 네이티브 애플리케이션을 위한 짧은 공통 설계 원칙 리스트를 만들었다. 그리고 설계 팀(그리고 다음 목록에서 볼 개발 팀)과 함께 이 원칙들을 검증하기 위해 4주간 개념 검증(PoC, Proof of Concept)을 수행했고 '모든 코드'가 설계 팀에게 무엇을 의미하는지를 직접 보여줬다. 이러한 초기의 성공적 시도는 팀 구성원들이 새로운 조직에서 그들의 역할을 좀 더 잘 이해할 수 있도록 도와줬으며, 구성원들이 8장에서 소개할 길드 모델(guild model)을 수용하도록 유도했다. 길드 모델의 적용에 따라 설계자가 개발 팀에 포함되도록 하면서 설계가 팀별 문제보다 중요한 관점을 취할 기회를 주었고, 팀의 의사결정을 조정할 수 있게 했다.

(이어짐)

- 개발 팀에게 중요한 이슈는 대규모 개발 팀으로 확장할 수 있는 클라우드 네이티브 애플리케이션 개발을 위한 애자일 프로세스를 이해하는 것이었다. 이를 위해 PoC 과정에서 페어 프로그래밍(pair programming)과 TDD 같은 자원을 공유할 수 있는 프로세스를 소개했으며, 8장에서 소개할 스쿼드 모델(squad model) 등도 소개했다. 개발 팀은 팀 내 IBM 전문가의 실력과 지식에 감명받았으며, 지속해서 팀원들에게 조언해줄 IBM 클라우드 개발 전문가를 계속 데리고 오기로 했다. 혼자 가는 것이 아니라 이미 절차를 밟은 조직과 파트너십을 구성하는 것은 팀이 지속해서 성공하는 데 결정적 역할을 했다.
- 운영 팀에게 가장 큰 문제는 클라우드 전환 과정에서 운영 팀이 어떤 역할을 하는지 이해하는 것이었다. 운영 팀에 대해서는 9장에서 볼 디자인 씽킹 세션(design thinking session)을 수행하는 색다른 접근 방식을 통해 SRE(site reliability engineering) 같은 현대 기술을 기반으로 현재 프로세스에서 새로운 프로세스로 이행 가능한지를 이해할 수 있게 했다. 운영 팀이 기존 SRE 팀과 함께 작업해 그들이 어떻게 업무를 수행하는지 보게 하는 것은 상당히 중요했다.

능력과 유연성

클라우드를 도입할 경우 (IT, 그리고 대부분은 사업 부서도 마찬가지로) 변화가 필요하다는 건 자명하다. 조직이 해결해야 할 많은 과제가 클라우드를 사용할 때는 존재하지 않거나, 그 범위나 효과에 있어서 다소 감소하기 때문이다. 게다가 앞서 논의했듯이, 개발의 속도를 변화시키는 클라우드의 능력은 조직이 속도와 완벽함의 측면에서 전혀 다른 동력을 갖게 된다는 것을 의미한다. 조직의 방향성을 변경하는 비용이 상당히 감소하기 때문이다. 이 일반적인 원칙들은 조직에 두 가지 변화를 일으킨다.

- **스페셜리스트** specialist **보다 제네럴리스트** generalist **가 더 많이 필요해질 것이다.** 이것이야말로 조직 전반에 있어 가장 큰 변화일 것이다. 클라우드를 도입할 때, 기업은 아마 현재 존재하는 몇몇 IT 스페셜리스트가 이제는 필요하지 않다는 사실을 깨달을 것이며, 특히 클라우드 네이티브 애플리케이션을 구축할 때 더욱 실감하게 될 것이다. 또한 일부 특정 기술도 그 필요성이 줄어들 것이다. 그 대신, 조직은 많은 영역의 기술을 보유한 인력이 필요할 것이다. 한 명의 개발자는 단순히 코드 개발뿐만 아니라 코드를 검증하기 위한 자동화된 테스트를 구

축하고, 코드를 구축하고 배포하기 위한 구성 자동화 관리, 코드와 관련된 운영 인프라를 지원하는 운영 자동화(통합 트랜잭션 또는 로그 구성 등)를 정의하고 구축하는 일 등을 함께 책임지게 된다. 풀 스택 개발full-stack development이라 불리는 이 접근 방식은 클라우드 네이티브 개발 스타일의 특징 중 하나다.

- **조직은 구분이 줄어들고 더욱 통합될 것이다.** 대규모 IT 환경을 구축하는 일에 내재된 복잡성에 따라 앞서 설명한 전문성이 강조된다. 그 결과 많은 IT 조직이 매우 세분되는 부작용이 나타나며, 각 사일로silo는 하나의 특정 업무만 책임을 지게 된다. IT 운영과 소프트웨어 개발 조직 간 분열에서 특히 이 현상이 두드러지게 나타난다. 빠르게 변화하는 비즈니스 환경에 신속히 대응하기 위해서는 앞선 두 조직이 훨씬 더 긴밀히 협력해야 한다. 실제로 최적화된 클라우드 개발 환경을 위해 조직은 데브옵스로 통합된다.

일반적으로 이 두 가지 원칙은 기술과 책임의 재분배와 관련된다. 클라우드가 약속한 속도의 개선을 얻으려면 조직은 팀 간의 업무 처리 횟수를 줄여야 한다. 문제는 (개인이 더 많은 책임을 지고 역할이 조직 내에서 이동하면서 팀이 바뀌는 등의) 이 두 가지 원칙이 종종 조직 내에 갈등을 유발한다는 점이다.

기업에 변화를 제안할 때마다 아마 변화에 대한 저항에 부딪힐 것이다. 이 저항은 인간의 본성이다. 새로움을 추구하는 사람들도 있지만 대다수는 태생적으로 보수적인데, 변화는 가치 있는 일이라고 이들을 설득해야 한다. 역할 변경을 고려할 때 이러한 저항은 다음과 같은 특수한 형태로 나타난다.

- 조직이 퍼블릭 클라우드로 이동할 때 기존 사내 하드웨어 팀 등의 직무 역할을 없앨 수 있는 기술을 채택하는 경우, 자신의 업무가 위협받는다고 느끼는 이들의 저항에 직면할 것이다.
- 이후의 '기본 스쿼드 조직' 절에서 나오는 스쿼드squad에 기반한 수평적 조직 등 새로운 조직 구조를 도입하고자 할 경우, 계층구조 안 자신의 입지나 영향력이 위협받는다고 느끼는 기존 구조 속 관리자 등으로부터 저항을 맞이할 것이다.

- 필요성이 떨어지는 특정 기술을 보유한 전문가들은 이제 자신이 가치가 없다고 느낄 수도 있다.

조직은 이런 유형의 저항을 사전에 차단하기 위해 몇 가지 전략을 수행할 수 있다.

- 새로운 조직에 필요한 새로운 기술을 직원들이 배울 수 있는 기회를 제공하고자 전적으로 노력할 것이라는 점을 강조하고 재교육 기회를 사전에 능동적으로 제공하라. 이러한 노력은 실질적인 노력이 되어야 한다. 단순히 교육만 제공할 것이 아니라, 직원들이 현재 업무의 성과 평가에 부정적인 영향을 받지 않으면서도 교육을 받을 시간을 제공해야 한다.
- 수평적 구조로 조직이 바뀌면서 업무가 사라지거나 중복될 수 있는 관리자들에게 다른 영역에서 리더십을 발휘할 수 있도록 새로운 기회를 제공하라. 많은 경우 관리자들을 현재의 그 자리로 이끈 바로 그 성격적 측면은 새로운 성장 분야에서도 똑같이 발휘되어 그들이 더 많은 위험을 감수하고 기회를 잡을 수 있게 만든다.
- 조직 전반에 좀 더 광범위하게 퍼질 필요가 있는 업무의 전문가들을 활용해 나머지 팀원들을 교육하고 조언을 주게 하라. 그 전문가들의 기술을 조직에서 적극적으로 추진하고 있으며 전문가들이 필요하고 조직에서 여전히 가치 있게 여긴다는 것을 보여줘야 한다. 조직은 아마 추진력을 얻고 싶을 것이다. 즉, 변화를 이끌기 위해 변화의 성공적인 부분을 보여주고 싶을 것이다. 성공을 선전하면 직원들은 변화에 맞서는 대신 변화의 일부가 되기를 원한다.

기본 스쿼드 조직

클라우드 도입에 중요한 핵심 요소 중 하나는 애자일^{Agile}이라는, 클라우드가 촉진하는 빠르고 점진적인 의사결정에 도움이 되는 접근 방식을 채택하는 것이다. (IBM 자체를 포함해) 클라우드를 성공적으로 도입한 많은 조직은 스쿼드 모델^{squad model}이라고 불리는 핵심적인 방법을 따랐다. 원래 스포티파이^{Spotify}에서 처음 만들어낸 스쿼드 모델은 업계의 많은 조직에서 이제 도입하기 시작하는 몇몇 애자일 모범 사례들을 공식화한 것이다.

스쿼드 모델의 기본 단위는 스쿼드라는 일련의 2인조 페어 개발자들로 구성된 소규모의 독립된 팀이다(통상 10명 이하). 8장 '방법론'에서 후술할 이유에 따라 이 페어 프로그래밍 방법을 도입할 것을 강력하게 권장한다.

IBM 버전의 스쿼드 모델에서는 두 가지 일반적인 유형의 스쿼드가 필요하다. 바로 애플리케이션 개발(또는 구축) 스쿼드와 전문 지원 스쿼드다. 각 스쿼드는 중심 개발자이자 애자일 코치의 역할을 수행할 리더와 풀 스택 개발자로 구성된 서너 개의 페어로 구성된다. 또한 각 스쿼드는 제품 담당자가 포함되어 있거나 관련되어 있어야 하며, 관련 애플리케이션 설계자가 포함될 수도 있다. 또한 전담 사이트 신뢰성 엔지니어SRE, site reliability engineer 페어가 스쿼드에 포함되면 좋다. 그래픽 사용자 인터페이스GUI, graphic user interface 등의 프론트엔드front-end 구성요소를 포함한 스쿼드는 설계자를 정식 스쿼드 팀원으로 포함시키거나 지원 스쿼드와 연관시켜야 한다.

그림 4.1은 기본 스쿼드의 예시를 보여준다.

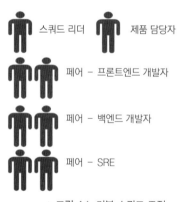

스쿼드 리더   제품 담당자

페어 – 프론트엔드 개발자

페어 – 백엔드 개발자

페어 – SRE

▲ 그림 4.1 기본 스쿼드 조직

구축 스쿼드는 관련된 유저 스토리를 모아둔 에픽epic을 구현한다. 단일 스쿼드는 하나 이상의 에픽을 구현할 수 있지만, 개별 스쿼드는 최소한 하나의 에픽을 구현해야 하는 책임이 있다. 에픽을 정의하는 유저 스토리는 지속적으로 순위가 정해지는 우선순위별 유저 스토리의 백로그backlog에 추가된다. 조직은 칸반Kanban이나 그 밖의 추적 방법을 선택해 백로그를 관리하고 유지할 수 있지만, 백로그는 반드시 최신 상태로 유지돼야 하며 매일 우선순위를 새로 지정해야 한다. 이처럼 유저 스토리를 관련 에픽으로 그룹 짓는 것은 5장에서 다룰 마이크로서비스 아키텍처에 자연스럽게 부합한다.

스쿼드는 될 수 있으면 필요한 것을 스스로 조달할 수 있어야 하며, 제네럴리스트는 더 많이, 스페셜리스트는 덜 필요하다는 초기에 언급했던 원칙과 스쿼드 간 업무 처리 횟수를 줄이고자 하는 일반적인 원칙과도 부합한다. 그러나 수량이 한정된 일부 특별한 유형의 기술 필요성을 완전히 무시할 수는 없다. 이와 관련된 역할은 전문 지원 스쿼드에서 맡아줄 수 있다. 하나의 지원 스쿼드가 다른 스쿼드들을 위해 전반적인 설계와 사용자 경험UX, User Experience 구현을 처리할 수 있으며, 이러한 유형의 스쿼드를 종종 콘텐츠 스쿼드content squad라고 부른다. 단일 스쿼드에 설계자를 위한 충분한 분량의 업무가 없다면, 한 명의 설계자가 여러 개의 스쿼드를 지원하게 하는 것이 좋다. 9장에서는 시스템 관리에 특화된 또 다른 유형의 전문 지원 스쿼드를 소개할 것이다.

그림 4.2에서 몇몇 지원 스쿼드의 사례를 살펴볼 수 있다.

▲ 그림 4.2 지원 스쿼드

스쿼드는 자율적이어야 하며, 처음부터 끝까지 완전히 하나의 에픽을 책임지면서도 공동 배치돼야 한다. 페어가 변동되면 유저 스토리 간에 페어를 바꾸게 되므로 페어를 분야별로 분리하는 게 불가능진 않지만 어렵다. 프로젝트 팀은 여러 개의 스쿼드를 가질 수 있고 각각이 다른 분야에 위치하더라도 각 스쿼드의 구성원은 공동 배치될 필요가 있다.

페어 프로그래밍은 기업 규모가 큰 고객을 위한 스쿼드 모델의 핵심적인 이점을 발생시킨다. 즉, 페어 프로그래밍은 접근법을 훈련받거나 첫 번째 스쿼드로부터 파생되면서 작성된 코드와 테스트에 익숙한 스쿼드의 숫자를 급격하게 증가시킬 수 있게 한다. 또한 새로운 구성원이 숙련된 개발자와 짝을 지어 집중 훈련을 받을 수 있게 함으로써 새로운 구성원의 생산성을 매우 신속하게 높일 수 있게 한다. 그 결과 페어링이 조직 전체로 전문지식을 확산시킨다.

몇 달에 걸쳐 스쿼드가 경험을 얻고 성숙해지면, 하나의 스쿼드를 2개로 분리할 수 있다. 그러면 시니어 스쿼드 구성원 중 하나가 새로운 스쿼드의 리더가 되며, 새로 훈련된 개발자들과 합류할 수 있는 자신들의 스쿼드 구성원 중 몇을 데려온다. 기존 스쿼드는 같은 애플리케이션 분야에서 에픽에 대해 계속 작업할 수 있도록 새로운 개발자를 고용해 스쿼드의 코드와 IBM 클라우드 개러지 방법론(8장 참조)에 대한 경험을 쌓는다. 새로운 스쿼드는 필요하다면 완전히 새로운 분야나 애플리케이션으로 이동할 수 있다. 이러한 방식으로 팀은 시간이 지남에 따라 성장하면서, 팀 내 개발자들이 자신만의 스쿼드를 가진 리더로 거듭날 수 있는 길을 제공한다.

마지막으로, 일반적으로 프로젝트 관리 및 다른 스쿼드 간 조정이 필요할 수 있다. 이러한 관리는 가능한 한 최소화해야 한다. 이 모델의 목표는 스쿼드 간 처리나 조정을 줄이는 것이다. 프로젝트 관리자는 스쿼드 내 사람들의 일을 일일이 마이크로 매니징하는 책임자가 아니라, 관련 스쿼드가 함께 일할 기회를 찾는 것을 돕는 조정자가 돼야 한다.

SRE 모델과 스쿼드

IBM과 고객사가 스쿼드 모델을 도입하는 데 성공한 핵심적인 이유는 모델을 도입하면서 또 다른 신규 조직 모델, 바로 구글이 사이트 신뢰성 엔지니어링SRE 이라 부르는 접근 방법을 병행했기 때문이다. 간단히 말해 SRE는 이전의 운영 모델보다 훨씬 더 개발 지향적인 새로운 운영 방식이다. SRE에 대해서는 9장에서 심층적으로 다룰 테지만, 모델의 간단한 측면을 여기서 다루는 것도 의미가 있다. SRE가 스쿼드에 인원을 충원하는 방식의 핵심이기 때문이다. SRE의 주요한 두 가지 특성은 다음과 같다.

- SRE는 엔지니어링 기술의 집합체다. SRE는 자신들을 기본적으로 개발자라고 생각하지만, 특정 유형의 개발을 수행한다. SRE의 개발은 애플리케이션의 안정성, 용량 및 관리성을 개선하는 데 초점이 맞춰져 있다.
- SRE는 시간의 약 50%를 운영에서 발생하는 문제를 해결하는 데 사용한다. SRE의 작업은 ITIL^{Information Technology Infrastructure Library}에 정의된 전통적인 문제 관리 프로세스의 개요를 같지는 않지만 다소 유사하게 따른다. 나머지 50%의 시간은 운영 문제가 다시 발생하지 않도록 모니터링, 이벤트 관리 개선 등의 측면에서 자동화를 구축하는 데 활용된다.

SRE는 각 스쿼드에 특별 개발 인력으로서 통합되는 것이 좋다. 앞서 그림 4.1에서 본 것처럼 모든 스쿼드에 최소한 두 명의 SRE를 팀의 일원으로 포함하는 것을 권장한다. SRE의 지원 스쿼드는 몇몇 구축 스쿼드를 지원하는 개별 에픽 또는 마이크로서비스보다 더 넓은 책임을 질 수 있다.

SRE 기능이 중요하다고 믿는 근거를 이해하기 위해서는 스쿼드의 유저 스토리와 에픽에 대한 책임으로 돌아가야 한다. 스쿼드는 코드를 생산하지 않으며, 각각의 운영 팀으로 코드를 던진다. 대신 5장에서 설명한 마이크로서비스나 전체 소규모 애플리케이션 등 애플리케이션 영역을 유지하고 작동하는 책임은 모두 여전히 스쿼드가 지게 된다. SRE는 사고 관리와 예방에 초점을 맞춘 특별한 기술 집합체라 할 수 있겠으나, 나머지 스쿼드 역시 문제가 발생할 때 해결을 위해 관여한다. 따라서 버그가 발생했을 때 팀은 버그를 수정하기 위해 유저 스토리를 생성하고 신규 기능에 대한 유저 스토리와 함께 백로그에 추가해야 한다.

트라이브와 길드

조직이 도입하기를 권장하는 스포티파이 모델의 마지막 요소는 트라이브^{tribe}와 길드^{guild} 개념이다. 트라이브 조직 구조는 이해하기 쉽다. 만약 스쿼드가 단일 에픽이나 에픽과 밀접히 관련된 업무를 맡게 되는 경우, 트라이브는 제품을 구성하는 에픽에 대해 작업하는 스쿼드들의 집합을 말한다. 트라이브 수준에서 보통 스쿼드 간 협업이 원활하게 이뤄지며, 모두가 같은 가정 아래에서 일할 수 있도록 전담 프로젝트 매니저의 필요성을 느끼기 시작하게 된다.

트라이브 모델로 나아가는 속도의 측면에서 유의해야 할 중요한 한 가지는 스쿼드 모델을 점진적으로 적용하는 게 최선이라는 것이다. 전통적인 접근 방식에서 소규모 팀이 주도하는 방법으로 전환되는 과정에 상당한 변화가 있으므로 사람들이 새로운 조직에서 자신들의 역할에 능숙해지기 위해서는 다소 시간이 걸린다. 그래서 보통은 단일 구축 스쿼드를 만들어 새로운 제품의 프로젝트를 시작한다. 그 후에 한 번에 하나씩 새로운 스쿼드를 추가해 3개 이상의 구축 스쿼드가 자리를 잡으면 트라이브를 만든다. 핵심은 점진적인 성장이다. 10개의 스쿼드로 이뤄진 트라이브를 한 번에 만들려고 시도하는 것은 거의 확실한 실패나 다름없다. 새로운 업무 역할에 대한 경험이 미숙하면 사람들은 과거에 일하던 방식으로 돌아가기 때문이다.

길드는 그림을 통해 가장 잘 이해할 수 있다(그림 4.3 참조).

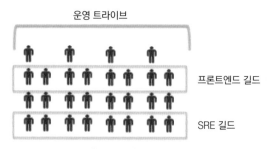

▲ 그림 4.3 트라이브 및 길드 조직

길드는 관심사나 전문성을 공유하는 사람들로 구성된 교차 조직이다. 이때 길드는 비공식적이고 유연한 경향이 있기에 넓은 의미에서 '조직'이라는 단어를 사용했다. 길드는 구성원들이 정보와 경험을 공유하고 공통의 패턴과 접근 방식을 공동으로 구축할 수 있게 하려고 존재한다.

운영 트라이브가 전체적으로 사용자 인터페이스를 자바스크립트의 리액트^{React} 프레임워크를 사용해 개발하기로 했다고 가정해보자. 팀은 아마 프레임워크의 속도를 높이고 전체 운영의 공통 패턴을 결정하기 위해 팀 구성원들의 경험 공유를 촉진할 수 있도록 즉석에서 길드를 구축하기로 할 것이다. 더 오래 지속하는 일반적인 형태의 길드는 바로 SRE 길드다. 운영 정책을 수립하고 스쿼드들이 이를 따르게 하도록 SRE 길드가 구성되어 오랫동안 형성되는 것을 자주 봤다. 이와 마찬가지로 모든 애플리케이션 설계자에 대해서도 설계자 길드를 결성해 스쿼드의 공통 개발 패턴을 결정하기를 권장한다. 길드에 대한 심도 있는 논의는 10장을 참조하라.

스쿼드 모델의 문화적 요소

스쿼드 모델은 모델이 가정하고 있는 일종의 애자일 사고방식에 따라 운영하는 것에 익숙하지 않은 조직에 몇 가지 문화적 과제를 안겨준다. 스쿼드 모델의 세 가지 주요 요소는 각각 다른 문화적 측면과 충돌할 수 있다.

소규모

스쿼드는 구성원이 10명을 넘지 않는 작은 팀이다. 스쿼드 모델의 핵심적인 부분은 스쿼드 구성원들이 전통적인 소프트웨어 엔지니어링 조직의 역할이라고 생각돼왔던 몇 가지 역할을 수행한다는 것이다. 예를 들어, 스쿼드 조직의 개발자는 대부분의 개발 조직에서 일반적으로 볼 수 있는 수준보다 더 많은 테스트를 수행한다. 단위 테스트 자동화, 통합 테스트, 사용자 인터페이스 테스트, 성능 테스트 등을 하나의 데브옵스 파이프라인에 포함함으로써 팀은 기존 조직에서의 개별 테스터 역할이 덜 필요해진다. 테스트 역할이 사라지는 것은 아니지만, 조직 내 테스트와 품질 보증^{QA, quality assurance} 직원의 비율이 상당히 감소한다. 대신에 QA와 테스트 역할이 분산되면서 전문성을 각각의 스쿼드에 직접 확산시켜야 한다. 스쿼드 모델에서 향후 전문 지원 팀이 되는 QA 팀은 개별 테스트 실행에 대한 세부사항에 집중하는 대신 테스트를 계획하고 실행하며 스쿼드 조직에 조언하는 부분에 더 초점을 맞춘다. QA와 개발 조직이 상호작용하는 방식의 차이와 두 조직이 이제는 같은 스쿼드 리더십 아래에 있다는 사실은 형식적이고 다른 조직에 의한 적대적인 테스트 문화를 가진 조직에 근본적인 변화를 가져온다.

자율성

스쿼드가 자신들의 우선순위와 결과물, 반복 완료 날짜를 결정하고 심지어 개발 언어와 도구를 선택할 수 있게 하는 수준의 자유는 하향적이고 계획 지향적인 많은 기업 문화에 충격으로 다가온다. 시간이 지나면서 이러한 상황은 고위 경영진의 강력한 지원을 받은 완강한 팀에 의해 클라우드 도입에 있어 걸림돌이 된다.

IBM이 작업했던 한 회사에서는 조직의 원칙에 따라 스쿼드를 활용하는 것에 동의를 얻었지만, 프로그램 관리 부처에서는 스쿼드가 우선 프로그램 라이프 사이클상의 반복 결과에 관해 설명을 제공해야 한다고 말했고, 그 결과 프로젝트는 1년이나 연장됐다! 왜 이것이 필요하냐고 물었을 때 "그렇게 해야만 전체 프로그램 동안 각기 다른 스쿼드 간 조율에 필요한 모든 계획을 할 수 있습니다."와 같이 상투적인 답변이 전부였다. 세부 계획을 미리 보고 싶은 욕망과 의사결정을 점진적으로 내리고 싶은 욕구 사이의 각기 다른 기대 때문에 효과적인 스쿼드를 위해 필요한 자율성의 정의와 한계를 여러 차례 설명하고 협상해야 했다.

핵심은 스쿼드 모델로 이동하면 책임은 중앙집중식 프로그램 및 프로젝트 기획 부서에서 벗어나 스쿼드에게로 내려간다는 것이다. 프로그램 및 기획 부처는 좀 더 사후 대응적이며 반복적인 방식으로 일하는 법을 배워야 하나, 이는 애자일 개발 방식으로 일한 경험이 없는 팀에게는 어렵다.

공동 배치

아마 지난 몇 년간 봐온 것 중 단일 건으로 가장 큰 변화는 아웃소싱outsourcing과 오프쇼어링offshoring에 대한 조직의 관점 변화일 것이다. 미국과 유럽에서 기업이 핵심 역량의 일부로서 다른 유형의 지적 자본을 창출하듯이 소프트웨어 자산 역시 기업이 유지하고 스스로 창조하는 지적 재산의 중요한 범주임을 인지하면서 아웃소싱에 대한 반발이 등장하기 시작했다.

소프트웨어는 이제 어디에나 있다. 클라우드는 사람들의 삶 모든 곳에 스며들어 있으며, 어떤 기업이든 소프트웨어를 만드는 것이 자신이 해야 할 일이 아니라고 생각한다면 그 기업은 소프트웨어를 핵심적인 요소라고 인지하는 좀 더 혁신적인 기업에 의해 시장에서 빠르게 대체될 것이다. 미국에서 우버^{Uber} 및 리프트^{Lyft}와 마주한 전통적인 택시의 종말을 보라. 그 결과 IT 개발을 직접 하고자 하는 강한 압력이 발생하게 된다.

직접 개발을 해야 한다는 압박과 함께 협력하고자 하는 것은 팀 간 상호 소통을 촉진하기 위해 공동 배치되는 팀으로 회귀하자는 압박이나 다름없다. 조직이 개발을 사내에서 계속하더라도, 조직은 통상 비용이 낮은 국가로 오프쇼어링을 하게 된다. 문제는 공식 설명서와 형식적인 핸드오프(팀 간 처리), 필연적인 잘못된 의사소통 과정이 대부분 오프쇼어링하던 때보다 개발을 더디게 만드는 결과를 가져온다는 점이다. 그 결과 팀 간, 그리고 팀 내부의 소통을 가장 잘 촉진하고 전달 속도를 향상하기 위해 팀들을 다시 국내에 배치하고 공동 배치하려는 두 번째 압력이 발생한다.

COC의 이점

전통적인 모델을 따르는 데 익숙한 조직에 스쿼드 모델은 큰 변화라고 생각할지도 모르며, 이는 실제로 큰 변화가 맞다. 따라서 원활한 변화를 위해 필요한 전문지식과 경험을 제공하는 기업 내 임시 조직 도입을 권장한다.

어떤 기술이든 새로운 기술을 대기업에 도입하기란 어려운 일이며, 클라우드를 구성하는 기술 집합을 도입할 때도 마찬가지다. 우선, 새로운 것을 배워야 하는 수많은 사람을 상대해야 하는 문제가 있다(이들은 때로는 지리적으로 분포되어 있다). 또한 어떤 변화든 반드시 맞서 싸워야 한다는 조직적 관성도 문제다. 마지막으로, 변화가 일으키는 혼란에 대한 두려움도 문제다("변화에 잘 적응하지 못하면 저는 직장을 잃게 됩니까?").

기업은 이러한 기술과 문화 도입의 장애 요인을 완화할 방법이 필요하다. 다행히도 새로운 기술을 도입할 때 발생하는 문제를 해결할 검증된 방법이 있다. 이 접근 방법이 바로 COC^center of competency (역량 중심)이다. COC는 특정 개발 집단이나 기업 아키텍처 이사회, 또는 운영 팀이 소유하지 않는 독립된 조직으로서, 신규 기술 도입과 관련 있는 모든 조직이 지원하고 인력을 충원한다. 기업에서 새로운 기술을 성공시키기 위해 연구 및 개발 활동이 일정량 필요할 수는 있지만, 기본적으로 COC는 단순히 새로운 아이디어를 고안하는 싱크 탱크^think tank 가 아니라 실제 우선순위와 결과물을 내는 관리되는 독립체다.

COC는 공통 솔루션을 개발하고 기술 도입의 성공 가능성을 향상하기 위해 기업 전체에 퍼져야 하는 새로운 기술을 습득한다. 핵심은 COC가 단일 개발 프로젝트를 지원하는 것이 아니라 기업 수준에서 새로운 기술을 성공적으로 구현한다는 것이다.

COC의 목표

COC의 목표는 다음과 같다.

- 반복적으로 성공을 창출하도록 모범 사례와 표준 프로세스를 촉진
- 개발 및 배포와 관련된 특정 문제를 해결하는 데 필요한 전문지식을 제공
- 팀이 지식과 전문성을 스스로 창출할 수 있도록 지원
- 기업에서 현재 프로젝트에 대한 즉각적인 관점을 넘어 새로운 파괴적 기술과 이슈를 내다볼 수 있는 역량 창출

COC의 라이프 사이클

비록 COC가 개발 조직은 아니지만, 개념에서 운영까지 소프트웨어 프로젝트와 관련된 라이프 사이클과 활동에 대해 생각해보면 도움이 된다. COC의 임무는 특정 관점에서 라이프 사이클의 모든 단계를 지원하는 것이다. COC가 참여하는 세 가지 단계는 공통점이 있다.

- **프로젝트 개념**: 이 단계에서 비즈니스와 개발 팀은 몇 가지 비즈니스 요구를 가장 잘 해결하는 방법을 결정하고자 노력한다. COC는 도구 선택 같은 관점에

대한 지침을 제공할 수 있으며, 지식 습득 곡선에 따라 팀이 달성해야 하는 수준과 현재 팀의 수준을 비교해 다양한 시간 프레임 안에서 무엇이 실현 가능한지에 대한 통찰을 제공할 수 있다.

- **기술 습득**: 프로젝트가 시작되면 COC 구성원은 프로젝트의 멘토이자 강사, 코치로 활동할 수 있다. COC는 팀 구성원들이 새로운 기술 안에서 새로운 스킬을 습득하도록 도우며, 프로젝트가 진행되면서 빠질 수 있는 문제를 해결하는 것을 돕는다.
- **지식 전파**: 새로운 팀이 꾸려지고 가동되면 팀 구성원이 새로운 기술과 관련 개발 및 운영 원칙에 능숙해지면서 COC가 팀에 개입해야 하는 상황이 아마 줄어들 것이다. 그러면 COC는 팀 구성원과 함께 협력해 그들이 배운 것을 다른 이들과 공유하고 모범 사례를 파악하며, 비디오, 블로그, 미팅 및 그 밖의 방법을 통해 경험과 성공을 공유하는 기회를 제공한다.

이처럼 COC의 공통된 책임은 방법론 도입을 지원하는 것이다. 스쿼드 모델과 클라우드 개발을 위한 새로운 방법론을 도입하려면 이전에 이 작업을 수행해본 사람들의 전문지식이 필요하다. COC는 팀이 필요할 때 실질적인 전문지식을 제공할 수 있는 완벽한 자원이다.

COC가 적합하지 않은 경우

COC가 완벽한 것은 아니다. 사실 다음과 같은 몇 가지 상황에서 COC는 전적으로 역효과를 보여준다.

- **COC가 해결책이 아니라 문제의 일부가 되는 경우다.** COC 구성원은 특별한 유형의 태도와 성격을 갖춰야 한다. COC 구성원들은 개발자들에게 새로운 작업 방식이 가능하다는 사실을 확신시키고, 새로운 기술이 유발하는 혼란에 민감하게 반응하는 동시에 팀을 새로운 단계로 끌어올려야 한다. COC 구성원들은 왜 상황이 변할 수 없는지에 대해 맞장구칠 수 없다. 만약 COC 구성원이 프로젝트의 문제를 너무 많이 파악하게 되어 새로운 아이디어나 해결책을 제시할 수 없

다면 그 사람은 새로운 COC 팀 구성원들을 위해 업무에서 손을 떼야 한다.

- **COC가 정치적인 전쟁터나 은퇴자들이 머무는 곳이 되는 경우다.** COC는 특정한 목표와 특정한 자금 조달 모델에 따라 설정돼야 하며, 되도록 CTO나 CIO의 지원을 받아야 한다. 만일 COC가 이 목표를 충족하지 못하거나 지속해서 조직에 가치를 제시할 수 없다면, COC가 경영진의 영역 싸움에서 파생되는 또 다른 자산이 되기 전에 해체돼야 한다.

- COC가 모든 시간을 자금 조달이나 정치적 전쟁에 쓰는 것만큼 나쁜 경우는 COC가 매일 이뤄지는 개발에 참여하지 않는 아키텍처나 프로젝트 관리자들의 한직으로 여겨지는 경우다. COC는 반드시 최신 기술과 개발 원칙 위에 존재해야 하며, 목표를 달성하는 최고의 방법은 숙련된 구성원과 여러 가지를 섞어 새로운 아이디어를 창출할 수 있는 젊은 구성원을 섞는 것이다.

사례 연구: 글로벌 다국적 은행과 '글로컬'의 의미

글로벌 다국적 은행과의 협업 목표는 비즈니스 목표와 연계된 클라우드 도입을 가속하기 위한 촉매 역할을 하는 것이었다. 그들과 협력하면서 알게 된 사실은, 해당 조직이 이미 클라우드로의 여정을 잘 수행하고 있으나 여정이 항상 원활했던 건 아니라는 것이었다. 해당 은행에 주어진 두 가지 큰 질문은 어떻게 하면 잘 진행되고 있는 것을 가속할 수 있는가와 개선이 필요한 마찰 영역을 어떻게 식별하는가였다.

이 조직은 10개가 넘는 국가에서 운영되는 자사의 글로벌 규모를 명확히 이해하고 있었으며, 전 세계적으로 분포되어 있는 IT 시스템 최종 사용자들도 명확히 이해하고 있었다. 협력해야 하는 핵심 이해관계자들에는 다양한 국가의 은행 지점과 금융 제품 개발을 담당하는 영업 부서, 그리고 전 세계적으로 다양하게 분포된 IT 조직의 부분들이 포함되어 있었다. 문제는 모든 결정을 글로벌 본부에서 내릴 수 없다는 것이었다. 문화적인 측면뿐 아니라 각국가나 지역 수준에 따라 비즈니스 우선순위도 상당히 달랐다. 이 차이 때문에 은행은 작은 성공을 더 큰 글로벌 수준의 성공으로 확장하지 못하는 문제에 직면해 있었고, 본사는 각각의 새로운 이니셔티브를 진행할 때마다 계속 장애물에 부딪히고 있었다.

글로벌과 지역적 특성의 조화 때문에 팀은 글로벌과 지역적인 모든 측면에서 긴밀히 협업해야 할 필요성을 강조하기 위해 '글로컬(glocal)'이라는 용어를 만들었다. 글로벌과 지역적 사고의 조합은 조직과 문화에 영향을 끼쳤다. 이로 인해 팀은 기존의 모든 기능을 다시 구상하는 데 박차를 가하게 됐다.

(이어짐)

은행은 비즈니스를 운영하거나 혁신을 가속하는 데 참여하는 개인과 글로벌 조직의 운명을 한데 묶는 역동적이고 혁신적이며 실행할 수 있는 문화를 만들어야 했다. 은행은 조직의 전략적 의도와 혁신의 문화 속 개인의 참여를 연계하기 위해 글로컬하게 생각하는 법을 배워야 했다. 팀이 글로컬하게 사고하기 위해 취한 한 가지 방법은 아키텍처 결정을 글로컬하게 개발하고 혁신의 문화를 기업 전체로 확산하기 위해 클라우드 COC를 프로그램의 관리자로 구축한 것이었다. 이 과정에서 배운 핵심적인 교훈은 이 모델에는 강력한 참여와 교육 프로그램이 필요하다는 것이었다. 기업은 혁신 문화의 한 부분으로 지속적인 재창출을 추진하기 위해 COC의 하나로 각 현지 국가의 팀과 협력하고, 방문하며 교육하기 위한 학습 아카데미를 설립했다. 그 결과는 적절한 수준의 의사결정으로 이어졌으며, 현지 팀은 글로벌 결정의 이면에 있는 이유와 그러한 글로벌 결정이 현지 상황에 맞게 어떻게 조정되고 수정되는지를 이해하게 됐다.

정리

4장에서 많은 개념을 다뤘지만, 이 자료는 클라우드를 도입하기 전에 문화 변화가 얼마나 중요하며, 문화를 변화시키는 것이 얼마나 어려운지 이해할 수 있도록 돕는다. 이 모든 아이디어는 논리적이고 일관된 하나로 묶여 있다. 매트릭스와 변화에 대한 단계적이고 신중한 접근 방식을 논의할 때 어떻게 조직의 변화가 구현될 수 있는지를 이해할 수 있도록 돕기 위한 준비 작업을 했다고 할 수 있다. 기업이 반드시 바꿔야 하는 한 가지는 팀과 개발자를 판단하는 방식이다. 스쿼드 안에서 프로젝트의 속도, 즉 팀이 얼마나 빨리 유저 스토리를 구현할 수 있는가나 시스템 안정성, 즉 유저 스토리에서 제출된 버그 리포트 수 같은 측정값을 추적해야 한다.

또한 COC를 도입하는 것은 변화 수용에 성공하는 조직을 구축하기 위해 가장 권장하는 방법이지만, COC가 모든 사람에게 적합한 첫 번째 단계는 아니다. 종종 완전한 COC를 구현하기 전에 팀이 클라우드에서 요구하는 사항에 얼마나 잘 적응하는지를 테스트하기 위해 항공사 사례에서 그랬듯이 하나 또는 그 이상의 소규모 파일럿 프로젝트로 시작하기를 원할 수도 있다.

첫 번째 단계만을 보여줬을 뿐이다. 이제 스쿼드 모델에서 클라우드 네이티브나 클라우드 개발을 지원하는 방법론적 프레임워크뿐 아니라, 팀이 운영하게 될 기술 및 아키텍처 프레임워크를 어떻게 실용화할지를 이해해야 한다. 이 주제는 아키텍처를 다루는 5장과 방법론을 다루는 8장에서 살펴볼 것이다.

5 아키텍처 및 기술

클라우드 도입 시 클라우드 애플리케이션을 성공적으로 구축하려면 성공적인 소프트웨어 패턴이 필요하다. 2장에서 아키텍처 및 기술을 핵심으로 하는 클라우드 도입 프레임워크를 소개한 바 있다. 소프트웨어 패턴을 정의하는 것은 설계자의 업무일 것이나, 이러한 소프트웨어 패턴을 프로젝트에서 어떻게 활용하는지가 더 중요하다. 5장에서는 클라우드 현대화 프로젝트에서 클라우드 마이그레이션의 방향과 지침을 정하는 데 있어 아키텍처의 역할을 설명한다. 또한 많은 애플리케이션을 현대화할 때 엔터프라이즈 설계자가 워크로드를 분석하는 방법도 소개한다.

클라우드 도입이 엔터프라이즈 설계자들에게 의미하는 것

IBM 클라우드 개러지 팀은 구제가 필요한 프로젝트를 자주 접했으며, 최근에는 디지털 전환의 하나로 추진된 클라우드 프로젝트를 맡았었다. 초기에 해당 클라우드 프로젝트는 폭포수 모델을 활용하기 위해 규모가 조정되어 진행됐다. 마감 기한이 다가오자 고객은 프로젝트가 지연된다는 사실을 깨닫고 우리 팀에 진행 상황에 대한 검토를 요청했다. 놀랍게도 해당 프로젝트에서는 단 한 줄의 코드도 작성되지 않았는데, 여기에는 여러 가지 이유가 있었다.

- 요구사항이 확정되지 않아 프로젝트가 진행되지 않음
- 개발 라이브러리 및 프레임워크에 대해 확정된 바가 없었기 때문에 엔터프라이즈 설계 리더는 코드 개발을 추진하는 것이 위험하다고 판단함
- 프로젝트 담당 임원은 새로운 클라우드 기술에 의문을 가졌으며, 스택 검증을 위한 아키텍처의 초기 성능 증명이 필요했음

고객은 IBM 클라우드 개러지 방법론을 적용해 개발이 완료되기를 바라며 우리 팀에 해당 프로젝트에 대한 착수를 요청했다.

문제의 핵심은 엔터프라이즈 설계자가 직접 위험을 처리하고자 하는 것이었다. 전임 엔터프라이즈 설계자들은 프로젝트의 실패로 이어지는 위험한 결정을 내리지 않으려고 했다. 설계자들은 프로젝트의 모든 측면에서 세밀하고 신중하게 접근하고자 했으며, 시간이 지남에 따라 다음과 같은 아티팩트들이 필요해졌다.

- 유스케이스 다이어그램use case diagram
- 시스템 컨텍스트 다이어그램system context diagram
- 컴포넌트 다이어그램component diagram
- 클래스 및 객체 다이어그램class and object diagram (노드Node가 프로그래밍 언어임에도 불구하고 필요했었음)
- 시퀀스 다이어그램sequence diagram
- 배포 다이어그램deployment diagram

특정 아키텍처 다이어그램을 그리는 것은 그 자체만으로는 문제가 되지 않으며, 이 다이어그램들은 저마다의 용도가 있다. 그러나 개발 팀이 실제 제공되는 코드를 작성하는 일보다 다이어그램을 그리는 일에 더 초점을 두면 필요한 업무를 놓치게 된다.

새로 구성되는 팀은 IBM 클라우드 개러지 방법론(자세한 설명은 8장 '방법론'을 참조하라)을 적용해 신속한 일정 수행이 가능하다. 프로젝트를 진행하던 중 프로젝트 담당자가 물었다. "설계자가 더 투입돼야 할까요?" 리드 개발자(애플리케이션 설계자이기도 하나, 이를 인정하고 싶지는 않음)는 다음과 같이 답했다. "이슈가 생겼을 때 질문에 답할 수 있는 사람이 필요할 뿐입니다."

이러한 답변이 나온 이유는 신규 설계자가 여전히 설계자는 코드를 작성하는 사람이라고 생각하기 때문이다. 몇 주 후 해당 팀은 매우 빠르게 업무를 수행할 수 있으나, 곧 문제를 해결하기 위해 잠시 중단해야 한다는 사실을 깨닫게 된다. 대부분의 문제는 기술 세부사항을 이해하지 못해서였다. 해당 팀은 목표와 멀어지고 있는 것은 아닌지 의심하기 시작했다. 신규 설계자가 이 문제를 해결하고자 한 방법은 "2개의 클라우드에서 업무를 수행할 수 있는가?" 또는 "쿠버네티스^{Kubernetes} 1 환경에서 성능 테스트를 했는가?"와 같은 기술적 질문을 하는 것이다. 이러한 질문은 특정 문제를 해결하기 위한 백로그(8장 참조)에 유저 스토리로 작성됐다.

이로 인해 우리는 "엔터프라이즈 설계자가 있을 곳이 있는가?"를 고민하게 됐다. 진짜 문제는 문제를 해결하기보다 역할과 책임에 너무 몰두하는 경우가 많다는 것이다. 올바른 질문은 다음과 같이 하는 것이 좋다.

- 프로젝트에서 해결돼야 하는 설계상 문제가 있는가? 그렇다.
- 애플리케이션, 인프라, 보안 등에서의 설계 문제인가? 그렇다.
- 문제를 해결하기 위해 전문적인 기술이 필요한가? 그렇다. 하지만...

문제를 해결하는 데는 여러 가지 방법이 있다. 어떤 문제는 개발자가 운영 자동화에 대한 지식을 넓힘으로써 해결할 수 있으며, 또 어떤 문제는 보안 문제 같은 더 깊은 지식을 요구할 수도 있다. 특정 영역에 대한 정보를 얻는 것은 잘 문서화된 성공 패턴을 통해 가능하지만, 이러한 정보가 200페이지 문서 안에 있는 추상적인 그림에 있어서는 안 된다. 대신에, 설계자가 전략과 아키텍처에 확립된 패턴을 기반으로 개

---

1   스케일링, 배포 자동화, 스케일링, 컨테이너화된 애플리케이션의 자동화 관리를 위한 오픈소스 시스템 – 옮긴이

발자와 사이트 신뢰성 엔지니어^{site reliability engineer}[2]에게 권한을 부여하는 것이 좋다. 권한 부여는 이번 장에서 다룬다.

클라우드 도입 시 엔터프라이즈 설계자의 역할

엔터프라이즈 설계자는 프로젝트 수행 중 개발자와 사이트 신뢰성 엔지니어가 더 많은 결정을 하도록 권한을 부여함으로써 반복적 성공을 위한 전략에 더욱 집중할 수 있다. 앞서 3장에서는 최고정보책임자^{CIO}의 관점에서 아키텍처 및 기술을 포함한 요소에 관해 설명한 바 있다. 또한 3장 후반부에서는 클라우드 전략을 개발하기 위한 규범적 단계를 설명했다. 엔터프라이즈 설계자는 이러한 모든 단계에 관여해야 하지만, 특히 워크로드 포트폴리오를 완벽히 분석하는 2단계를 중점적으로 추진해야 한다. 워크로드 분석 단계에서는 다양한 워크로드 유형의 처리 방법을 결정하는 능력이 요구된다. 일부 대규모 조직에는 수백 개의 애플리케이션이 있을 수 있으므로 도구를 사용해 워크로드를 평가하는 것이 중요하다.

워크로드 평가

워크로드를 평가하는 첫 번째 단계는 비즈니스 요구사항에서 시작된다. 비즈니스 관점에서 먼저 이해가 되어야만 기술적인 문제를 해결할 수 있다. 클라우드 컴퓨팅 워크로드 간 연관성을 신속하게 평가하기 위해서는 다양한 기준에 따라 높은 수준의 질문에 대답을 해보는 것을 권장한다.

이러한 유형의 질문에는 다음과 같은 것들이 있다.

- 워크로드는 얼마나 독립적인가?
- 워크로드의 확장성 요구사항은 무엇인가?
- 기본 IT 인프라는 얼마나 표준화되어 있는가?

---

2 사이트 신뢰성 공학(SRE, Site Reliability Engineering)은 구글 등 주요 IT 기업들에서 활용하는 방법론으로서 데브옵스 등의 개념을 적용해 고도의 소프트웨어 기술을 이용해 시스템 운용 관리 전반을 담당하는 것을 말하며, 소프트웨어 개발과 시스템 운영 관리 기술을 겸비한 인력을 사이트 신뢰성 엔지니어라 한다. – 옮긴이

- 클라우드에서 워크로드를 애플리케이션 또는 비즈니스 프로세스로 사용할 수 있는가?
- 해당 워크로드에 대한 신속한 애플리케이션 배포의 이점은 무엇인가?
- 컴플라이언스 또는 규정의 요구사항을 충족하려면 워크로드에 대한 강한 통제가 필요한가?
- 워크로드의 데이터 전송 요구사항은 무엇인가?

일반적으로 다음 단계에서는 더욱 철저한 워크로드 또는 포트폴리오 분석을 수행해야 하며, 이 단계에서 관심 워크로드와 관련된 기존 인프라 및 소프트웨어 스택에 대한 세부 데이터를 수집한다. 분석을 수행하려면 메모리 및 스토리지 리소스, 미들웨어 및 소프트웨어 패키지 정보를 포함하는 운영체제 버전과 하드웨어 사양 같은 특정 워크로드 이미지에 대한 세부 데이터 수집이 필요하다.

세부 데이터를 비기능 요구사항 및 기존 운영 비용과 함께 고려해 대상 클라우드 플랫폼에 대한 잠재적인 적합성을 평가할 수 있다. 이러한 유형의 평가에서는 애플리케이션 연결 및 인프라 요소를 찾아내기 위한 자동 검색 도구가 배포되어 활용될 수도 있다. 트랜스포메이션 어드바이저^{Transformation Advisor} 같은 일부 도구는 자바 엔터프라이즈 에디션^{Java Enterprise Edition} 같은 기술 스택을 기반으로 특정 워크로드를 분석할 수 있다(https://developer.ibm.com/product-insights/transformation-advisor). 또 어떤 도구는 애플리케이션과 무관한 관점에서 워크로드를 분석해 성능 및 다른 시스템과의 통합 등을 고려할 수 있게 한다.

일반적으로, 필요하거나 발견되는 연결의 수가 많을수록 클라우드 마이그레이션 작업에는 적합하지 않다고 할 수 있다. 즉, 클라우드로의 이전에 따른 이점보다 비용이 더 많이 들 수 있다. 이러한 경우에 애플리케이션을 다시 개발하거나 해당 애플리케이션을 사용하지 않기로 할 수도 있다.

워크로드를 클라우드에 배포하기로 했다면 설계자의 다음 과제는 마이그레이션 전략을 결정하는 것이며, 마이그레이션을 추진하는 책임자가 전략을 결정하는 것도 가능하다. 그림 5.1에는 추진 전략과 해당 카테고리별로 일반적인 수준의 워크로드 부하량을 표기했다. 마이그레이션을 하는 이유는 운영 자동화, 다른 신규 애플리케이션에 데이터 공개 또는 신규 애플리케이션과 기능의 신속한 릴리스 및 배포를 가능하게 하기 위해서다. 참고로 가장 마지막에 든 예시는 클라우드 네이티브 같은 새로운 개발 스타일을 의미한다.

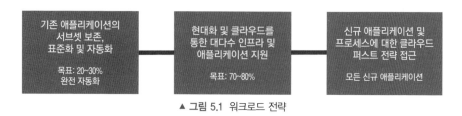

▲ 그림 5.1 워크로드 전략

이러한 접근 방식에는 다음과 같은 주요 과제가 있다.

- 클라우드 네이티브 개발 및 관리에 필요한 전환의 범위와 속도를 제한하는 복잡한 문화적 변화
- 기존 애플리케이션을 통합하고 발전시키면서 새로운 클라우드 네이티브 애플리케이션[3]을 구축할 수 있는 통합 솔루션과 도구가 부족
- 클라우드와 온프레미스 환경의 애플리케이션 및 데이터를 통합, 관리, 보호할 때 발생할 수 있는 운영상 문제

그림 5.2는 전략과 기술적인 선택을 연계할 때 필요한 세부사항을 보여준다. 그림 5.2에서는 리프트 앤 시프트lift-and-shift 전략, 포함 및 확장contain-and-extend 전략, 리팩토링refactoring[4] 같은 주요 애플리케이션 마이그레이션 전략 세 가지를 보여준다. 이 때 마이그레이션 전략을 검토하면서 데이터도 함께 고려할 필요가 있다.

---

3 클라우드의 이점을 활용하는 애플리케이션 구축 및 접근 방법으로서, 기존 데이터 센터 모델과 달리 애플리케이션이 퍼블릭 클라우드에 위치한다. 클라우드 네이티브 애플리케이션은 인프라에 종속되지 않으므로 필요에 따라 규모를 가변적으로 조정하는 것이 가능하다. - 옮긴이

4 리팩토링은 변경되는 결과 없이 코드의 구조를 재조정하는 소프트웨어 공학에서의 방법을 말하며, 애플리케이션의 가독성을 높이고 유지보수 용이성을 높인다. - 옮긴이

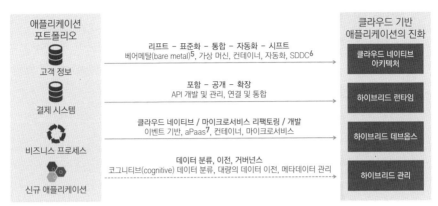

▲ 그림 5.2 애플리케이션 전략

- 리프트 앤 시프트 전략을 통해 기존의 가상화 플랫폼에서 클라우드로 가상 머신을 이전하는 것뿐만 아니라 컨테이너^{container} 같은 새로운 개념을 도입해 데브옵스와 함께 자동화 및 밀도를 향상할 수도 있다. 그러나 리프트 앤 시프트 전략은 가상 머신의 단순한 이전에 불과하다. 대다수 리프트 앤 시프트 전략은 운영체제 및 미들웨어 기반에 새 가상 시스템 이미지를 구축할 수 있게 하는 등의 표준화 작업과 불필요한 환경이나 애플리케이션을 제거하는 등의 부분적인 통합 작업을 포함한다.

- 때에 따라 애플리케이션은 온프레미스 환경에 두고, API 게이트웨이를 통해 애플리케이션을 공개해 최신 애플리케이션에서 이를 활용토록 할 수도 있다. 특히, 이러한 방법은 고비용에 유지보수가 어려운 애플리케이션의 추가 기능 개발을 제한해 비용을 보전하는 전략에 활용된다. API 계층 자체는 신규 애플리케이션 또는 어플라이언스^{appliance}[8]가 될 수 있다.

---

5 베어메탈은 어떤 소프트웨어도 설치되어 있지 않은 하드웨어를 의미하며, 베어메탈 가상화는 호스트 운영체제 없이 하이퍼바이저를 바로 설치해 구현하는 것을 의미한다. – 옮긴이

6 소프트웨어 정의 데이터 센터(SDDC)는 가상화 개념을 데이터 센터 및 서비스로 확장한 것으로 네트워크, 스토리지, 보안 같은 모든 인프라 요소는 가상화되어 서비스로 제공된다. – 옮긴이

7 서비스로서의 애플리케이션 플랫폼(application platform as a Service) – 옮긴이

8 하드웨어를 조립하거나 운영체제 또는 소프트웨어를 설치하는 과정 없이 구매 후 바로 사용할 수 있는 장비 등을 뜻한다. – 옮긴이

- 컨테이너 또는 PaaS[Platform as a Service]나 FaaS[Function as a Service] 같은 신기술을 채택하는 클라우드 네이티브 모델로 기존 애플리케이션을 다시 개발하거나 리팩토링을 수행할 수 있다. 그림 5.3에는 워크로드의 표준을 선택할 때 개발 속도, 이식성 및 제어의 균형을 맞추는 법이 요약되어 있다.

▲ 그림 5.3 배포 스타일

- 애플리케이션만 고려할 수는 없다. 데이터 이동에 따른 새로운 데이터 기반 전략을 적용할 수 있으며, NoSQL 같은 새로운 데이터베이스 기술을 채택할 수 있다.

마지막으로 프라이빗 클라우드의 새로운 활용 방법에 주목할 필요가 있다. 애플리케이션이나 데이터를 퍼블릭 클라우드로 이전시킬 수 없다고 해서 컨테이너 같은 기술을 활용하지 못하는 것은 아니다(7장의 예시 참조). 프라이빗 클라우드 시장은 초기에는 IaaS[Infrastructure as a Service]를 중심으로 발전했지만, 점차 컨테이너화[containerization]에 중점을 두고 있다. 이러한 변화는 개발자의 생산성을 높이고 데브옵스를 구현할 수 있게 한다. 최근, 고객들은 온프레미스 환경의 가상 머신 또는 하드웨어에서 클라우드로 전환하고 있다. 컨테이너화는 가상화 환경에서 인프라 밀도를 높이고 개발(데스크톱)에서 생산에 이르는 일관된 애플리케이션 개발 모델을 구현할 수 있게 한다.

워크로드를 프라이빗 또는 퍼블릭 클라우드 환경으로 이동시키는 또 다른 방법이 생긴 것이다.

그림 5.4는 어떤 유형의 워크로드를 퍼블릭 클라우드나 프라이빗 클라우드에서 실행해야 하는지, 어떤 워크로드는 그대로 두고 API를 통해 공개해야 하는지를 보여준다.

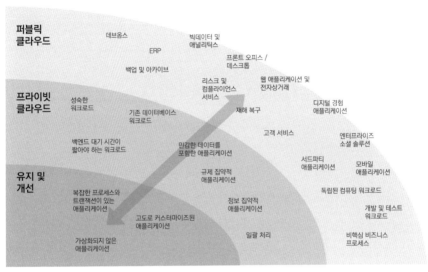

▲ 그림 5.4 클라우드 위치

설계자는 이러한 프로세스를 거친 후, 몇 가지 후보 프로젝트를 골라 클라우드 이전 작업을 수행한다.

레퍼런스 아키텍처

이번 절에서는 마이크로서비스 개발 방식을 통한 신규 클라우드 네이티브 애플리케이션 아키텍처 같은 특정 상황에서 설계자가 아티팩트를 만드는 방법을 설명한다.

IBM 개러지 팀은 추상적 개념을 설명하는 수많은 다이어그램과 문서 등 다수의 아티팩트로 구성된 레퍼런스 아키텍처 이니셔티브에 대해 연구해왔다. 시간이 흐르며 다이어그램과 문서를 통해 추상적 개념들이 실현됐다. 그러나 레퍼런스 아키텍처는 점차 설계자들만의 전유물이 됐으며, 아키텍처의 아티팩트는 오로지 다른 엔터프라이즈 설계자들만이 보는 존재가 됐다. 무언가를 만드는 게 목표라면, 다른 설계자들의 목표를 이뤄주는 아티팩트를 만드는 것이 옳은 일일까? 건물을 설계하는 건축가는 구조 엔지니어나 계약자가 이용할 설계도를 만들지, 다른 건축가가 활용할 도면을 만들지 않는다.

설계자의 진짜 목표는 무엇일까? IBM 개러지 팀은 유저 스토리를 성공적으로 구현할 수 있도록 아티팩트를 제작하는 것 이상이 목표가 되어야 한다고 생각한다. 이때 제품 책임자$^{product owner}$[9]가 자연스럽게 만들어내는 유저 스토리와 그만큼 중요한 다른 유저 스토리 사이에 몇 가지 차이점을 도출해야 한다. 제품 책임자는 시스템 작업 같은 기능적 요소에 치중하는 경향이 있다. 그러나 설계자는 페이지 응답 시간 같은 측정 가능한 것들과 더불어 유지보수 및 관리 용이성과 같이 측정이 어려운 비기능적인 요소도 고려해야 한다. 이러한 요구사항을 유저 스토리로 만들어 이해하고, 구성하고, 포착하는 것이 애플리케이션 설계자의 주요한 책임이다.

이러한 관점은 애자일 분야에서 일반적인 관점이다. 샘 뉴먼$^{Sam Newman}$은 그의 저서인 『Building Microservices』에서 "설계자는 완전한 제품을 만들어야 한다는 강박관념에서 벗어나 올바른 시스템이 나올 수 있고 더 많은 것을 배우며 계속 개선할 수 있는 프레임워크를 만드는 데 더욱 집중해야 한다."라고 말했다. 이 장 후반부에서는 뉴먼이 설계자의 역할을 도시 설계 기획자의 역할과 비교해 설명하는 것을 보여줄 것이다.

애플리케이션 설계자는 팀이 코드를 작성하는 방법의 기본적인 규칙을 수립해야 하지만, 팀은 유저 스토리 구현을 진행하면서 시스템을 개선하고 발전시킬 수 있어야 한다. 설계자는 경계를 설정하는 역할을 한다. 설계자는 조사하고 측정한 것을 토대로 울타리를 구축한다.

---

9 제품 책임자는 개발할 제품의 요구사항 목록(product backlog)을 정의해 우선순위를 정하는 등의 역할을 수행한다. – 옮긴이

설계자의 역할

소프트웨어 개발 분야에서 일반적으로 알고 있는 아키텍처의 개념을 재고할 필요가 있다. 설계자들이 살아남기 위해서는 시스템을 구축하는 사람들을 대상으로 하는 아티팩트를 만들어야 한다. 설계자의 주요 임무는 개발자, 관리자, 사이트 신뢰성 엔지니어 및 다른 팀 구성원을 위한 아티팩트를 만드는 것이다. 이를 위해 설계자는 다음의 두 가지 역할 중 하나를 수행해야 한다.

- **애플리케이션**: 애플리케이션 설계자는 구축 중인 시스템의 경계를 고려한다(성능 같은 측정 가능한 경계 및 기능 경계 등). 설계자는 이러한 경계 내에서 유저 스토리 구현에 필요한 것들을 만든다. 이러한 아티팩트에는 개발 언어 선택, 프레임워크 선택, 도구 선택, 코드 예시 등이 있을 수 있다. 애플리케이션 설계자는 숙련된 개발자여야 하며, 작은 프로젝트에서는 리드 개발자 역할도 할 수 있다.
- **인프라/클라우드**: 인프라/클라우드 설계자는 인프라의 비기능적 요소와 관리 및 사이트 신뢰성 엔지니어링 팀이 도출해야 하는 아티팩트 등에 대해 고려한다. 클라우드 기술은 인프라 문제를 해결하지 못하며, 설계자는 가상화, 통합, 네트워킹, 보안, 컨테이너, 스토리지 등 분야에 대한 기술적 역량을 갖춰야 한다. 또한 설계자는 이벤트 관리 도구 및 예시 코드, 로깅 관리 도구 및 예시 코드와 같이 SRE 팀이 활용해야 하는 아티팩트를 마련해야 한다. 다른 유형의 아티팩트에 대해서는 10장에서 설명한다.

누구라도 자신의 처지를 헤아려주지 않는 사람의 말은 듣고 싶지 않다. 엔터프라이즈 설계자 역시도 개념 수준을 넘어 개발 및 운영 기술을 갖출 필요가 있다. 엔터프라이즈 설계자는 개발 또는 인프라에 대한 전문지식을 갖추고 좀 더 큰 그림을 볼 수 있는 의사결정권자다. 이러한 역할은 위에 기술한 두 가지 역할 중 하나에 포함된다.

레퍼런스 아키텍처의 구성요소

소프트웨어 설계자의 역할은 개발자, 관리자 및 사이트 신뢰성 엔지니어를 위한 아티팩트를 만드는 것이다. 설계자는 레퍼런스 아키텍처를 어떻게 만들까? 레퍼런스 아키텍처는 개발자와 관리자가 겪는 문제를 해결하는 반복 가능한 패턴으로 구성돼야 한다. 현대화된 레퍼런스 아키텍처는 다음과 같이 구축돼야 한다.

1. **설계 스타일을 명확하게 정의한다.** 마이크로서비스 및 웹 개발 등 팀이 작업할 명확한 영역 내에서 예시를 정의하고 구현한다.
2. **명확한 비기능적 아키텍처 요소를 정의한다.** 이를 통해 보안, 복원력, 관리 또는 가용성 같은 기능적 요소의 완전성을 보장한다.
3. **최소한의 간단한 그림만을 사용해 의미를 전달한다.** 간단한 아이콘이 있는 그림 하나만 사용해 애플리케이션의 흐름을 보여주는 것이 가능하다.
4. **개발 언어로 구현된 아티팩트 예시를 보여준다.** 개발자용 예시 코드, 관리자를 위한 스크립트 등의 깃허브^{GitHub} 페이지 등이 아티팩트가 될 수 있다.

그림 5.5는 아키텍처 도메인에 대한 일련의 아키텍처 스타일 사례를 보여준다. 여기서 아티팩트는 설계자가 반드시 만들어야 하는 것보다는 프로그램 담당자가 특정 영역이 온전히 포함됐는지 확인하는 데 활용할 체크리스트다. 예를 들어, 마이크로서비스 애플리케이션에서 고가용성$^{high\text{-}availability}$의 모든 요소를 이해하고자 한다면 이와 관련된 이슈를 모두 고려해야 한다.

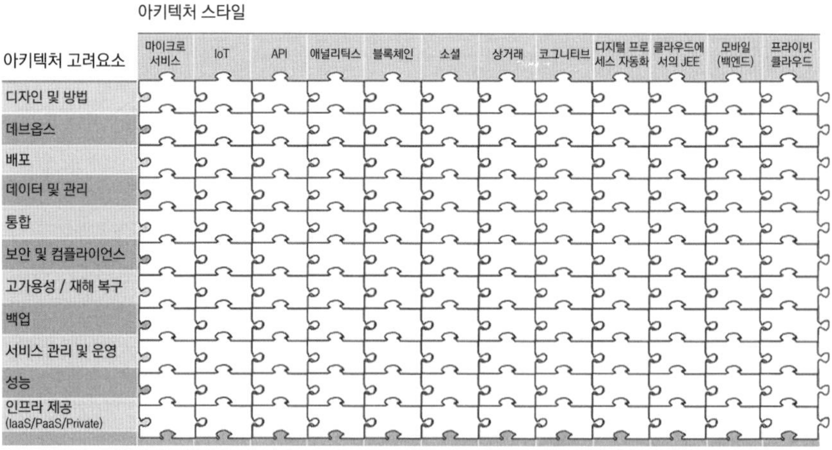

아키텍처 스타일

아키텍처 고려요소	마이크로서비스	IoT	API	애널리틱스	블록체인	소셜	상거래	코그니티브	디지털 프로세스 자동화	클라우드에서의 JEE	모바일(백엔드)	프라이빗 클라우드
디자인 및 방법												
데브옵스												
배포												
데이터 및 관리												
통합												
보안 및 컴플라이언스												
고가용성 / 재해 복구												
백업												
서비스 관리 및 운영												
성능												
인프라 제공 (IaaS/PaaS/Private)												

▲ 그림 5.5 아키텍처 스타일 및 고려요소

이러한 주제를 다루는 가장 좋은 방법은 '2개의 클라우드 인스턴스에 복수의 데이터베이스를 사용해 자바 기반 마이크로서비스를 배포하는 방법'과 같은 아티팩트를 만드는 것이다(https://github.com/ibm-cloud-architecture/refarch-cloudnative-resiliency). 이 깃허브 페이지는 그림 5.6과 같은 단일 아키텍처를 보여준다.

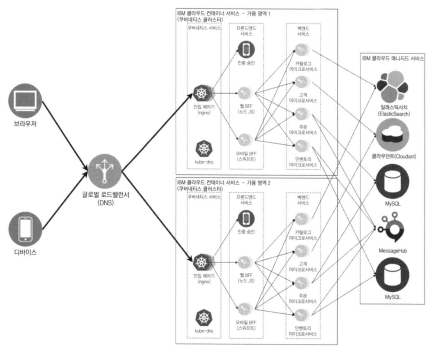

▲ 그림 5.6 마이크로서비스의 복원성

그림 5.6은 복원력에 대한 중요한 개념을 보여주지만, 개발자가 이를 구현하는 방법을 모르면 무용지물이 된다. 깃허브 튜토리얼에는 다음과 같이 수행해야 하는 작업을 설명하는 절이 있다.

- 클라우드 인스턴스 2개에 걸쳐 글로벌 로드밸런서를 구성하려면 어떻게 해야하는가?
- 클라우드 스토리지를 통해 데이터베이스를 백업하려면 어떻게 해야 하는가?
- MySQL을 통한 데이터의 복제 설정은 어떻게 하는가?

- IBM 클라우던트^{Cloudant}에서 데이터 복제 설정은 어떻게 하는가?
- 클라우드 사이트 간에 보안 자격증명은 어떻게 조정하는가?

간단한 그림과 구현 세부사항은 개발자가 필요한 정보를 제공한다. 다이어그램은 UML^{Unified Modeling Language} 같은 표준을 준수할 필요가 없으며, 개발자가 이해할 수만 있다면 충분하다.

마이크로서비스 참조 아키텍처 예시

이 절에서는 특정 아키텍처 스타일과 일부 아키텍처 요소에 대한 전반적인 예시를 제공한다. 마이크로서비스 아키텍처는 새로운 클라우드 네이티브 애플리케이션을 개발하는 데 자주 사용되는 아키텍처 스타일이다. 또한 많은 조직에서 기존의 모놀리틱^{monoliths} 아키텍처를 신규 마이크로서비스로 다시 작성하고 있다. 마이크로서비스를 통해 더 빠르게 이전할 수 있고 애플리케이션을 신속하게 배포할 수 있어 회귀 테스트^{regression test}를 할 필요가 없기 때문이다. 클라우드 네이티브 애플리케이션의 12가지 요소(https://12factor.net)를 살펴보면 마이크로서비스 설계와 일치하는 원칙이 많다는 사실을 알 수 있으며, 실제로 현대화된 클라우드 애플리케이션을 구축하는 방법이기도 하다.

스타일 소개

이 절에서는 특정 스타일에 대해 자세히 설명하지는 않을 것이나, 현대화된 참조 아키텍처의 요소들을 이해하는 데 도움이 되도록 충분한 설명을 제공할 것이다.

마이크로서비스란 마이크로서비스라고 하는 여러 개별 네트워크 연결 컴포넌트로 구성되는 애플리케이션 아키텍처 스타일을 말한다. 마이크로서비스 아키텍처는 다음과 같은 원칙을 따른다.

- 큰 모놀리틱 아키텍처의 애플리케이션을 소규모 서비스로 세분화한다.
- 마이크로서비스는 보통 하나의 기능이 있는 소규모 애플리케이션이다.
- API application programming interface 나 메시징을 통해 기능을 제공한다.
- 네트워크에 액세스할 수 있는 단일 서비스는 마이크로서비스 애플리케이션에 배포될 수 있는 가장 작은 단위다.
- 각 서비스는 운영체제 수준에서 자체적인 프로세스로 실행되며, 때때로 '컨테이너당 하나의 서비스'로 표현되는 마이크로서비스는 도커 Docker 컨테이너 또는 프로세스 경계를 설정하는 클라우드 파운드리 Cloud Foundry 런타임 같은 경량화된 배포 메커니즘 내에서 실행될 수 있다.
- 마이크로서비스마다 자체적인 데브옵스 파이프라인이 있어야 한다.
- 각 마이크로서비스는 확장할 수 있어야 한다.
- 일반적으로 마이크로서비스마다 자체 데이터베이스 또는 데이터 모델을 갖는다.

마이크로서비스를 모놀리틱 같은 이전 애플리케이션 스타일(그림 5.7 참조)과 비교하면 유용한 경우가 많다. 모놀리틱 애플리케이션은 특정한 운영상의 필요에 따라 성장해왔다. 서버 셋업 시간이 많이 소요되는 경우에는 모든 애플리케이션의 복사본을 실행하도록 애플리케이션 서버 소프트웨어를 최적화하는 것이 좋다. 그러나 각각의 애플리케이션 규모가 커질수록 취약해지므로 새로운 기능을 구현하기가 더 어려워진다는 점은 참작해야 한다.

마틴 파울러 Martin Fowler 의 마이크로서비스에 관한 포스트(https://martinfowler.com/articles/microservices.html)를 통해 이러한 패턴에 대한 정보를 얻을 수 있다. 또한 IBM의 관련 웹 페이지(https://www.ibm.com/cloud/garage/content/architecture/microservices)에서도 이 주제에 관한 간단한 소개를 참고할 수 있다.

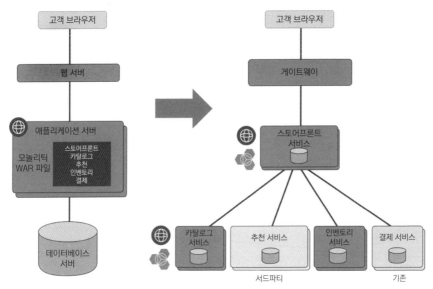

▲ 그림 5.7 모놀리틱 아키텍처와 마이크로서비스 아키텍처의 비교

레퍼런스 아키텍처 예시

레퍼런스 아키텍처는 개발자와 관리자가 솔루션을 완전히 구축할 수 있도록 돕는 청사진의 시작점이 되어야 한다. 그림 5.8은 마이크로서비스 레퍼런스 아키텍처에서 고려해야 할 영역의 전체적인 그림을 설명하는 다이어그램이다. 해당 다이어그램은 IBM의 클라우드 아키텍처 센터(https://ibm.com/devops/method/content/architecture/microservices/0_1)에서 가져왔다.

그림 5.8은 운영 환경에 적합한 마이크로서비스를 구현하는 데 필요한 다양한 계층을 설명한다. 그림 5.8과 같은 최상위 다이어그램을 통해 모든 레퍼런스 아키텍처의 각기 다른 개념들을 설명하는 것이 일반적이다. 다음 절에서는 각 계층을 더 자세히 설명한다.

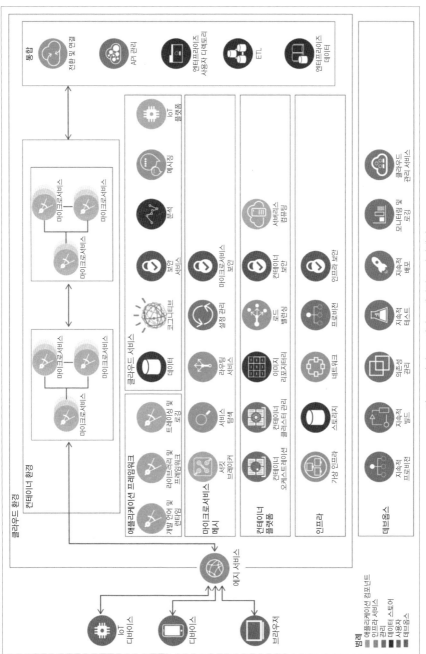

▲ 그림 5.8 마이크로서비스 레퍼런스 아키텍처

컨테이너 지원

마이크로서비스 아키텍처는 컨테이너를 실행하고 조정하는 기능을 해야 한다. 컨테이너는 마이크로서비스를 가능케 하는 핵심 기술이다.

- **컨테이너 환경**: 컨테이너 환경은 마이크로서비스가 실행되는 곳이다. 컨테이너 환경은 일반적으로 도커 이미지를 기본으로 하지만, 클라우드 파운드리 같은 컨테이너나 아파치 오픈위스크^{Apache OpenWhisk} 같은 서버리스^{serverless} 패러다임의 컴퓨팅 환경을 기반으로 둘 수도 있다.
- **마이크로서비스**: 컨테이너 내에서 실행되는 애플리케이션의 코드 인스턴스다.
- **레플리카**^{replicas}: 확장 용도로 사용되는 복수 마이크로서비스의 사본이다.

애플리케이션 프레임워크

마이크로서비스 아키텍처는 애플리케이션 개발에 필요한 지원을 해야 한다. 이러한 지원에는 개발자가 애플리케이션을 구축하고 실행하는 데 필요한 모든 것이 포함된다.

- **개발 언어 및 런타임**: 마이크로서비스 코드는 자바^{Java}, NodeJS, 스위프트^{Swift} 같은 개발 언어로 작성될 수 있다. 개발 언어는 클라우드 파운드리의 빌드팩^{buildpack}과 같이 공급업체가 제공한 환경 또는 오픈소스 런타임 환경을 통해 지원된다. 이러한 런타임 환경은 톰캣^{Tomcat} 또는 오픈 리버티^{Open Liberty} 같은 애플리케이션 서버 또는 스프링 부트^{Spring Boot}와 같이 자체 내장된 런타임 환경을 기반으로 한다.
- **라이브러리 및 프레임워크**: 마이크로서비스 애플리케이션은 애플리케이션 아키텍처에 의해 생성된 애플리케이션 프레임워크와 라이브러리가 필요하다. 이러한 라이브러리 및 프레임워크의 예는 다음과 같다.
  - JAX-RS 같은 REST 프레임워크

- □ 스프링Spring 같은 의존성 주입DI, dependency injection 10 프레임워크
- □ JUnit 같은 단위 시험 프레임워크
- □ Zipkin 같은 트레이싱 및 로깅 프레임워크
- **클라우드 서비스**: 마이크로서비스 애플리케이션은 데이터베이스, 캐시, 분석 보안 및 메시징 같은 다양한 클라우드 서비스에 접근할 수 있다. IBM 클라우드 카탈로그에서 이와 관련된 예시를 볼 수 있다(https://console.bluemix.net/catalog/).

마이크로서비스 메시(서비스 패브릭)

마이크로서비스 아키텍처는 마이크로서비스가 서로 통신할 수 있는 일련의 기능을 제공해야 한다. 서비스 패브릭에서 지원해야 하는 기능의 예시는 다음과 같다.

- **서비스 탐색**: 마이크로서비스를 검색하고 호출할 수 있는 기능(쿠버네티스 DNSdomain-name service 서비스 및 이스티오Istio 서비스 검색 등)
- **라우팅 서비스**: 정책, 접근 통제, 속도 제한 및 할당량을 기반으로 하는 지능형 라우팅 서비스(이스티오 프레임워크 등)
- **마이크로서비스 보안**: 클러스터 서비스 간에 강한 신원 주장assertion을 하는 안전한 서비스 간 인증 같은 마이크로서비스의 보안 기능(이스티오 같은 프레임워크에서 이 계층을 제공)
- **서킷 브레이커circuit breaker 11**: 작동하지 않는 서비스에 대한 요청을 차단하고 대체 조치를 하는 기능(이스티오, 히스트릭스Hystrix, 페일세이프Failsafe 프레임워크 등)
- **설정 서비스configuration service**: 애플리케이션에서 설정 데이터를 외부화하는 기능으로, 쿠버네티스 같은 컨테이너 조정 엔진이나 스프링 같은 프레임워크의 일부 기능으로 사용 가능

---

10 의존성 주입은 프로그래밍에서 구성요소 간의 의존관계가 소스 코드 내부가 아닌 외부의 설정 파일 등을 통해 정의되는 디자인 패턴 중의 하나다. – 옮긴이

11 서킷 브레이커는 화재 예방용 누전 차단기처럼 마이크로서비스 간 장애가 확산하는 것을 방지하는 역할을 하며, 넷플릭스는 오픈소스인 히스트릭스(Hystrix) 도입을 통해 마이크로서비스로의 전환에 성공한 바 있다. – 옮긴이

컨테이너 플랫폼

컨테이너 플랫폼^{container platform}은 컨테이너화된 애플리케이션의 배포, 확장 및 관리를 자동화하기 위한 시스템이다. 블루믹스^{Bluemix} 컨테이너 서비스나 IBM 클라우드 프라이빗^{Cloud Private} 같은 쿠버네티스 프레임워크를 기반으로 구축된 플랫폼 등이 그 예시다. 컨테이너 플랫폼은 다음과 같은 서비스를 제공해야 한다.

- **컨테이너 오케스트레이션**^{container orchestration} : 복수의 컨테이너를 배포하기 위한 자동화
- **컨테이너 클러스터 관리**: 서비스를 통한 컨테이너 환경 관리
- **컨테이너 보안**: 시크릿^{secret} 및 키 관리, 컨테이너 탐색 및 프라이빗 컨테이너 같은 컨테이너 기반 애플리케이션에 필요한 보안 기능
- **로드밸런서**^{load balancer} : 실행 중인 컨테이너에 유입되는 트래픽을 로드 밸런싱하는 기능
- **이미지 리포지터리**^{image repository} : 컨테이너를 실행하는 데 사용되는 도커 이미지를 저장하는 곳
- **서버리스 컴퓨팅**^{serverless computing} : 기본 컨테이너 및 서버 계층을 은닉하여 개발자가 이벤트 핸들러로 코드를 배포해 매니지드^{managed} 방식으로 실행할 수 있는 환경(아파치 오픈위스크^{Apache OpenWhisk} 등)

인프라스트럭처

컨테이너 플랫폼은 독립적이지 않으며, 인프라^{infrastructure} 서비스는 컨테이너 플랫폼이 작동하는 데 필요한 기본 클라우드 컴퓨팅, 네트워킹 및 스토리지 기능을 제공한다.

- **가상 인프라**^{virtual infrastructure} : 컨테이너는 가상 머신 또는 베어메탈^{bare metal} 머신에서 실행된다. 매니지드 컨테이너 환경에서는 가상 인프라 계층이 추상화될 수 있다.
- **스토리지**^{storage} : 컨테이너에는 데이터를 객체나 블록 스토리지를 통해 저장할

수 있는 기능이 필요하다.

- **네트워크**^{network} : 컨테이너 간 통신이 가능해야 하며, 컨테이너 보안을 구현하기 위해 기본 인프라는 격리된 네트워크 및 네트워크 정책을 정의할 수 있어야 한다.
- **프로비전**^{provision} : 가상 머신 등 가상화 환경에서 실행 중 새로운 가상 머신 이미지를 제공할 방법이 필요하다.

통합

마이크로서비스 기반 애플리케이션은 온프레미스나 다른 클라우드, 또는 네트워크의 시스템과 통신할 수 있어야 한다. 이러한 시스템을 불러오려면 다양한 유형의 통합 기술이 필요하다.

- **변환**^{transformation} **및 연결**^{connectivity} : 엔터프라이즈 시스템에 대한 안전한 연결을 수행한다. 가상 사설망^{VPN, virtual private network} 서비스와 함께 API 관리가 핵심이나, 이동 중인 데이터는 연결하거나 변환할 필요가 없다. 데이터베이스 추출-변환-로드^{ETL, Extract-Transform-Load} 도구의 영역인 유휴 데이터도 변환해야 하는 경우가 많다.
- **에지 서비스**^{edge service} : 에지 서비스는 다른 클라우드 서비스나 마이크로서비스 이용자에게 필요한 보안 및 인프라 도구다. 에지 서비스의 예로는 CDN^{Content Delivery Network}이 있다.

데브옵스

데브옵스^{DevOps}는 성공적인 마이크로서비스 애플리케이션을 위해 필수적이다. 데브옵스는 운영 중심적 측면과 개발 중심적 측면으로 구성됐다. 데브옵스 아키텍처에는 개발 측면을 비롯한 몇 가지 기능이 있다.

- **지속적인 프로비전**: VM웨어 환경에서 쿠버네티스 클러스터를 생성하는 것과 같은 기본 가상화 및 계측^{instrumenting}

- **지속적 빌드**: 개발에 필요한 도커 이미지를 지속적으로 빌드
- **의존성 관리**: 빌드 프로세스 중에 의존성을 자동으로 가져오는 도구(그래들 Gradle, 메이븐Maven, npm에서 자바 이용)
- **지속적 테스트**: 단위 테스트 호출invocation 자동화
- **지속적 배포**: 개별 마이크로서비스를 컨테이너 클러스터에 배포하는 기능

다음의 두 가지 운영 관련 주제는 9장에서 자세히 다룰 것이다.

- **모니터링 및 로깅**: 시스템을 디버깅하고 문제의 근본 원인을 파악하기 위해 기본 모니터링 및 로깅 체계가 필요하다.
- **클라우드 관리 서비스**: 클라우드 관리는 이벤트 관리 도구나 통지notification 도구 같은 다양한 도구를 포함한 필수적인 내용이다. 클라우드 관리 아키텍처 및 서비스 세트는 9장에서 자세히 다룬다.

레퍼런스 구현

5장 도입부에서 설명했듯이, 설계자는 솔루션 구축을 위한 청사진을 작성해야 한다. 레퍼런스의 구현 없이 개발자가 레퍼런스 아키텍처를 도입하는 것은 어렵다. 핵심은 레퍼런스 애플리케이션 구축에 관련된 세부적인 정보를 제공하는 것이다. 개발자는 가장 까다로운 구성원 중 하나이지만, 현대화된 개발 프로젝트에서 개발자는 권한을 갖고 있다. 그러므로 코드 등을 통해 개발자들에게 레퍼런스 아키텍처가 가치 있다는 것을 설득해야 한다. 다음은 개발자를 설득하기 어려운 몇 가지 이유다.

- 개발자는 자신의 기술과 틀에 확고한 신념을 갖고 있다. 더 나은 방법을 보여주지 않는 한 그들은 기존 방법을 고수하려고 한다.
- 개발자는 자신의 코딩 방법보다 더 나은 방법은 없다고 생각한다. 따라서 개발자에게 새로운 패턴과 기술이 더 효율적이거나 생산적이라는 사실을 인식시킬 필요가 있다.

- 개발자의 시선에 맞출 필요가 있다. 개발자들은 깃허브^{GitHub}나 스택 오버플로^{Stack Overflow} 같은 커뮤니티에서 활동한다. 따라서 이러한 커뮤니티를 통해 예시 및 레퍼런스 아키텍처를 제공한다면 개발자가 이를 활용할 확률이 높다.

IBM 클라우드 아키텍처 센터에서는 코드와 문서를 깃허브에 저장하고 있다. 개발자 대부분은 깃 리포지터리를 복제해 코드를 즉시 다운로드하여 바로 접근하고자 한다. 아키텍처에 관한 링크는 다음과 같다.

https://github.com/ibm-cloud-architecture/refarch-cloudnative-kubernetes

다음은 초급자용 가이드 튜토리얼이다.

https://www.ibm.com/cloud/garage/tutorials/microservices-app-on-kubernetes

어떻게 정보를 제공하느냐에 따라 개발자가 해당 기술을 활용할지 여부가 결정되며, 이를 위해 여러 가지 방법이 동원돼야 한다. 레퍼런스는 개발자가 문제를 해결할 수 있도록 자세히 설명하면서도 활용하기 쉽게 구현해야 한다. 그림 5.9는 아키텍처 레퍼런스 구현 예시를 보여준다.

그림 5.9의 레퍼런스 구현 예시는 "어떤 애플리케이션 구성요소가 필요한가?"와 같은 질문에 답한다. 그림 5.10은 마이크로서비스 애플리케이션에서 사용되는 개발 스택의 예시다.

레퍼런스 구현에서 사용하는 모든 기술 선택의 세부적인 사항을 설명하는 것은 이 책의 범위를 벗어난다. 대신 이 책에서는 개발 스택의 예시를 제공하고 있으며, 실제 레퍼런스를 구현할 때는 세부적인 수준까지 고려해야 한다.

레퍼런스 구현은 그림 5.11과 같이 배포에 대한 지침을 주어야 하며, IBM 마이크로서비스 레퍼런스 아키텍처 깃허브 리포지터리의 지침 페이지에서 쿠버네티스에 애플리케이션을 배포하는 여러 방법을 찾아볼 수 있다.

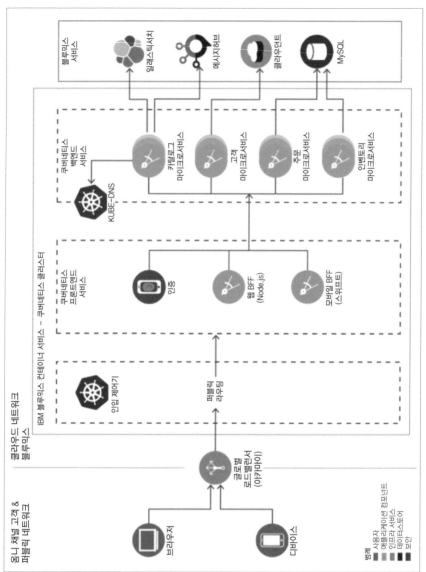

옴니 채널 고객 & 퍼블릭 네트워크

클라우드 네트워크
블루믹스

IBM 블루믹스 컨테이너 서비스 – 쿠버네티스 클러스터

블루믹스 서비스

일래스틱서치

메시지허브

클라우던트

MySQL

쿠버네티스 백엔드 서비스

게이트로그 마이크로서비스

고객 마이크로서비스

주문 마이크로서비스

인벤토리 마이크로서비스

KUBE-DNS

쿠버네티스 프론트엔드 서비스

인증

웹 BFF (Node.js)

모바일 BFF (스위프트)

인입 제어기

퍼블릭 라우팅

글로벌 로드 밸런서 (아카마이)

브라우저

디바이스

범례
사용자
애플리케이션 컴포넌트
인프라 서비스
데이터스토어
보안

▲ 그림 5.9 레퍼런스 구현

142

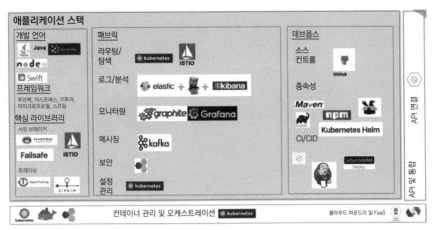

애플리케이션 스택

개발 언어	패브릭	데브옵스
Java	라우팅/탐색	소스 컨트롤
node	kubernetes ISTIO	GitHub
Swift	로그/분석	종속성
프레임워크	elastic + kibana	Maven npm
루프백, 익스프레스, 키투라, 마이크로프로필, 스프링	모니터링	Kubernetes Helm
핵심 라이브러리	graphite Grafana	CI/CID
서킷 브레이커	메시징	
HYSTRIX	kafka	
Failsafe ISTIO	보안	urban{code} Deploy
트레이싱		
OpenTracing ZIPKIN	설정 관리 kubernetes	

| 컨테이너 관리 및 오케스트레이션 kubernetes | 클라우드 파운드리 및 FaaS |

▲ 그림 5.10 배포 스택

쿠버네티스 클러스터 생성

다음의 클러스터는 아래의 샘플 애플리케이션으로 테스트됐다.

- 미니큐브(minikube) – 워크스테이션에 단일 노드 가상 클러스터 생성

  미니큐브는 기본적으로 2048M RAM으로 설정되어 있으나 애플리케이션을 동작하기에는 충분치 않다. 8G 할당 명령어:

  ```
  $ minikube start --memory 8192
  ```

  인입 제어기(ingress controller) 실행 명령어:

  ```
  $ minikube addons enable ingress
  ```

- IBM 블루믹스 컨테이너 서비스 – IBM 클라우드에 쿠버네티스 클러스터를 생성한다. 애플리케이션은 무료인 라이트(Lite) 클러스터에서 실행된다. 여기를 참조하라.

- IBM 클라우드 프라이빗 – 온프레미스 데이터 센터에 쿠버네티스 클러스터를 생성한다. 커뮤니티 에디션(IBM 클라우드 프라이빗 커뮤니티 에디션)은 무료다. IBM 클라우드 프라이빗 커뮤니티 에디션의 설치 가이드는 여기를 참조하라.

▲ 그림 5.11 배포 옵션

데브옵스 구현

데브옵스, 특히 자동화된 지속적 통합 및 배포CI/CD, continuous integration and continuous deployment는 클라우드 네이티브 마이크로서비스 스타일 애플리케이션에 있어 중요한 요소다. 그림 5.12는 쿠버네티스 기반 애플리케이션을 배포하기 위해 쿠버네티스 환

경에서 젠킨스^{Jenkins} 구성을 실행하는 아키텍처를 보여준다(https://github.com/ibm-cloud-architecture/refarch-cloudnative-devops-kubernetes#introduction 참조).

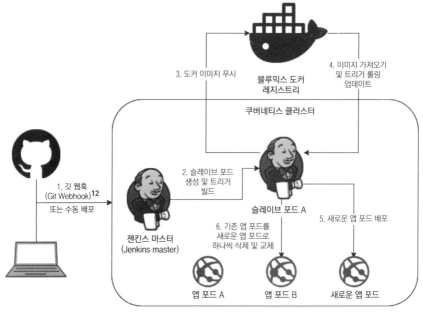

▲ 그림 5.12 지속적인 빌드 및 배포

이러한 데브옵스 아키텍처는 사용되는 도구(예: 젠킨스, 헬름^{Helm})와 지속적 빌드 및 배포를 위한 파이프라인을 구성하는 방법을 설명한다.

복원력 패턴

올바른 역할에 대한 아티팩트 생성의 중요성을 설명하기 위한 예시로 5장 시작 부분의 '레퍼런스 아키텍처의 구성요소' 절에서 복원력이라는 단어를 사용한 바 있다.

레퍼런스 아키텍처는 운영 적용을 위한 지침을 제공해야 하며, 세부사항에 대한 지침을 주어야 한다. 이 장 앞부분에 있는 그림 5.6은 고가용성 및 페일오버^{failover}를

---

12 웹 개발에서의 웹훅은 사용자 정의 콜백을 이용해 웹 페이지 또는 웹 애플리케이션의 동작을 보강하거나 변경하는 방법을 뜻한다. – 옮긴이

위해 배포된 레퍼런스 애플리케이션의 예를 보여준다. 그림 5.6은 마이크로서비스의 다중 인스턴스 필요성 및 컨테이너 환경과 여러 클라우드에 걸친 글로벌 수준의 로드밸런서 필요성과 같은 주제를 다루고 있다.

보안

레퍼런스 아키텍처 및 구현에는 솔루션의 보안 측면에서 구현에 필요한 세부사항이 있어야 한다. 예를 들어, 깃허브 페이지(https://github.com/ibm-cloud-architecture/refarch-cloudnative/blob/master/static/security.md)에서는 주요 기능을 구현하는 방법에 대한 세부사항을 보여주고 있다.

6장에서는 보안 및 컴플라이언스에 관해 자세히 설명한다.

관리

레퍼런스 아키텍처의 또 다른 주요 측면은 솔루션을 구축한 후 이를 어떻게 운영하고 관리하는가이다. 빌드 시간 동안 수행되는 수많은 작업이 시스템을 실행하는 데 중요하다. 10장에서 이러한 주제를 자세히 설명하므로 여기서는 자세히 설명하지 않겠으나, 레퍼런스 구현은 특정 애플리케이션의 운영 수행 방법에 관련된 세부 정보를 제공해야 한다는 점을 주지할 필요가 있다. 운영자나 개발자가 대시보드를 만들고 애플리케이션을 모니터링 시스템과 통합하는 방법은 https://github.com/ibm-cloud-architecture/refarch-cloudnative-kubernetes-csmo를 예시로 참조할 수 있다.

정리

5장에서는 현대화된 클라우드 프로젝트에서 설계자의 역할에 대해 논의했으며, 워크로드 분석과 클라우드 프로젝트에서 엔터프라이즈 설계자의 역할에 대해서도 논의했다. 또한 이 장에서는 설계자가 개발을 간소화하기 위해 실행 가능한 코드를 사용하여 처음부터 끝까지 개발자와 운영자에게 가시적인 지침을 제공하는 방법에 중점을 두었다. 마지막으로, 애플리케이션에 대해 현대화된 마이크로서비스 접근 방식을 활용하는 방법의 전반적인 예제를 보여줬다. 다음 장에서는 클라우드 도입 시 보안 및 컴플라이언스의 중요성을 설명한다.

6 보안 및 컴플라이언스

보안과 컴플라이언스는 가장 이해하기 어려우면서도 모든 애플리케이션에 중요한 두 가지 요구사항이다. 보안과 컴플라이언스 이슈는 애플리케이션 개발, 배포 및 운영 등 모든 측면과 관련된다. 클라우드로 전환을 계획할 때 누구나 어떻게 하면 보안과 컴플라이언스를 가장 효과적으로 구현할 수 있을지 고민하지만, 최고정보보호책임자CISO 보다 더 많은 고민을 하는 사람은 없을 것이다.

CISO에게 클라우드란 무엇인가?

대규모 조직에서 CISO는 가장 꺼리는 자리다. 대다수의 개발 팀은 CISO를 단순히 신규 도구나 신규 배포 옵션 및 업무에서 구현하고자 하는 개선사항을 거절하는 사람으로 본다. 그러나 개발자들이 CISO의 처지를 이해하기 위해 단 몇 분이라도 투자한다면 완전히 다른 시각으로 CISO를 보게 될 것이다.

개발자들에게 CISO의 업무는 안 된다고 말하는 것만 있는 것처럼 보이겠지만, 사실 그것은 CISO의 역할 중 극히 일부분에 불과하다. CISO는 서버, 네트워크, 프로그램 및 데이터를 포함한 회사의 기술 자산이 원치 않는 침입, 유출 및 오용으로부터 안전함을 보증할 책임이 있다. 이는 매우 광범위한 업무로 IT 보안 대책을 어떻게 실시할지에 관한 비전을 수립하는 것에서부터 시작한다.

클라우드 기술은 점점 더 비전과 IT 보안 대책 이행의 중요한 부분이 되고 있다. 신기술, 특히 클라우드에 대한 우려를 너무 가볍게 여기는 사람이 아니라면 일반적으로 CISO는 다음과 같은 네 가지 질문을 할 것이다.

- 해당 기술과 관련된 컴플라이언스 및 감사 가능성은 어떠한가?
- 해당 기술은 데이터 유출 및 손실 방지에 있어 어떤 영향을 줄 수 있는가?
- 해당 기술은 분산 서비스 거부 공격[DDoS, distributed denial of service] 등 네트워크 공격을 보호하는 데 어떤 도움을 줄 수 있는가?
- 어떻게 신원을 관리하며, 클라우드 애플리케이션에 대한 사용자 접근을 통제할 수 있는가?

CISO가 추가로 할 수 있는 질문은 다음과 같다.

- 안전한 클라우드 네이티브 개발 프로세스 및 배포는 어떻게 이뤄지는가?
- 인력, 절차, 도구 및 접근 방식이 변경되는 것은 아닌가?
- 클라우드 환경 및 애플리케이션에 대한 가시성을 얻기 위해서는 어떻게 해야 하는가?

안전한 클라우드 네이티브 개발 및 배포를 논의하기 전에 먼저 마지막 질문에 대해 살펴본 뒤 나머지 우려사항을 하나씩 살펴보기로 한다.

인력, 절차, 도구 및 접근 방식이 변하는가?

첫 번째 질문인 절차, 도구 및 접근 방법이 변하는지는 종종 다뤄지지도 않는 질문이다. 사람들은 일반적으로 상황이 변하지 않으리라 생각한다. 클라우드를 도입하려면 반드시 이 문제를 고민할 필요가 있다. 보안 팀은 물리적, 기술적 도구를 가지고 업무를 수행하지만, 이러한 도구들은 사전에 반드시 검토해야 하는 일련의 가정을 기반으로 한다.

가정 #1: 물리적 하드웨어 수준까지 접근, 보안 및 기밀성에 대한 통제가 가능하다

이처럼 명백하지만 광범위한 가정에 따라 많은 보안 절차 수립과 도구 선택이 필요하다. 클라우드 환경에서 사용자는 물리적 계층까지 통제하지 않는다. IaaS[Infrastructure as a Service] 환경에서도 물리적 하드웨어를 제어할 수 없으며, 물리적 인프라 및 가상 하이퍼바이저에서 작동하는 가상 머신만 제어할 수 있다. PaaS[Platform as a Service], CaaS[Containers as a Service], FaaS[Function as a Service] 같은 상위 계층으로 갈수록 물리적 계층이 더욱 추상화되어 통제권이 줄어든다. 이는 클라우드 제공자가 물리적 계층을 담당하기 때문이며 솔루션을 구축하는 방식에도 영향을 미친다.

클라우드 제공자가 공급하는 FaaS가 특정 산업 표준에 맞지 않거나 클라우드 제공자의 모든 데이터 센터에서 사용할 수 있는 것이 아니라면, 애플리케이션의 설계를 변경하거나 클라우드 제공자의 IaaS 내에 아파치 오픈위스크 같은 FaaS를 자체적으로 설치하고 관리해야 할 수도 있다.

가정 #2: 모든 것이 네트워크 내에 포함되어 있다

물리적 방법과 소프트웨어를 통해 기업으로의 네트워크 접근을 통제하는 것은 정보 보안의 기본 중 하나다. 그러나 클라우드에서 이러한 가정은 맞지 않으며 네트워크를 통제하는 것은 사용자의 몫이 아니다. 사용자는 단지 다른 네트워크 및 하드웨어에 물리적 연결만 하면 되며, 라우터 및 스위치를 비롯해 때에 따라서는 방화벽까지 사용자의 통제 범위 밖에 있기도 하다. 대신 사용자는 기업의 기존 물리 네트워크와 클라우드 제공자 네트워크 및 인터넷 간의 연결을 고민해야 한다. 기존 MPLS[Multi-Protocol Label Switching][1]를 통해 네트워크에 연결된 가상 사설 클라우드[VPC, virtual private

---

1 통신망을 통해 전송되는 프레임이나 패킷 앞에 레이블이라는 식별자를 부가해 전송함으로써, 통신을 고속화하고 추가 기능 실현이 가능하도록 하는 기술 – 옮긴이

cloud를 활용해서 클라우드 제공자가 네트워크를 확장하는 것조차도 실제 사용자의 네트워크가 아닌 기존 네트워크의 오버레이다.[2] 오버레이를 가능케 하는 소프트웨어 정의 네트워크SDN, Software Defined Networking 같은 기술에는 사용자가 알아야 하는 특정 제약사항 등이 있어 네트워크 트래픽을 관리하거나 제어하는 방식이 바뀔 수 있다.

예를 들어, 클라우드 제공자가 물리 네트워크에 하드웨어 스니퍼를 연결하는 것을 허용하지 않을 수 있다. 사용자는 정책에 따라 트래픽이 유동적이며 통제되고 있는지 확인할 수 있는 다른 방법을 고려해야 한다.

가정 #3: 보안 부서가 모든 책임을 진다

이러한 가정은 사용자가 클라우드 제공자에게 요구해야 하는 인증과 감사의 특정 요구사항을 충족시킨다. 중요한 점은 클라우드 서비스를 활용하기 시작하면서 보안 부서의 역할도 변한다는 것이다. 서비스 제공자의 역할은 배관공이나 전기공에 비유할 수 있다. 이제는 클라우드 서비스의 소비자로서 특정 규정과 업계 표준을 준수하기 위해 더 많은 시간과 노력을 들이는 종합 건설업자가 돼야 한다. 반드시 지켜야 할 표준으로는 데이터를 적절히 통제하고 있음을 보장하기 위한 SOC 1, 2, 3 및 표준화된 위험 관리 프로세스를 보장하기 위한 ISO 31000, 개인정보를 적절히 통제하고 있음을 보장하기 위한 ISO 27018 등이 있다.

가정 #4: 모든 데이터는 로컬에 저장돼야 한다

이는 명백한 가정이지만 놀랍게도 해결하기는 어렵다. 클라우드 제공자는 여러 위치에서 복수의 데이터 센터를 제공하지만, 모든 솔루션에 대해 특정 위치에서 특정 클라우드 제공자가 제공하는 데이터 센터를 사용할 수 있다고 단언하기 어렵다. 데이터가 분산되어 저장되는 상황에서는 개인정보보호 및 데이터 현지화 규정을 준수하기가 어렵다. 이러한 데이터 규제는 모든 러시아인의 개인정보는 자국 서버에만 저장해야 한다는 러시아의 제한적인 규제에서부터 정부의 데이터만 국경 내에 저장돼

---

2 오버레이 네트워크는 기존 네트워크를 바탕으로 그 위에 구성된 또 다른 네트워크를 의미한다. - 옮긴이

야 한다고 요구하는 나이지리아의 덜 제한적인 규제에 이르기까지 다양하다.

다국적 기업을 운영하는 경우라면 하이브리드나 멀티클라우드를 솔루션으로 택해야 하며, 당연히 멀티클라우드나 하이브리드 솔루션이 적용 가능한지 확인하기 위해 설계 팀과 긴밀하게 협력해야 한다. 핵심은 벤더가 사용하는 사실상의 표준이 아닌 업계 표준에 따라 업무를 수행해야 한다는 것이다.

가정 #5: 개발자는 보안 전문가가 되어야 한다

전통적인 엔터프라이즈 아키텍처에서는 대개 운영 팀이나 보안 팀이 보안을 맡게 된다. 운영 팀은 이미 인프라를 관리하기 때문에 운영 팀이 컴퓨팅, 네트워크, 스토리지 및 애플리케이션 스택의 취약점을 모니터링하는 것이 합리적인 것처럼 보인다. 보안이 애플리케이션 초기 설계 단계에서 검토되는 것이 아닌 사후 운영 단계에서 고려되는 것이다.

클라우드 네이티브 개발의 새로운 분야에서는 개발자들이 다른 비기능 요구사항과 마찬가지로 애플리케이션 코드와 함께 보안을 구현할 필요가 있다. 5장에서 아키텍처에 관해 설명한 것처럼 새로운 코드와 기능을 구현하기 위해서는 지속적인 통합과 배포 파이프라인이 핵심이다. 이러한 작업을 안전하게 수행하고 애플리케이션에 취약점이 없는지 확인하는 것은 개발자가 일정 부분 보안에 대해서도 책임을 져야 한다는 의미다.

개발자가 이러한 작업을 수행하기 위해 전담 보안 전문가가 될 필요는 없다. 대신 클라우드 플랫폼에서 제공하는 강화되고 검증된 보안 서비스를 활용할 수 있다. 인증 관련 기능을 애플리케이션에 통합하고자 하는 경우 개발자가 별도의 코드를 작성할 필요가 없으며, 적절하게 구성된 클라우드의 인증 서비스를 통해 인증 기능을 코드에 추가하는 것이 더 좋은 방법이다.

마찬가지로 개발자는 클라우드에서 이용할 수 있는 보안 서비스를 이용해 네트워크 정책 구성, 취약한 애플리케이션 스캐닝 등의 작업을 할 수 있다.

앞서 제기한 가정들은 기업에서 모든 통제권을 갖는다고 생각하고 일반적으로 제기할 수 있는 가정의 예시에 불과하다. 그렇기에 보안 팀의 역할에 대해 고민하는 것이 중요하다. 클라우드의 일부는 통제가 아예 불가능하다. 예를 들어, 클라우드 제공자는 서비스를 자주 변경하며 어떤 것이 고정적일지 예측하기란 어렵다. 중요한 건 상대를 서비스 제공업체가 아니라 일반적인 계약 상대로 바꾸어 바라봐야 한다는 것이다. 대립하는 관계가 아닌 파트너로서 클라우드 제공자들과 긴밀하게 협력해야 한다.

클라우드 도입이 컴플라이언스 이슈에 미치는 영향은 무엇인가?

사용자와 클라우드 제공자에게 감사와 컴플라이언스 통제 이슈는 점점 더 중요해지고 있다. 감사자와 위험 관리자는 조직의 보안 정책, 업계 표준 및 위험 관리 정책에 대해 구현된 통제를 검증하고 위반이 발생하는 경우 이를 보고해야 한다. 컴플라이언스는 HIPPA, GDPR 등의 규정과 FIPS 등의 인증, FISMA, PCI 등의 프레임워크로 정의된다.

또한 사용자는 이러한 규정, 인증, 프레임워크에 요구사항을 추가할 수도 있다. 특정 표준을 적용하는 것은 특정 업계에서는 의무이며, 자동화된 보고 도구는 사용자가 이러한 표준을 준수하고 있음을 확인하는 데 도움을 줄 수 있다. 왓슨^{Watson}의 IBM 규정 준수 분석^{Regulatory Compliance Analytics} 같은 도구를 사용하면 보안 팀이 이러한 규정을 이해하는 데 도움을 준다. 다만, 클라우드 소비자는 클라우드 제공자가 전반적인 워크로드에 대한 컴플라이언스 평가에 어떻게 대응하는지도 알아둬야 한다.

클라우드 소비자는 클라우드 제공자와 협력해 컴플라이언스 준수 요건을 관리할 필요가 있다. 각기 다른 표준은 다른 수준의 조치를 요구하며, 클라우드 제공자가 아닌 사용자에게 컴플라이언스 준수에 대한 입증 책임을 묻는다.

지불카드 보안 표준^{PCI-DSS, Payment Card Industry Data Security Standard} 인증에 대해 생각해보자. 솔루션의 PCI 인증은 외부의 적격한 보안 평가원의 감사 절차에 따라 수행된다. PCI 인증의 문제점은 평가가 각 구성요소에서 수행되는 게 아니라 최종 사용자의 솔루션에서 수행된다는 점이다. 즉, 신용카드 데이터 수신, 전송 또는 전송할 수 있는 시스템 등 모든 부분이 평가 범위에 포함된다.

따라서 클라우드 제공자는 제품에 대해 완벽한 PCI 인증을 수행하지 않고 설문지를 통한 PCI 자체 평가 방법으로 평가를 수행한다. 모든 솔루션을 온전하게 인증해야 하는 부담은 클라우드 소비자에게 있다. IBM을 포함한 대부분의 클라우드 제공자는 PCI 인증을 수행하는 데 도움을 줄 수 있는 보안 팀이 있으나, 이러한 절차는 복잡하고 저렴하지도 않다.

다양한 업계의 기준이 데이터 보호에 대해 다루고 있으나 최근의 새로운 규제는 흥미로운 부분이 있다. GDPR^{General Data Protection Rule}(일반 데이터 보호법)은 2018년에 시행된 유럽연합의 규제다. GDPR은 정보 주체(자신의 데이터가 저장된 사람들)가 데이터 열람을 요청하고, 변경 및 수정을 요청하거나, 잊힐 권리를 요구하는 등의 권한에 중점을 두고 있다. GDPR은 데이터 프로세서에 완전히 투명한 데이터 처리를 요구하며, 위반 및 미준수에 따른 엄격한 처벌을 규정하고 있다.

향후 개인정보 규제의 선구적인 역할을 할 것으로 기대되는 GDPR에 따라 정보 주체가 저장된 정보를 열람하고, 수정이나 잊힐 권리를 요청할 수 있게 하는 애플리케이션의 신규 기능이 필요하다. 이를 위해서는 클라우드 제공자뿐만 아니라 설계 팀 및 개발 팀과의 긴밀한 협력이 필요하다.

다음으로 컴플라이언스 요건을 충족하기 위해 수행해야 할 작업을 결정해야 한다. 컴플라이언스 관리는 다음과 같은 일련의 활동으로 구성된다.

- 컴플라이언스 통제 정의 및 구현
- 적정성 모니터링 및 평가, 통제 위반이 발생하면 경고 알림
- 위반에 대한 평가 및 대응(자동화된 방법이 이상적임)
- 컴플라이언스 정보의 보고 및 문서화
- 프로세스 워크스루^{process walkthrough}[3] 및 증거 평가를 통한 내·외부 감사인의 검증

---

3 소프트웨어의 개발 과정 각 단계에서 서로 토의에 따라 소프트웨어 설계 등의 논리적인 오류를 밝혀내는 방법 – 옮긴이

컴플라이언스 관리 구현의 전체 단계에 대한 세부적 설명은 이 책의 범위를 벗어나지만, IBM 컴플라이언스 백서[4]에서 더 많은 정보를 찾아볼 수 있다.

데이터 유출 및 손실을 방지하는 방법은 무엇인가?

조직의 데이터는 대개 가장 중요한 자산이다. 데이터가 유실되거나 손상되거나 도난당하면 비즈니스에 엄청난 영향을 미칠 수 있다. 데이터가 전송 중이거나 저장되어 있거나 사용 중인 경우라도 무단 접근으로부터 데이터를 보호하기 위한 시스템을 갖춰야 한다.

데이터는 디스크, 테이프, SSD 및 기타 저장 매체에 물리적으로 저장된다. 데이터 저장 시 두 가지 취약점이 있는데, 하나는 적합한 접근 권한이 없는 사람이 데이터에 접근하거나 데이터를 삭제, 수정할 수 있다는 것이며, 다른 하나는 데이터가 이동식 미디어에 복사될 수 있다는 것이다. 취약점을 예방하기 위해서는 저장된 데이터를 암호화해야 한다. 데이터가 데이터베이스, 파일 또는 다른 형태로 저장되는지에 관계없이 해당 데이터를 관리하는 소프트웨어 또는 서비스는 데이터를 암호화하여 저장해야 한다.

전송 중인 데이터는 인터넷 또는 기업의 인트라넷 간 전송되는 데이터를 포함하여 저장 상태에서 이동 중인 데이터라 정의된다. 인터넷 프로토콜은 표준 암호화 방식인 TLS Transport Layer Security를 제공하며, TLS는 HTTPS 같은 고수준 프로토콜에 도입되어 널리 쓰이고 있다.

지금까지의 데이터 보호는 저장 및 전송 중인 데이터의 암호화에만 치중한 면이 있다. 그러나 클라우드가 등장하면서 컴퓨팅 인프라가 손상돼도 데이터를 안전하게 보호하고, 클라우드 제공자가 데이터에 접근할 수 없도록 사용 중인 데이터에 대한 암호화 기능도 필요해졌다. 인텔Intel의 SGXSoftware Guard Extensions[5] 같은 기술을 통해 하

---

4 Regulatory Compliance. https://www-01.ibm.com/software/analytics/regulatory-compliance.

5 CPU에 내장된 보안 관련 코드로서 데이터에 대한 접근 통제 등을 수행한다. - 옮긴이

드웨어 기반의 서버 보안을 구현하여 사용 중인 데이터도 보호할 수 있다. SGX 및 이와 유사한 기술을 통해 애플리케이션 개발자는 선택 코드와 데이터를 공개 또는 수정하지 못하도록 보호할 수 있다. 예를 들어, 사용 중인 데이터에 대한 보호가 필요한 경우 애플리케이션 또는 컨테이너를 IBM 클라우드의 SGX 기능 지원 서버에서 실행할 수 있다.

이러한 유형의 각 솔루션에는 암호화키를 통한 암호화가 기본적으로 구현되어 있다. 따라서 데이터의 암복호화에 키를 사용하는 것만큼이나 키를 안전하게 생성, 저장, 관리하는 것이 중요하다.

키 관리

이전 절에서 설명한 바와 같이 암호키를 사용해 암호화를 수행하면 데이터를 안전하게 보호할 수 있다. 다만, 키를 분실하거나 도난당하면 데이터를 암호화하지 않은 경우처럼 데이터 유출 사고가 발생할 수도 있다. 암호키뿐만 아니라 암호화되지 않은 데이터에 대해서도 마찬가지로 접근을 통제해야 한다. 따라서 키 관리는 목적 달성을 위한 핵심적 구성요소 또는 서비스라 할 수 있다.

키 관리 서비스를 이용하면 자체 루트키^{CRK, customer root key}라고 부르는 신뢰도 암호키^{root of trust encryption keys}를 서비스에 적용해 BYOK^{Bring Your Own Key}의 보안상 이점을 누릴 수 있다. 그런 뒤 CRK를 사용해 데이터 리소스와 관련된 키를 래핑(암호화) 및 래핑 해제(복호화)해 클라우드에서 암호화된 데이터의 보안을 제어할 수 있다.

키는 클라우드 기반 하드웨어 보안 모듈^{HSM, hardware security module}에 의해 보호된다. 이러한 HSM을 사용하면 연방정보보안관리표준^{Federal Information Processing Standards} 같은 규정의 요구사항을 충족할 수 있다. 키가 삭제되면 복구할 수 없으며, 해당 키로 암호화된 정보는 복구할 수 없게 된다. 애플리케이션을 개발할 때, 키 관리 서비스 제공자는 애플리케이션의 논리 구조와는 별개로 키를 생성, 저장, 검색 및 관리하기 위한 API^{application programming interface}를 개발한다.

인증서 관리

디지털 인증서는 안전하게 통신해야 하는 두 당사자가 신원을 인증하거나 서로 신원 확인 메시지를 보내거나 디지털 서명을 생성할 때 이동하는 데이터의 보호에 필수적이다. 일반적으로 인증서는 공개키 암호 방식의 일부로 구현된다. 공개키 암호 방식에서는 다른 사용자도 공개키를 사용할 수 있어야 하며, 전자적으로 서명된 인증서certificate에서도 사용될 수 있다. 무엇보다도 인증서는 디지털 인증서를 발행하는 주체로 인증서 관리 시스템의 일부이기도 한 인증기관CA, certification authority이 전자적으로 서명하는 사용자의 이름과 공개키를 포함한다. HTTPS 보안 사이트에 연결할 때 브라우저는 CA가 특정 도메인이나 하위 도메인에 발급한 해당 웹사이트의 SSLSecure Sockets Layer/TLS 인증서를 확인해 통신 중인 웹사이트가 정당한지 확인한다.

고수준에서 인증서 관리 시스템은 인증서를 중앙에서 저장하고 관리하는 서비스를 제공한다. 사용자 도메인에서 획득한 인증서를 CA에 업로드하면 서비스가 인증서를 암호화된 저장소에 저장하며, 모든 인증서와 사용 중인 인증서를 한눈에 볼 수 있다. 또한 인증서를 배포하거나 회수하려는 경우에는 서비스의 API를 사용해 작업을 자동화할 수 있다. API는 인증서가 만료되는 시점을 추적해 사용자가 제때 인증서를 갱신할 수 있도록 돕는다.

마지막으로, 키 관리 및 인증서 관리 서비스가 신원 및 접근 통제 서비스와 통합되어 있는지 확인할 필요가 있다. 예를 들어 IBM Key Protect 및 Certificate Manager는 IBM Cloud IAM과 통합되어 IAM 정책을 통해 키 또는 인증서에 대한 접근을 통제할 수 있다. 마찬가지로 IBM Cloud Activity Tracker를 사용하면 인증서 사용 및 관리 활동에 대한 감사를 수행할 수 있다.

데이터 암호화, 데이터 접근 제어, 키 관리 및 인증서 관리 등 클라우드 환경에서의 완벽한 데이터 보호를 구성하기 위해서는 상술한 바와 같은 요구사항들을 추가해야 한다. 또한 데이터 무결성이 전체 시스템에 미치는 영향도 고려해야 한다.

데이터 무결성

데이터 무결성은 데이터의 전체 라이프 사이클에서 데이터의 정확성과 일관성을 유지하고 보증하는 것을 의미한다. 이 책에서는 데이터 무결성data integrity을 외부의 침해로부터 정보를 보호하는 것으로 본다. 예를 들어, 해싱 값을 사용하면 데이터에서 언제 권한 없는 수정이 있었는지를 알 수 있다. 데이터베이스 관련 서비스에는 일반적으로 내장된 데이터 무결성 기능이 있다.

클라우드 솔루션을 검토할 때 데이터 무결성에 관해 고려해야 할 주요한 두 가지 측면은 다음과 같다.

첫 번째는 접근 제어와 감사라는 중요한 역할이다. 클라우드 솔루션을 구축하는 경우 클라우드 데이터베이스 솔루션에서 제공하는 기능 등을 활용해 모든 데이터 접근 및 업데이트가 기록되는지 확인해야 한다. 데이터 접근 권한과 이러한 권한을 얻는 사람에 대해 검토할 수도 있다. 이는 기존의 온프레미스 환경에서도 종종 취약한 부분으로, 공유된 시스템 ID에 애플리케이션에 의해 변경된 데이터를 업데이트 및 삭제할 수 있는 권한이 부여되는 경우가 많다. 감사 로그를 통해 데이터 변경 시각과 유형을 알 수 있지만, 변경에 대한 책임이 있는 사람을 특정하기는 어렵다. 이 문제를 해결하기 위해서는 실사용자 ID를 사용하거나 사용자 ID를 데이터베이스 레코드에 직접 삽입하는 등 좀 더 엄격한 정책을 적용해야 한다.

데이터 무결성을 보장하기 위한 두 번째 이슈는 백업과 복구다. 저장된 모든 데이터에 대해 정의된 백업 정책과 복구 시간 및 잠재적 데이터 손실에 대한 SLAservice-level agreement(서비스 수준 계약)가 있어야 한다. 나아가 데이터 백업이 암호화되어 있는지, 이 장 앞부분의 '키 관리' 절에서 서술한 내용에 따라 키가 관리되고 있으며 데이터 보호 관련 규제에 따라 백업이 이뤄지는지 확인해야 한다. 클라우드 서비스 구현의 세부적인 내용을 깊게 파고드는 것처럼 보일 수도 있지만, 이 모든 것은 실무에서 데이터를 안전하게 보호하고 데이터 무결성을 유지하는 데 필요한 사항들이다.

네트워크 취약점으로부터 보호하는 방법은 무엇인가?

공동 책임 모델[6]에서 클라우드 제공자는 물리적 라우터와 스위치 등 인프라 장비 관리 및 네트워크 케이블링 같은 네트워크 기반 관리를 담당한다.

클라우드 제공자의 인프라는 개별 VLAN$^{virtual\ local-area\ network}$을 통한 사용자 수준에서의 네트워크 격리 기능을 제공한다. 또한 클라우드 제공자는 사용자에게 네트워크나 시스템을 서로 격리할 수 있는 기능도 제공한다. 개발/테스트 및 운영 환경 등 목적에 따라 네트워크 트래픽을 나눌 수 있으며, 규제 데이터 및 공공 데이터 등 데이터의 민감도에 따라 통제할 수도 있다.

클라우드 기반 방화벽

목적에 따라 구축된 네트워크 보안 장비는 일반적으로 워크로드의 가장자리나 트래픽이 오가는 지점에 자리한다. 네트워크 보안 장비에는 클라우드 제공자가 제공한 전용 방화벽 및 게이트웨이 라우터 같은 어플라이언스 장비가 포함될 수 있다.

클라우드 기반 방화벽은 클라우드와 온프레미스 간 경계뿐만 아니라 클라우드와 인터넷 간 경계에서 사용자 환경을 보호하는 역할을 한다. 물론 클라우드와 인터넷 간 경계를 보호하는 역할은 온프레미스 환경의 방화벽도 수행할 수 있다.

네트워크 및 애플리케이션 방화벽을 포함하여 방화벽은 사용자 환경 대상의 악의적 행위를 방지할 수 있도록 설계됐다. 사용자(또는 IBM의 매니지드 시큐리티 서비스 $^{Managed\ Security\ Services}$ 같은 매니지드 서비스 제공자)는 주어진 워크로드에 허용되거나 차단된 트래픽을 기반으로 적절한 방화벽 정책을 정의하고 적용해야 한다.

사용자 환경에서 원치 않는 트래픽을 차단함으로써 전체적인 시스템의 네트워크 가용성, 워크로드 및 보안 성능을 향상할 수 있다.

---

6 클라우드에서 보안과 컴플라이언스에 대한 책임이 클라우드 제공자와 사용자에게 역할에 따라 공동으로 주어지는 모델 – 옮긴이

침입방지시스템

부가적인 침입방지시스템IPS, intrusion prevention system 은 유입되는 트래픽을 검사하고, 침입 시도 또는 환경을 익스플로잇하는 워크로드 컴포넌트의 취약점을 분석할 수 있다.

어플라이언스 장비와 보안 인텔리전스의 결합은 악의적인 위협이나 침입 시도로부터 네트워크, 워크로드 및 데이터를 보호할 수 있다. IPS는 진화하는 위협이 비즈니스에 영향을 미치기 전에 사전 차단한다. 또한 보안 이벤트를 모니터링하고 원치 않는 트래픽과 식별된 침입 시도를 차단하기 위한 규칙을 적용해 네트워크 위협으로부터 워크로드를 보호할 수 있다.

IPS를 방화벽과 함께 워크로드가 처리되는 위치 앞에 배치하고 침입 시도와 관련된 허용 트래픽을 분석해 악의적 의도를 가진 트래픽과 알 수 없거나 위험한 출처의 트래픽을 차단하는 것이 좋다.

운영체제 수준에서 보안 에이전트를 함께 활용하면 보안이 더 강화된다. 게스트 가상 머신의 OS 레벨 또는 하이퍼바이저 레벨의 에이전트는 더욱 심층적인 방어 기능을 제공한다. 이러한 에이전트는 네트워크 IPS의 기능과 유사하다.

분산 서비스 거부

매니지드형 웹 방어를 통해 엄청난 양의 트래픽으로 서비스를 중단시키도록 설계된 DDoS 공격을 포함하여 공격 시 데이터에 대한 연관 분석 및 공격에 대한 계획 및 대응을 할 수 있다.

아카마이Akamai 나 클라우드플레어CloudFlare 같은 클라우드 제공자의 서비스를 활용하면 웹 방어에 대해 다계층의 강력한 보호 기능을 제공하므로 가용성 공격이 웹에 미치는 영향을 최소화할 수 있다.

DDoS 공격 완화 서비스는 다음 기능들을 제공한다.

- 실시간으로 위협을 확인할 수 있어 네트워크 및 애플리케이션 계층을 위한 대규모의 인라인inline DDoS 보호 서비스 제공
- SQL 인젝션 및 크로스사이트 스크립팅XSS, cross-site scripting 같은 웹 공격을 차단하면서 24시간 모니터링을 통해 병행 공격을 탐지하고 대응
- DDoS 공격 시 인프라에서 트래픽을 우회하도록 라우팅하여 웹사이트의 가용성 및 성능을 효과적으로 관리

마이크로세그먼테이션

아키텍처에 대해 5장에서 이야기한 것처럼 서비스를 작게 쪼개는 방법은 발전하고 있다. 이 방법과 보안이 교차하는 지점을 마이크로세그먼테이션microsegmentation이라고 할 수 있다. 마이크로세그먼테이션을 통해 클라우드 네이티브 애플리케이션이나 데이터 영역을 세밀하게 분리해 다른 서비스와도 안전하게 상호작용할 수 있다. 이러한 수준의 차별화를 통해 워크로드 중심의 보안 정책과 클러스터 격리를 적용해 컨테이너형 애플리케이션을 보호할 수 있다. 클라우드에서 복잡한 마이크로서비스 아키텍처를 구축하면 컨테이너 오케스트레이션 레벨의 마이크로세그먼테이션을 통해 해당 아키텍처에서 접근 및 라우팅을 제어해 마이크로서비스를 안전하게 관리할 수 있다.

안전한 네이티브 클라우드 시스템이란 무엇인가?

애플리케이션을 개발할 때 애플리케이션의 토대에 보안을 구현하려면 보안 엔지니어링 방법을 활용해야 한다. 이러한 방식을 따르면 고객을 위협하는 취약점으로부터 서비스나 애플리케이션을 보호할 수 있다. 보안 엔지니어링 방법에는 다음이 포함된다.

- 위험을 완화하는 안전한 설계
- 취약점을 방지하는 안전한 개발 지침 및 방법
- 애플리케이션이 배포되기 전에 문제를 해결하고 알려진 보안 문제가 없는지 확인하기 위한 보안 테스트

애플리케이션이 안전하고 취약점이 없음을 보증하려면 전체 개발 라이프 사이클에 위와 같은 요구사항이 구현돼야 한다.

이 장의 앞부분과 5장 아키텍처에서 논의했던 간략한 예시를 생각해보자. 예시는 고객의 사례들을 종합한 것으로, 안전한 클라우드 네이티브 애플리케이션을 만드는 데 필요한 과정을 나타낸다. 그림 6.1은 이러한 간단한 애플리케이션의 아키텍처 다이어그램을 보여준다.

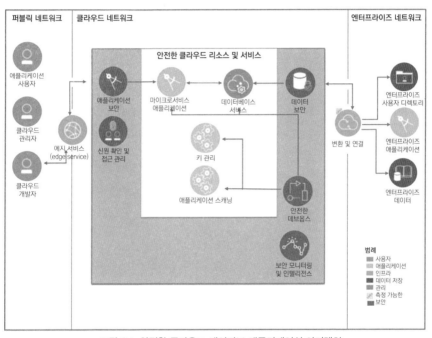

▲ 그림 6.1 안전한 클라우드 네이티브 애플리케이션 아키텍처

앞에서 설명한 바와 같이 다이어그램의 앞 가장자리에서부터 시작해 아카마이나 클라우드플레어에서 제공하는 에지 서비스를 통해 DDoS 공격 및 기타 네트워크 취약점을 방지하는 것이 중요하다. 그러나 클라우드 제공자의 네트워크에 속해 있다면 클라우드 방화벽 및 침입탐지시스템[IDS]/IPS 서비스가 추가적인 보호 단계를 제공한다.

다이어그램의 뒷부분에서도 마찬가지로 데이터 보안이 매우 중요함을 알 수 있다. 클라우드에 저장된 모든 데이터에는 이 장의 앞부분에서 논의한 저장 및 이동 중인 데이터에 적용되는 암호화 방법이 적용돼야 하며, 신원 관리 및 데이터 무결성을 지원하기 위한 데이터 서비스가 필요하다.

앞서 제시한 마이크로서비스 등 애플리케이션 코드보다 먼저 호출되는 서비스를 통해 인터넷에서 다음 단계로 넘어가게 되면 이야기는 더욱 흥미로워진다. 다음 절에서 논의할 애플리케이션의 신원 및 접근 통제 관리 또한 매우 중요한 내용이다.

애플리케이션을 위한 신원 및 접근 관리

클라우드 환경에서 신원 및 접근 관리를 구현하는 방법은 비즈니스 요구사항에 따라 달라진다. 따라서 구현하고자 하는 전략을 지원할 수 있는 클라우드 제공자를 택할 필요가 있다.

이 절에서는 우선 신원 및 접근 관리의 주요 구성요소가 무엇이 있는지 살펴본다. 그리고 해당 구성요소와 이를 사용자 환경에서 구현하는 방법을 설명한다.

안전한 클라우드 환경을 만들려면 신원 및 접근 관리에서 다음과 같은 구성요소를 고려해야 한다.

- **인증**: 클라우드에 배포된 애플리케이션을 통해 사용자 인증을 외부의 다양한 신원 확인 서비스 제공자에게 위탁할 수 있다.
- **다중요소 인증**: 애플리케이션 사용자에 대한 인증을 추가 시행해 신원 도용을 방지할 수 있다.
- **디렉토리 서비스**: 애플리케이션에 접근하는 데 사용되는 사용자 프로파일 및 관련 자격증명을 호스팅한다.
- **리포팅**: 사용자가 접근하는 리소스 중심 뷰 또는 사용자 중심의 리소스 접근 뷰를 제공한다.

인증

클라우드에 구축된 애플리케이션은 인증^{authentication} 또는 신원 관리 서비스를 통해 다양한 신원 관리 서비스 제공자를 기반으로 애플리케이션 수준에서 사용자를 인증할 수 있다. 다음은 신원 관리 서비스 제공업체 중 일부다.

- 클라우드 디렉토리(애플리케이션과 동일한 클라우드에서 호스팅)
- 소셜 신원 관리 서비스 제공자(구글^{Google}, 링크드인^{LinkedIn}, 페이스북^{Facebook}, 트위터^{Twitter}, 깃허브^{GitHub} 등)
- 엔터프라이즈 호스팅 신원 관리 서비스 제공자(SAML^{Security Assertion Markup Language} 인터페이스)
- 클라우드 호스팅 신원 관리 서비스 제공자

SaaS와 API 기반 모델이 확대되면서 API 키가 새로운 신원 정보가 됐다.

다중요소 인증

다중요소 인증^{MFA, multi-factor authentication} 또는 추가 인증 제어는 늘어나는 신원 도용 위험에 대응하는 데 이용된다. MFA의 예로는 일회용 암호, 인증서 및 토큰이 있다.

로그인 시 보안성을 향상하면서 사용자 편의성을 유지하기 위해 일반적으로 위험 기반 인증 통제 방식이 활용된다. 이 방식은 사용자의 위치, 과거 행위, 수행 중인 작업, 기본 설정 및 기타 요소 등에 따라 필요한 인증 수준을 바꾼다.

다중요소 인증을 도입하는 일반적인 방법 중 하나는 SAML을 통해 간접적으로 적용하는 것이다. 제3자 신원 관리 서비스 제공자가 사용자를 대신해 다중요소 인증을 구현할 수도 있다.

디렉토리 서비스

디렉토리 서비스^{directory service}는 애플리케이션에 접근하는 데 사용되는 사용자 프로필 및 관련 자격증명을 호스팅해서 신원 관리 서비스를 제공한다. 디렉토리 서비스를 활용해 사용자 신원, 그룹 또는 역할 구성원, 리소스 및 서비스 기술과 위치, 접근 정책 등 다양한 정보를 호스팅할 수도 있다.

디렉토리 서비스는 일반적으로 LDAP Lightweight Directory Access Protocol 같은 디렉토리 접근 프로토콜을 사용하며, 애플리케이션, 애플리케이션의 구성요소 또는 조직 간에 공유될 수 있다.

디렉토리 서비스는 온프레미스 환경 또는 클라우드 내에서 호스팅될 수 있다. 클라우드 디렉토리 서비스는 클라우드 환경 내에서 사용자 프로필 및 관련 자격증명과 패스워드 정책을 안전하게 관리한다. 클라우드 내의 디렉토리 서비스를 사용하면 클라우드에 호스팅된 애플리케이션이 자체 저장소를 사용할 필요가 없어진다.

리포팅

리포팅 reporting 은 리소스에 대한 사용자 중심 뷰 또는 사용자 접근에 대한 리소스 중심 뷰를 제공할 수 있다. 리포팅은 대개 다음의 기능을 제공한다.

- 각 리소스에 접근할 수 있는 사용자는 누구인가?
- 사용자가 접근하는 리소스는 무엇이며 어떤 조건에서 접근하는가?
- 어떤 사용자가 접근 권한을 변경하는가?

기본적인 감사 요건을 충족하려면 보안 리포팅 솔루션이 위의 세 가지 물음에 답할 수 있어야 한다.

클라우드 네이티브 애플리케이션에 대한 신원 및 접근 관리 구현

애플리케이션에 대한 신원 및 접근 관리를 구현하는 경우, 웹 애플리케이션 대상에 따라 인증 방법이 결정된다. 표 6.1에는 어떤 인증 유형이 클라우드 네이티브 애플리케이션과 함께 동작하는지 자세히 작성되어 있다.

애플리케이션 유형	인증 유형
보호되지 않은 웹사이트	인증이 필요하지 않음
기존 사용자를 대상으로 한 웹이나 모바일의 인증 또는 API	대개 엔터프라이즈에서 관리하는 SAML 또는 OIDC(Open ID Connect) 기반 저장소에서 처리
신규 사용자를 대상으로 한 웹이나 모바일의 인증 또는 API	일반적으로 소셜 로그인 옵션 중 하나로 인증이 처리됨
비즈니스 파트너 또는 공급업체를 대상으로 한 웹이나 모바일의 인증 또는 API	일반적으로 SAML 또는 OIDC 저장소에서 인증이 처리됨
내부 사용자를 위한 웹이나 모바일의 인증 또는 API	일반적으로 SAML 또는 OIDC 저장소에서 인증이 처리됨

이상적인 환경에서 클라우드 네이티브 애플리케이션은 인증된 사용자나 서비스만 접근할 수 있도록 허용해 모든 엔드포인트를 보호한다. 이를 위해 누가 애플리케이션의 리소스 요청을 하는지, 요청자는 어떤 접근 역할과 권한을 갖는지를 알아야 한다.

인터넷 어디에서나 민감한 마이크로서비스 및 리소스에 접근할 수 있다는 사실은 더욱 철저히 신원을 관리해야 한다는 뜻이다. 사용자가 다른 마이크로서비스, 직원, 계약자, 파트너나 고객이라면 특히 그렇다. 마이크로서비스 기반 클라우드 네이티브 애플리케이션에서 비즈니스 규칙을 적용하기 위해서는 신원 관리 도구 적용과 접근 통제가 필요하다.

예를 들어, IBM 클라우드의 App ID 서비스를 통해 클라우드에 배포된 애플리케이션은 다양한 신원 관리 서비스 제공자를 기반으로 애플리케이션 레벨에서 사용자를 인증할 수 있다. 또한 IBM 클라우드 App ID의 클라우드 디렉토리 기능을 통해 모바일 및 웹 애플리케이션에 사용자 회원 가입 및 로그인 기능을 구현할 수 있다. 클라우드 디렉토리는 사용자에 따라 확장되는 애플리케이션에 대한 레지스트리를 제공하며, 이메일 및 패스워드를 사용해 사용자가 애플리케이션에 인증할 수 있는 간단한 방법을 포함한다. 또한 앱 설정 또는 앱에서 활용할 수 있는 소셜 프로필 정보 등 사용자 데이터를 저장할 수 있는 기능도 제공한다.

안전한 데브옵스

그림 6.1에서 묘사된 바와 같이 보안 엔지니어링을 통해 애플리케이션을 개발한다는 개념으로 돌아가 보면, 안전한 데브옵스 영역에 관련된 몇 가지 주제를 찾을 수 있다. 첫 번째는 앞서 논의한 주제인 키와 인증서의 관리다.

예를 들어, 마이크로서비스 애플리케이션에서 JSON 웹 토큰JWT, JSON Web Tokens 이라는 기술을 사용하는 경우는 매우 일반적이다. JWT는 IEFT RFC 7519에 정의된 바와 같이 두 당사자 간에 클레임을 안전하게 표현하기 위한 공개된 표준이다. 이러한 방법에서는 브라우저에서 실행되는 자바스크립트 프론트엔드 간 호출을 인증하고 자바스크립트 요청을 처리하는 백엔드 마이크로서비스 방식이 일반적으로 활용된다. JWT는 디지털 서명 토큰을 통해 동작한다. 디지털 서명이 있을 때마다 키 관리 문제가 발생하기 때문에 안전한 키 관리는 안전한 데브옵스 프로세스의 한 요소가 된다. 그러나 키 관리가 개발 팀이 준수해야 하는 안전한 데브옵스의 유일한 내용은 아니다.

이 장의 앞부분에 언급했듯이 클라우드는 계속해서 제공되므로 지속적인 통합과 제공을 위한 자동화가 중요하며, 이를 통해 새로운 코드와 기능을 안전하게 구현하고 애플리케이션에 취약점이 없음을 보장할 수 있다. 예를 들어, 쿠버네티스 기반 클라우드 네이티브 애플리케이션은 IBM Vulnerability Advisor의 라이브 스캔 기능을 사용해 운영 환경에서 실행되는 동안 보안 결함을 찾아낼 수 있다. Vulnerability Advisor가 제공하는 기본 보안 스캐닝 기능을 이용하면 취약점 네임 스페이스에 푸시된 모든 이미지를 찾아낼 수 있다.

애플리케이션이 이러한 방법을 따르게 하려면 동적, 정적 및 대화형 분석을 포함한 다양한 분석 기법을 사용해 웹, 모바일 또는 데스크톱 애플리케이션을 스캔할 수 있는 데브옵스 도구의 일부 서비스를 활용하면 된다. IBM 클라우드에는 애플리케이션의 보안 취약점을 탐지하고 조치 방법을 안내하는 IBM Application Security on Cloud Service가 포함되어 있다.

동적 분석

동적 분석^{dynamic analysis} 방법은 실행 중인 웹 애플리케이션을 스캔한다. 접속 URL과 사용자 자격증명(선택사항)을 입력하면 분석 과정을 통해 애플리케이션을 크롤링하여 사이트 맵을 만들고, 수많은 테스트를 통해 보안 보고서를 생성한다.

스캔은 HTTP 요청 및 응답 정보에 대한 세부 정보를 포함한 취약점을 찾아내므로 어떤 데이터가 테스트되어 애플리케이션에 보내졌고 애플리케이션이 어떻게 응답했는지 정확하게 알 수 있다.

운영 환경 등 인터넷에서 공개적으로 접근할 수 있는 애플리케이션뿐만 아니라 기업의 방화벽 안쪽에 있는 개발 초기 단계의 애플리케이션도 스캔해야 한다. 인터넷에서 접근할 수 없는 프로그램도 스캔할 필요가 있으며, 일반적으로 네트워크 프록시 역할을 하는 IBM의 Appscan Presence 같은 도구를 설치해야 한다.

정적 분석

정적 분석^{static analysis}은 애플리케이션 소스 또는 바이트 코드를 점검해 애플리케이션의 데이터 흐름을 보여준다. 정적 분석은 개발자의 IDE^{integrated development environment}에서 활용하거나 빌드 프로세스의 일부로 자동화할 수 있다. 정적 분석은 다음을 탐지할 수 있다.

- 악의적인 사용자가 조작된 데이터를 애플리케이션에 주입
- 조작된 데이터가 애플리케이션을 통과하는 방법
- 조작된 데이터가 애플리케이션에서 위험을 초래할 수 있는 부분

정적 분석은 애플리케이션을 통해 악성 데이터가 애플리케이션을 통과하는 방법과 관련된 상세한 코드 수준 정보를 보여준다. 정적 분석 도구는 애플리케이션 팀이 개발하는 어떤 프로그래밍 언어와도 동작할 수 있어야 한다. 이러한 이유로 아키텍처 지침을 설정할 때는 사용하고자 하는 프로그래밍 언어를 사용할 스캔 도구에서 지원하는지 확인해야 한다.

지속적인 보안과 보안 데브옵스는 도구뿐만 아니라 사람과 프로세스에도 영향을 미친다. 보안은 애플리케이션 운영 환경 후에 적용되는 것이 아니라 애플리케이션의 개발 초기부터 통합돼야 한다. 즉, 보안 데브옵스 접근 방식을 수용하고 데브옵스 프로세스에 스캔 도구를 통합 및 자동화함으로써 신원 및 접근 관리, 보안 모니터링, 애플리케이션 및 컨테이너 보안 점검, 웹 애플리케이션 방화벽 등으로 얻은 보안상 이점을 유지할 수 있다.

클라우드에 대한 가시성을 확보하려면 어떻게 해야 하는가?

클라우드 기반 환경을 완벽하게 파악하려면 클라우드 내에서의 활동과 이벤트를 계속 모니터링해야 한다. 클라우드 내 다양한 구성요소와 서비스에 대한 로그를 실시간으로 수집 및 분석해 가시성을 확보할 수 있다. IaaS, PaaS, SaaS에 대한 가시성을 확보해야만 클라우드 워크로드와 관련된 모든 위험에 대한 통찰력을 갖고 감사 및 컴플라이언스 프로세스를 관리할 수 있다. 그 때문에 CISO는 모든 로그와 이벤트를 보안 정보 및 이벤트 관리 시스템SIEM, security information and event management에 통합하기를 원할 수 있다.

예를 들어, IBM 클라우드는 클라우드 환경에 대한 가시성을 제공하기 위해 로깅 및 모니터링과 행위 추적 서비스를 제공한다. IBM 클라우드 Log Analysis 서비스를 통해 수집 및 보존 기능을 중앙에 집중시킬 수 있으며, 많은 업계 표준 엔드포인트와도 통합할 수 있다. IBM Activity Tracker를 통해 다양한 유형의 클라우드 API에 대한 접근 및 사용 현황을 모니터링할 수도 있다. 이러한 로그는 엔터프라이즈 SIEM에 통합될 수 있다. 통합되어 얻은 통찰을 통해 애플리케이션이 클라우드 서비스와의 상호작용을 추적하고 비정상 행위를 모니터링하여 규제 감사 요구사항을 충족할 수 있다.

정리

클라우드용 보안 시스템을 구축할 때의 의사결정 유형에 관한 간략한 설문을 통해 클라우드가 성공하려면 CISO 및 애플리케이션 개발자 등 보안 전문가가 어떻게 역할을 바꿔나가야 하는지 알 수 있었다. 또한 클라우드 네이티브 시스템 구축 시 주요한 부분들을 고려했는지 점검하는 데 필요한 질문들에 대해서도 알아봤다. 마지막으로, 컴플라이언스 관리와 이것이 클라우드 도입에 미치는 영향을 살펴봤다.

7 새로운 혁신 기회

클라우드 도입 환경에서 혁신의 역할에 대한 논의는 다양한 방향으로 진행될 수 있다. 예를 들어 클라우드 기술 자체가 얼마나 혁신적인지 이야기할 수 있지만, 대다수 고객에게 혁신은 클라우드 그 이상의 것을 필요로 한다. 많은 경우 비즈니스 요구사항을 충족하기 위해 클라우드를 어떻게 활용할지 결정할 때 혁신이 필요하며, 특히 새로운 기술과 아이디어 때문에 현 상황이 파괴적으로 바뀌는 업계에서 더욱 필요하다. 지금부터 새로운 기술과 아이디어가 어떻게 클라우드 전환을 유도하고 클라우드와 업계의 비즈니스 요구사항을 해결하는지 알아보고자 한다.

7장에서는 새로운 혁신 기회에 관해 설명한다. 혁신이 비즈니스를 어떻게 이끌 수 있는지를 논의한 후 데이터, 분석, 코그니티브cognitive, 컨테이너, IoT를 비롯한 몇 가지 혁신 기술에 대해 알아볼 것이다.

비즈니스 동기로서의 혁신

1장에서는 클라우드 도입을 촉진하는 여러 비즈니스 동기의 역할에 관해 설명했으며, 일반적으로 기술, 특히 클라우드는 목적을 위한 수단일 뿐이라고 말했었다. 최종 목표는 아래 성과와 같은 비즈니스 또는 전략적 목표 안에서 설정돼야 한다.

- 탁월한 사용자 경험
- 개발 기간 단축
- 더 나은 서비스 품질
- 비용 유연성
- 반복성 및 유연성
- 안전, 보안 및 규제 컴플라이언스

혁신은 종종 그 자체로 비즈니스의 동기가 된다. 비즈니스 동기는 기존 환경 내에서 개발 능력을 향상시킨다. 그러나 새로운 아이디어는 업계를 파괴적으로 혁신하여 새로운 운영 환경을 만들 수도 있다. 예를 들어, 모바일 기기의 위치 기반 기술이 자동차 서비스 업계에서 중요한 촉매가 된 사례를 살펴보자. 이제는 모바일 기기를 통해 차량 서비스 업체에 요청하면, 해당 차량이 어디에 있고 언제 도착하는지 정확하게 알 수 있다. 비즈니스 동기가 되는 혁신의 사례를 몇 가지 더 살펴보자.

- **산업**: 업계마다 새로운 애플리케이션 사용이 촉진된 구체적인 혁신 사례가 있다. 예를 들어 은행은 휴대폰 사진 촬영을 통해 수표를 예치했으며, 소매 업계는 비콘beacon 같은 위치 기반 장치를 이용해 매장 내 환경을 개선했다.
- **효율성**: 비즈니스 또는 IT 부서의 운영 방식을 개선하기 위해 종종 클라우드 도입이 추진된다. 예를 들어 컨테이너는 배포 및 자동화의 효율성을 높이며, 데브옵스는 기능 제공의 효율성을 극대화하여 클라우드의 도입을 이끈다.
- **데이터**: 데이터를 보는 근본적인 방식의 변화는 클라우드 도입을 이끌고 있다. 불과 몇 년 만에 데이터를 보관하는 방법에서 어떻게 데이터에 쉽게 접근, 분석 및 표현할 수 있는지로 초점이 바뀌었다. 데이터 스토리지가 저렴해지면서 새로운 목표는 가장 가치 있는 자산인 데이터에서 빠르게 통찰을 얻는 것이 되었다. 예를 들어 새로운 유형의 데이터베이스, 딥 러닝deep learning 같은 새로운 분석 접근 방법 및 데이터를 표현하고 탐색하는 등의 혁신적 방법은 클라우드 도입을 촉진하고 있다.

혁신 사례

5장에서는 클라우드로 이전할 수 있는 애플리케이션의 유형을 파악하는 방법으로 애플리케이션 스타일이라는 개념을 설명했다. 이번 절에서는 혁신의 관점에서 구체적인 스타일에 대해 알아보고자 한다.

데이터 및 분석

개발자와 데이터 과학자에게는 일정 수준 이상의 속도와 민첩성을 지원하는 새로운 분석 방법을 탐색하고 구현하기 위한 더 나은 방법이 필요하다. 다음의 방법을 통해 데이터 및 분석 애플리케이션의 개발 방식을 변경할 필요가 있다.

- 현재 조직, 시스템 또는 도구를 통해 생성되는 사일로 현상[1]을 제거해 데이터 과학자와 개발자 간 협업을 통해 여러 기술을 아우를 수 있다.
- 오픈소스 및 데이터 과학 커뮤니티를 통해 새로운 혁신 기술을 활용할 수 있다.
- 프로세스나 기술로 인한 인위적 장벽을 허물어 엔터프라이즈 데이터의 셀프서비스self-service를 가능하게 하면서 적절한 수준의 신뢰와 보안을 유지한다.
- IBM 왓슨Watson의 코그니티브cognitive 능력 등 여러 분석 기술을 결합해 데이터를 신속하게 학습하고 경쟁사보다 더 빠르게 비즈니스 질문에 대한 해답을 도출하고 통찰력을 얻을 수 있다.
- 운영 환경에 관한 통찰을 제공하는 애플리케이션을 신속하게 구축할 수 있는 능력을 확보한다. 핵심은 빠른 반복을 통한 지속적인 개선으로 팀이 더 짧은 시간 동안에 더 스마트하고 확장 가능한 애플리케이션을 구축할 수 있게 하는 것이다.

데이터 및 분석 애플리케이션의 변화를 알 수 있는 사례로 전자상거래 및 온라인 스토어를 들 수 있다.

---

1 사일로 현상(silo effect)이란 자기 부서의 이익만을 추구하는 것을 일컫는 말로, 부서 이기주의를 뜻한다. – 옮긴이

고객은 대개 편리함과 비용 때문에 온라인 주문을 이용한다. 온라인 주문의 장점을 위해 고객은 직접 물건을 확인하고 즉시 값을 치르며 물건을 바로 가지고 상점을 나올 수 있는 즉각적인 만족을 기꺼이 포기한다. 만일 온라인 쇼핑을 하는 고객이 자신의 요구나 기대에 미치지 못하는 상품을 받는 경우, 고객이 느끼는 실망감이나 문제 해결을 위해 노력해야 한다는 점 때문에 거래에 대한 이미지가 나빠질 수 있으며, 편리함과 비용 절감이라는 가치를 포기할 수도 있다.

고객 충성도를 유지하려면 판매업체가 사전에 어떻게 대응해야 할까? 해답은 데이터에 있다. 대부분 문제를 해결하는 데 필요한 데이터는 이미 하나 이상의 데이터베이스에 존재한다. 이러한 데이터에는 제품을 설명하는 제품 데이터, 제품 홍보 방법을 보여주는 마케팅 데이터, 제품을 구매한 사람을 나타내는 거래 데이터, 제품을 반품한 문서와 그 이유를 나타내는 데이터 등이 포함된다.

판매업체는 이러한 데이터에 고급 분석^{advanced analytics}을 수행해 주로 반품되는 제품과 수익을 올리는 데 효과적이지 않은 마케팅 전략 등을 찾아낼 수 있다. 통계 및 머신 러닝 모델을 활용해 반품된 제품에 대한 신속한 알림과 자동 피드백 정보를 받아 판매 관련 문제를 신속히 식별하고 문제가 발생하기 전에 예측하며 문제가 커지기 전에 해결할 수도 있다.

판매업체는 또한 상품을 반품한 고객에게 자동으로 연락하는 맞춤형 애플리케이션을 개발할 수 있으며, 고객 서비스 전문가가 불만족 고객에게 재구매를 장려하는 인센티브를 제공하게 할 수도 있다. 이렇듯 실시간에 가까운 개인 맞춤형 대응은 고객의 인식을 변화시켜 고객을 유지하고 충성도를 높이는 데 도움을 준다.

5장에서 각기 다른 기술을 적용하는 방법의 하나로 아키텍처에 관해 설명한 바 있다. 관련해 IBM 클라우드 개러지 방법 웹사이트[2]에서 아키텍처 예시를 찾아볼 수 있다.

데이터 및 분석 아키텍처는 전체 데이터 라이프 사이클을 다루며 모든 단계에서 데

---

2 Data and Analytics Architecture. https://www.ibm.com/cloud/garage/content/architecture/dataAnalyticsArchitecture.

이터의 안전을 보장한다. 데이터 라이프 사이클은 다음과 같이 정의된다.

- **데이터 준비**: 최신 코그니티브 도구를 통한 데이터 수집, 향상[enhancement], 마이그레이션 등 데이터 준비 방법을 설명한다. 데이터는 인구통계, 재무 데이터 같은 정형 데이터와 영상 및 문서 같은 비정형 데이터로 구성될 수 있다.
- **데이터 저장**: 데이터에 가장 적합한 저장 옵션을 선택하는 방법에 대한 지침을 제공한다. 전통적인 방식인 관계형 데이터베이스[RDBMS, relational database management system] 또는 여러 유형의 NoSQL 데이터베이스 중 하나를 선택할 수 있다.
- **데이터 분석**: 최고의 도구와 최신 전문기술을 활용해 가장 까다로운 데이터 문제를 해결할 수 있다. 개발자와 데이터 과학자들은 새로운 분석 도구를 활용하기 위해 하드웨어에 투자하거나 소프트웨어를 구매하는 것을 원치 않는다. 그들의 요구사항에 적합한 적은 초기 비용과 요구사항 대부분을 충족시킬 수 있는 서비스 카탈로그를 찾고자 한다. IBM Data Science Experience, IBM Watson Analytics, IBM SPSS 같은 클라우드 기반의 도구는 데이터를 분석해 통찰력을 확보하고, 패턴 및 트렌드를 식별하며, 대량의 데이터로부터 해답을 얻을 수 있는 기능을 제공한다.
- **앱 개발**: 머신 러닝과 코그니티브 기능을 통해 얻을 수 있는 통찰을 바탕으로 의사결정을 내릴 수 있도록 내장된 지능[embedded intelligence]을 가진 더욱 스마트한 애플리케이션을 만들 수 있게 한다. 데이터 과학 및 분석 애플리케이션은 여타 클라우드 애플리케이션과 동일한 도구와 기술을 바탕으로 구축된다.

블록체인

블록체인[blockchain]은 금융 산업의 혁신이 어떻게 비즈니스 우선순위를 주도할 수 있는지 보여주는 사례다. 블록체인의 개념은 디지털 화폐 추진으로부터 비롯됐지만, 블록체인은 여러 산업 분야에 적용할 수 있는 오픈소스 프로젝트와 상용 제품으로 성숙했다. 여러 당사자 간 신뢰가 부족한 경우 언제라도 블록체인을 사용해 부정행위를 방지하고 투명성을 높이는 환경을 만들 수 있다.

블록체인은 비즈니스 트랜잭션 히스토리를 기록하고 비즈니스 네트워크 참여자가 변경하지 못하게 하는 데 활용할 수 있는 분산 원장 기술^{shared ledger technology}이다. 블록체인은 참여자에게 공유되고 부정조작의 증거를 남길 수 있는 원장을 단일 신뢰점^{single point of truth}으로 제공한다. 블록체인 방식은 다자간 트랜잭션 추적 방법을 여러 개의 원장을 별도로 유지 관리해야 했던 격리된^{siloed} 모델에서 전체 네트워크에 걸쳐 단일 뷰를 제공하는 모델로 바꾼다.

블록체인에서는 합의^{consensus}를 통해 트랜잭션을 승인하므로 블록체인의 결과가 바로 최종 결과다. 각 참여자는 같은 원장의 복사본을 보유하므로 자산 검증 및 추적성은 투명하며 신뢰할 수 있다.

블록체인은 다음과 같은 여러 가지 방법으로 기업에 도움을 준다.

- 블록체인을 활용하면 파트너 및 고객 에코시스템^{ecosystems} 같은 에코시스템의 힘을 활용해 더욱 신속히 트랜잭션을 완료할 수 있다.
- 블록체인 활용을 위해 재개발된 애플리케이션은 비효율성, 낭비 및 중복을 제거해 기업 간 비즈니스 프로세스의 비용과 복잡성을 줄일 수 있다.
- 블록체인은 새로운 유형의 디지털 상호작용에 대한 아이디어를 실현할 수 있다. 또한 블록체인은 일관된 가치 사슬로 분리된 여러 상호작용을 하나로 묶는 작업을 가능케 한다.
- 블록체인은 기업이 비용 면에서 효율적인 비즈니스 네트워크를 구축할 수 있도록 지원하며, 구축된 비즈니스 네트워크를 통해 중앙 통제기관 없이도 거의 모든 가치를 추적하고 거래할 수 있다.
- 블록체인은 위험과 불확실성을 해결하는 동시에 사이버 범죄 및 사이버 공격으로 인한 사기 행위를 방지해 트랜잭션 주기를 단축할 수 있다.

블록체인 참조 아키텍처[3]는 블록체인 학습에 좋은 자료다. 블록체인의 개념은 간단하며, 다음과 같은 세 가지 요소로 구성된다.

---

3   Blockchain Architecture. https://www.ibm.com/cloud/garage/content/architecture/blockchainArchitecture.

- 비즈니스 네트워크 business network 는 교환, 공급망 또는 일련의 상호 연결된 비즈니스 트랜잭션의 에코시스템을 의미한다.
- 자산 assets 은 소유하거나 통제해 가치를 창출할 수 있는 모든 것을 말하며, 자산은 물리적 또는 디지털적으로 표현될 수 있다. 물리적 자산을 디지털 자산에 연결하기 위해 디지털 지문 digital thumbprint 이라는 영구적 기록이 생성된다.
- 원장 ledger 에서는 트랜잭션과 계약이 디지털 방식으로 조정되고 암호화된다. 원장은 감사 추적 기능을 통해 모든 참여자가 동시에 안전하게 사용할 수 있다.

블록체인의 가치를 이해하기 위해서는 실제 사례를 살펴볼 필요가 있다. 다이아몬드 산업은 밀수, 사기, 가짜 다이아몬드 및 비윤리적 채굴 등으로 많은 문제에 직면해 있다. 블록체인을 사용한다면 일부 문제를 해결할 수 있다.

광산에서부터 최종 소비자에 이르기까지 법률, 규제, 금융, 제조, 상거래 등 다소 복잡한 문제를 한번 살펴보자. 어느 단계에나 문제는 존재하며, 소비자는 비윤리적으로 채굴된 다이아몬드를 구매하는 위험에 직면할 수 있다. 정부는 다이아몬드의 수출 명세를 추적해 수출 관세를 부과해야 하며, 고객은 그들이 구매한 다이아몬드를 확실히 받을 수 있는지 확인하기를 원한다.

블록체인을 사용하면 투명한 트랜잭션을 통해 이러한 취약성을 제거할 수 있다. 모든 참여자는 안전하며 동기화된 트랜잭션 기록에 접근할 수 있다. 원장은 처음부터 끝까지 모든 트랜잭션을 차례로 기록한다. 이 사례에서 블록체인을 활용하면 다이아몬드의 채굴, 정제 및 분배 과정을 기록할 수 있다. 원장은 각 블록에 있는 고해상도 사진을 비롯해 다이아몬드가 광산에서 채굴된 곳에서부터 세공되고 판매된 곳까지 다이아몬드에 대한 모든 기록을 보관한다. 블록체인은 색깔, 컷, 선명도, 캐럿, 일련번호를 포함하여 다이아몬드의 진품 증명서, 거래 내역 등 다이아몬드의 세부적인 특성을 보유한다. 광산에서 소비자까지 다이아몬드의 공급 경로를 안전하고 투명하게 추적할 수 있다. 구매가 끝나면 구매자는 온전히 감사 추적 가능한 확실한 정보의 기록을 갖게 된다.

에버레저^{Everledger}4가 IBM의 블록체인 기술을 사용해 이러한 아이디어를 구현한 방법에 대해서는 아빈드 크리슈나^{Arvind Krishna}의 블로그를 참조하라.⁵

컨테이너

5장에서는 마이크로서비스를 클라우드 도입을 위한 기본 기술이자 아키텍처의 예시로 설명했다. 또한 아키텍처에서 또 다른 혁신을 이끌 수 있는 컨테이너에 관해서도 설명했다.

클라우드 시장의 초점은 점차 IaaS에서 컨테이너화^{containerization}로 옮겨가고 있다. 이러한 변화는 개발자의 생산성을 높이며 데브옵스를 가능케 한다. 온프레미스 방식으로 배포할 때도 고객들은 가상화 또는 기존 온프레미스 환경에서 컨테이너형 프라이빗 클라우드로 전환한다. 고객들은 이러한 전환을 하이브리드 클라우드 환경으로 가기 위한 안전한 첫걸음으로 본다.

이 경우 개발 및 운영 생산성 향상의 이점은 프라이빗 클라우드 솔루션의 알려진 총 비용과 단점을 초과한다. 보안은 프라이빗 클라우드 환경에 추가 구성되는 대신 프라이빗 클라우드 환경 내에 구축돼야 한다.

컨테이너화는 가상화 환경의 인프라 밀도를 높이고, 개발(데스크톱)에서 운영에 이르기까지 일관된 애플리케이션 개발 모델을 제공한다. 이러한 시장의 변화는 오픈소스 컨테이너 관리 시스템인 쿠버네티스^{Kubernetes}에서 비롯됐다. 쿠버네티스는 운영 직원과 개발 직원 모두를 대상으로 개발됐다. 컨테이너화를 통해 개발자는 구성^{configuration}을 코드로 처리해 최신 데브옵스 도구 체인을 활용할 수 있다. 공개 버전의 쿠버네티스를 사용하면 같은 컨테이너를 프라이빗 클라우드 및 퍼블릭 클라우드에 투명하게 배포할 수 있다.

---

4 영국의 스타트업인 에버레저는 블록체인 기술을 활용해 본문에서 설명한 것과 같은 다이아몬드 공급망 관리 시스템을 개발한 바 있다. – 옮긴이

5 Power Blockchain Architecturn. https://www.ibm.com/blogs/research/2017/05/power-blockchain-watson.

컨테이너화, 데브옵스, 자동화 및 운영 혁신으로 현대의 IT는 다음과 같이 새롭게 주목해야 하는 영역을 정의한다.

- **소프트웨어 정의 데이터 센터** software-defined data centers : 소프트웨어 정의 데이터 센터는 소프트웨어 정의 네트워크 SDN, software-defined networks, 서비스 카탈로그, 스토리지 가상화, 서버 가상화 및 컨테이너화 같은 기술들을 활용해 현재 데이터 센터의 인프라를 서비스형 IT ITaaS, IT as a Service 아키텍처로 전환한다.
- **셀프서비스 프로비저닝** self-service provisioning : 셀프서비스 프로비저닝을 통해 개발자는 인프라를 자체 할당하고 애플리케이션을 배포하며 사용 후 인프라를 반납할 수 있다. 서비스 카탈로그를 활용하면 IT 서비스를 동적으로 프로비저닝하여 최종 사용자, 온디맨드, 정책 기반 관리를 가능케 한다.
- **클라우드 연합 및 용량 관리**: 급증하는 용량의 워크로드 요구사항을 처리하기 위해 서비스 제공자의 클라우드를 활용하는 연합 모델 federation model 을 구축할 수 있다. 이를 위해서는 용량 활용 및 예측을 위한 자동 모니터링 및 지표를 활용한다.
- **컨테이너 관리**: 쿠버네티스 같은 기술은 스케줄링, 오케스트레이션, 오토스케일링 autoscaling 등 필수 관리 솔루션을 이용해 컨테이너형 애플리케이션을 구축하고 배포할 수 있게 한다.
- **공통 관리 계층** common management layer : 모든 서비스의 근본적인 원동력은 로깅, 모니터링, 인증 및 역할 기반 접근 같은 작업을 처리하는 공통 관리 기능이다. 공통 관리 계층은 하이브리드 환경에 더 나은 프로세스 이식성을 제공하는 추상화 계층을 생성한다.

사물인터넷

사물인터넷 IoT, Internet of Things 은 기기가 인터넷에 연결된 것을 말하며, 이러한 기기에는 센서들이 설치되어 있어 기기와 관련된 인간의 활동과 기기 동작 등의 데이터를 수집한다. 센서가 부착된 기기는 어디에서나 찾아볼 수 있다. 가트너 Gartner.com 는

2018년 전 세계적으로 IoT 기기가 84억 개로 2016년보다 31% 증가했으며 2020년에는 204억 개에 이를 것으로 전망했다.[6]

다음과 같이 센서의 유형은 다양하다.

- **측정기기**measurement device는 온도계나 가속도계 등으로서 실제적 특성을 측정하고 수치를 생성한다.
- **카메라**camera**와 마이크**microphone는 현실의 복잡한 정보가 포함된 비디오 및 오디오 스트림을 생성한다.
- **비콘**beacon**과 로드 센서**load sensor는 스마트폰 및 다른 기기에 의해 종종 감지되는 것을 알리는 신호를 전송한다.

센서에서 수집된 데이터를 전송, 저장, 분석하는 등 유용한 방식으로 활용하면 가치 있는 통찰력을 얻을 수 있다. 왓슨Watson IoT 플랫폼은 기기가 인터넷을 통해 플랫폼과 통신할 때 사용할 수 있는 공통 표준 프로토콜 세트를 제공한다. 데이터 수집 후에는 데이터를 분석해 애플리케이션이 업계 요구사항을 충족하도록 만드는 데 활용할 수 있다. 또한 IoT가 적용된 시스템은 인텔리전트 결정에 따라 액추에이터actuator를 작동시킬 수 있다. 액추에이터에는 장비를 켜거나 끄는 릴레이relay나 기기가 비정상적임을 나타내는 디스플레이 등 다양한 형태가 있다.

업계에서는 IoT 활용 용도를 활발히 모색하고 있다.

- 패키지와 컨테이너 같은 물건의 물류 및 공급망 관리 추적
- 운영 관리를 위한 제어 시스템을 갖추고 모니터링하는 스마트 빌딩
- 도로의 상황 및 차량 상태에 대한 정보를 운전자에게 제공하는 커넥티드 카
- 원격으로 환자를 진료할 수 있는 의료 애플리케이션
- 고객 정보를 토대로 맞춤형 마케팅 및 구매 추천을 제공하는 판매 애플리케이션
- 소비자가 원격으로 가전기기를 제어할 수 있는 스마트 홈

---

6 "Gartner Says 8.4 Billion Connected." Gartner. Accessed January 31, 2018. https://www.gartner.com/newsroom/id/3598917.

또한 IoT는 사업의 유형과 관계없이 혁신의 기회를 창출할 수 있다. 고객, 선호도, 행동, 습관 등을 잘 이해하는 것은 수익 기회 창출의 원천이 된다.

IoT는 기기, 사람, 날씨, 현실에서 얻은 비정형 데이터를 통합하고 이를 실시간 스트리밍, 에지 및 코그니티브 분석을 통해 통찰력을 얻는 등 다양한 목적으로 사용될 수 있다.

게다가 IoT는 비용 절감 및 손실 회피에도 도움이 될 수 있다. IoT가 지역 식료품점의 생산 부분에 어떻게 활용될 수 있는지 고려해보자. 만일 음식을 보관하는 냉장고가 고장 난다면 어떻게 될까? 제품을 준비하지 못해 식료품점의 운영 비용이 더 들어가는 것은 그나마 나은 경우다. 최악의 경우 상한 음식을 구매한 고객이 병에 걸리는 상황이 발생할 수도 있다.

IoT를 활용해 위와 같은 문제를 해결하고자 한다면 음식 온도를 일정하게 유지해야 하는 모든 장소에 온도 센서를 설치할 수 있다. 다만, 센서를 설치하는 것만으로는 문제를 해결할 수 없으며 센서가 보내는 정보를 처리해야 한다.

센서 정보를 모두 받으면 각 센서의 온도가 정상 범위 안인지 확인해야 한다. IoT 플랫폼은 수신된 데이터를 실시간으로 분석하고 예상 결과치와 비교해 센서 값이 범위를 벗어나면 알림을 보낸다. 자동으로 경고를 받으므로 점원들은 음식이 상하지 않도록 신속한 조처를 취할 수 있다.

IoT 참조 아키텍처[7]에서 업계의 활용 예시를 비롯해 IoT 솔루션의 적합성을 참고할 수 있다.

코그니티브

코그니티브 기술은 방대한 정형 및 비정형 데이터에서 새로운 지식과 깊이 있고 예측 가능한 통찰을 얻기 위해 인간의 전문지식을 강화한다.

---

7 IOT Architecture, https://www.ibm.com/cloud/garage/content/architecture/iotArchitecture.

코그니티브 애플리케이션은 사람들과 자연스럽게 상호작용하여 질문에 답하고, 사람들이 의사결정을 내릴 수 있도록 돕는다. 이러한 애플리케이션은 문서, 음성, 이미지, 비디오를 포함한 신뢰할 수 있는 정보 집합 등의 지식을 이해할 수 있다.

코그니티브 애플리케이션의 일반적인 두 가지 용도는 다음과 같다.

- **대화형 애플리케이션**conversational application: 봇bot이라고도 불리는 대화형 애플리케이션은 소프트웨어 에이전트가 자연어로 사람과 대화할 수 있는 애플리케이션이다. 예를 들어, Watson Conversation 서비스를 사용해 사용자와 대화할 수 있는 애플리케이션을 개발할 수 있다. 모바일 기기, 메시징 플랫폼 또는 로봇에 가상 에이전트를 구축, 테스트 및 배포하여 애플리케이션과 사용자가 자연스러운 대화를 하도록 구현할 수 있다. 봇은 클라우드를 통해 호스팅되며 높은 가용성을 유지해야 한다. 코그니티브 대화형 애플리케이션 구축에 대한 세부 내용은 코그니티브 대화형 참조 아키텍처[8]를 참고할 수 있다.
- **디스커버리 애플리케이션**discovery application: 디스커버리 애플리케이션은 데이터 변환, 정규화, 풍부화enriching 등 여러 가지 방법을 통해 데이터를 해석한다. 그 뒤 데이터 과학자나 일반 사용자는 단순화된 쿼리를 사용해 데이터를 탐색하거나 디스커버리 뉴스Discovery News 컬렉션과 같이 풍부화 처리한 데이터셋을 가져올 수 있다(디스커버리 뉴스는 영문 뉴스가 계속 업데이트되며, 10만 개 이상의 출처에서 매일 30만 개 이상의 새로운 기사와 블로그가 추가된다).

여러 유형의 코그니티브 서비스를 활용해 애플리케이션의 질을 좀 더 높일 수 있다. 시각적 인식, 음성 텍스트 변환, 텍스트 음성 변환, 성향 분석, 목소리 분석, 언어 번역 같은 서비스를 대화형 또는 디스커버리 애플리케이션에 추가하거나 다른 유형의 애플리케이션의 품질을 높이는 데 활용할 수 있다.

---

8 Cognitive Conversation Architecture. https://www.ibm.com/cloud/garage/content/architecture/cognitiveConversationDomain.

정리

7장에서는 혁신을 통해 클라우드를 도입하는 방법의 예시를 보여줬다. 그리고 컨테이너, 데이터베이스 기술, 코그니티브 서비스, 분석 같은 새로운 기술을 통해 어떻게 클라우드 도입을 이끌 수 있는지도 이야기했다. 다만, 클라우드 도입의 핵심은 원하는 비즈니스 결과를 실현하는 데 있다. 이러한 비즈니스 성과를 창출하려면 모든 단계에서 혁신을 촉진할 수 있는 애플리케이션 개발 접근 방식이 필요하다. 다음 장에서는 클라우드 채택에 있어 방법론의 역할과 IBM 클라우드 개러지 방법론^{Cloud Garage} ^{Method}이 어떻게 혁신을 이끌 수 있는지 설명한다.

8 방법론

소프트웨어 방법론은 실제보다 더 매력적으로 들린다. 그러나 방법론은 시스템 개발 시 준수해야 하는 기본적인 단계와 원칙에 대한 가이드에 지나지 않는다. 모든 규모 의 개발 팀은 비록 임시방편일지라도 몇 가지 방법론을 따른다.

8장에서 소개하려는 것은 IBM 클라우드 개러지에서 개발한 경량 소프트웨어 개발 방법론으로, 크고 작은 수십 건의 클라우드 네이티브 개발 프로젝트 수행 계약에 성 공적으로 적용한 바 있다. 방법론이 어떻게 등장했고, 어떠한 방법을 포함하고 있는 지, 또 여러 방법 간에 어떻게 조화를 이루는지 사례를 들고 설명하고자 한다.

방법과 도구 부문의 임원에게 클라우드는 어떤 의미인가?

포괄적인 소프트웨어 방법론에 관한 생각에는 다소 많은 변화가 있었다. 1990년대 후반 소프트웨어 엔지니어링 커뮤니티에서는 통합 방법과 그에 해당하는 UML^Unified Modeling Language 이 받아들여질 때까지 여러 가지 경쟁적 방법이 등장하면서 객체지향 소프트웨어 개발 방법이 인기를 끌었다. 당시 많은 기업은 대규모 엔터프라이즈 아 키텍처 팀을 구성하고 방법론과 도구를 담당하는 부사장급의 역할을 만들었다.

그러나 열기가 최고조에 이르기가 무섭게 곧 관심이 시들해졌다. 방법론이 잘 구현되지 않자 많은 기업이 동력을 잃었으며, 아이디어 구현도 위축됐다. 이러한 기존 주류 방법론을 대체한 것이 바로 애자일Agile 이라고 불리는 방법론이었다. 애자일이 확산되면서 방법론과 도구를 선택하는 것은 대개 디렉터 수준의 역할로 치부됐으며, 실제로 많은 경우 이러한 작업은 엔지니어링 디렉터나 엔터프라이즈 아키텍처 디렉터의 업무 중 하나에 불과하다.

이들에게 클라우드는 어떤 수준이든지 간에 또 다른 골칫거리다. 여러 가지 애자일 방법, 데브옵스 구현 및 기술의 변화를 알아보는 것은 복잡한 일이다. 특히, 섀도 IT 때문에 사업부에 클라우드를 도입하기로 한 기업이라면, 소프트웨어 방법론 및 도구에 대한 의사결정을 하는 업무 담당자는 대개 클라우드가 자신의 업무에 위협이 된다고 여긴다.

소프트웨어 방법론의 책임자는 이러한 문제를 어떻게 해결할까? 애자일 개념을 데브옵스 개념과 연결하고 이를 입증된 방식으로 배치해 클라우드가 제공하는 기능의 이점을 활용할 수 있는 방법이 필요하다. 클라우드 맥락 안에서 애자일과 데스옵스 개념의 결합은 IBM 클라우드 개러지 방법론에서 제공하고 있다. 이 장에서는 우선 방법론을 요약해 설명한 다음, 각 방법이 어떻게 결합되는지 상세히 설명하겠다.

IBM 클라우드 개러지 방법론 소개

IBM 클라우드 개러지 방법론은 비즈니스, 개발 및 운영이 함께 어우러져 새로운 기능을 계속 설계, 제공 및 검증할 수 있는 IBM의 접근 방법이다. 개러지 방법론의 방법과 해당 도구 체인은 개시 시점부터 시장 변화 및 고객 피드백에 대한 응답 및 수집에 이르기까지 제품의 전체 라이프 사이클 전반에 걸쳐 적용된다. 그림 8.1과 같이 IBM 클라우드 개러지 방법론을 6개 영역으로 나눌 수 있다.

▲ 그림 8.1 IBM 클라우드 개러지 방법론

문화

IBM 접근 방법의 핵심인 IBM 클라우드 개러지 방법론의 첫 번째가 바로 문화라는 사실은 다소 놀라울 수 있다. 문화의 변화가 매우 중요하다고 봤기 때문에 4장에서 그와 관련된 주요 측면을 다룬 바 있다. 클라우드를 통해 성공하려면 비즈니스, 기술 및 프로세스 혁신을 결합해서 시장 경험을 통해 빠르게 학습하는 팀을 구성하고 조직을 혁신해야 한다.

4장에서도 다뤘던 주된 핵심 방법은 다음과 같다.

- **다양한 팀 구성**: 성공적으로 대대적인 혁신을 이루기 위해서는 팀을 언제 결정하는지 알아야 하며, 집단사고에 익숙해져서는 안 된다. 다양한 구성원이 적절히 섞이면 여러 관점을 제공하므로 고효율의 팀을 구축할 수 있다.
- **조직 내 역할 정의**: 규모에 맞는 클라우드 애플리케이션을 개발하기 위해서는 고유한 기술과 도메인 지식이 필요한 특정 역할이 요구된다. 이러한 역할의 대부분을 4장에서 설명했으며, 10장에서 추가로 설명할 것이다.
- **자율적이고, 공동으로 배치된 스쿼드에서 작업**: 팀은 자신들의 일을 어떻게 할지 스스로 결정할 때 최고의 성과를 내며, 함께 배치되어 일할 때 가장 효율적으로 의

사소통한다. 이러한 이유로 4장에서 설명한 스쿼드 모델의 팀 구성을 따른다.

- **애자일 원칙 도입**: 애자일 개발 팀은 지속적인 납기 일정에서 짧은 반복주기마다 소프트웨어를 개발한다. 간단함, 지속 가능한 개발 속도 및 고객 피드백을 기반으로 한 변경은 장기적인 성공에 중요한 또 하나의 애자일 원칙이다. 이 장에서는 이러한 원칙들과 실천 방법을 다룬다.

생각

대규모 클라우드 시스템을 구축하고 기업 실무에 애자일 방법론을 적용하는 법을 배우면서, 애자일 방법론이 중요하긴 하지만 이것이 성공의 충분조건은 아니라는 사실을 깨달았을 것이다. 올바른 솔루션을 점진적으로 제공하기 위해서는 IBM 디자인 씽킹Design Thinking 및 관련 설계 기법들을 적용해야 한다. IBM 디자인 씽킹의 주요 방법은 다음과 같다.

- **IBM 디자인 씽킹 적용**: 디자인 씽킹은 혁신과 브랜드 차별화에 대한 강력한 사용자 중심의 접근 방식으로 긍정적인 경험을 창출하는 것을 목표로 한다. 이 장에서는 디자인 씽킹이 왜 중요한지 설명할 것이다.
- **최소기능제품MVP, minimum viable product 정의**: MVP는 목표를 달성하기 위해 고객에게 최소한의 경험을 제공하는 것을 의미한다. MVP는 디자인 씽킹 접근 방식의 중요한 부분이다.
- **플레이백 유지**: 개발 주기 전반에 걸쳐 이뤄지는 플레이백playback[1]은 수렴된 검토 의견을 통해 팀이 최신 이슈를 파악할 수 있게 한다. 플레이백은 설정된 목표와 프로젝트 결과로부터 너무 멀리 떨어지지 않아야 한다.
- **순위를 매긴 백로그backlog[2]를 활용한 반복iteration을 계획**: 설계 프로세스에 따라 팀이 MVP를 제공하기 위해 유저 스토리로 정의된 업무의 백로그가 생성된다. 백로그는 우선순위가 정해져 반복을 계획하는 데 활용된다.

---

1 플레이백은 개발 과정에 이해관계자를 참여시켜 피드백을 얻는 과정을 말한다. - 옮긴이
2 기업에서 이미 IT 시스템에 대한 개발 계획을 수립했으나 우선 개발해야 하는 다른 시스템으로 인해 개발을 보류한 시스템을 뜻한다. - 옮긴이

코드

클라우드 구현^{cloud-enabled} 또는 클라우드 기반^{cloud-ready} 애플리케이션을 성공적으로 구축하려면 팀이 점진적인 기능을 제공하고, 피드백 수집 및 결과 분석에 도움이 되는 개발 방법을 채택해야 한다. 다음은 핵심적인 개발 방법의 일부다.

- **일별 스탠드업 회의**^{standup meetings}[3]: 매일 20분 안에 업무 현황을 논의하고 어떠한 이슈가 있는지 파악한다.
- **테스트 주도 개발**^{TDD, test-driven development}[4] **적용**: 실패한 테스트 코드를 작성하고 테스트를 통과하기에 충분한 코드를 작성하여, 더욱 빠르게 혁신을 이룰 수 있다.
- **페어 프로그래밍**^{pair programming} **연습**: 페어 프로그래밍은 하나의 키보드와 모니터에서 개발자가 함께 작업해 학습을 빠르게 하고, 코드마다 두 배로 더 신경을 써서 빠르게 고품질의 코드를 제공하기 위한 개념이다.
- **지속적 통합**: 모든 작업 코드를 꾸준히 통합해 오류를 탐지하고 전체 시스템을 조기에 통합할 수 있다. 이를 통해 코드를 언제든지 제공할 수 있게 된다.
- **테스트 자동화**: 코드를 지속해서 제공하기 위해서는 테스트를 자동화해야 한다.

제공

단순히 코드를 작성하는 것만으로는 충분치 않으며, 코드를 운영 환경으로 제공해야 한다. 이번 장에서는 지속적으로 통합 및 배포^{CI/CD}하고 반복 가능한 자동화 및 투명한 프로세스를 이용해 제품화하는 시간을 단축하는 방법을 설명한다. 5장에서 이러한 주제를 다루기는 했지만, 이번 장과 9장에서 좀 더 심화해 다루기로 한다. 두 가지 권장 방법은 다음과 같다.

---

3 스탠드업 회의는 서 있는 상태에서 20분 이내로 짧게 진행하는 회의로서, 애자일 개발 방법론 등에 따라 수행된다. – 옮긴이
4 테스트 주도 개발은 짧은 개발 주기의 반복에 의존하는 개발 프로세스로서, 불필요한 설계를 피하고 단순한 설계를 중요시한다. – 옮긴이

- **파이프라인**^{pipeline}**을 활용한 지속적 제공**: 일관성 있고 신뢰할 수 있는 방식을 통해 지속해서 제공을 완료하려면 제공 프로세스를 여러 단계로 나누어야 한다. 사람의 개입을 최소화하여 단계별로 코드를 제공하는 것이 목표다.
- **배포 자동화**: 환경 구성부터 코드의 운영 환경 제공에 이르는 수작업 단계를 없앤다. 자동화는 제공 파이프라인에 통합될 수 있다.

실행

작업 코드를 개발해 제공한 뒤 해당 코드는 실행돼야 한다. 퍼블릭 클라우드, 전용 클라우드^{dedicated cloud}, 프라이빗 클라우드 또는 하이브리드 환경 등 어디에서든 유지보수 및 확장 가능한 고가용성의 솔루션 실행을 위해 몇 가지 방법을 권한다. 이러한 이슈에 대해서는 9장의 관리 부분에서 상세히 논하기로 한다. 가장 중요한 실행 방법은 다음과 같다.

- **고가용성**^{HA, High Availability} **인프라**: 복수의 데이터 센터에 배포되어 문제가 발생하면 즉시 페일오버^{failover} 된다.
- **다크 런칭**^{dark launch} **5 및 기능 토글**^{feature toggle}**6**: 모든 고객에게 적용하기 전에 평가 및 피드백을 위해 일부 사용자에게 새로운 기능을 배포한다. 파라미터^{parameter}에 따라 기능을 활성화 또는 비활성화할 수 있다.
- **오토스케일링**^{autoscaling}: 오토스케일링을 적용함으로써 사용량이 많은 시간에는 충분한 리소스를 사용할 수 있게 하고 사용량이 적은 시간에는 할당된 리소스를 줄여 비용을 절감할 수 있다.

관리

다음으로 지속적인 애플리케이션 모니터링을 통해 운영 효율성을 높여야 한다. 고가용성과 신속한 복구 방식을 통해 문제를 빠르게 식별하고 해결할 수 있다. 이러한 방

---

5 전체 릴리스 전에 일부 사용자에게 신규 기능을 배포하는 것을 말한다. - 옮긴이
6 특정 기능을 테스트 중에는 활성화하고 배포 시에는 비활성화하는 것으로서, 지속적 제공(continuous deliver)을 구현하기 위해 활용된다. - 옮긴이

법에 대해서는 9장에서 더 자세히 설명하기로 한다. 가장 중요한 내용은 다음과 같다.

- **모니터링 자동화**: 고객이 필요할 때 애플리케이션을 이용할 수 있는지 확인한다.
- **빠른 복구 적용**: 지속적인 가용성과 무중단 변경을 제공하는 전략을 개발한다.
- **복원력**^{resiliency} **갖추기**: 예상하지 못한 경우를 테스트한다. 누군가가 중지시킬 때 애플리케이션이 어떻게 반응하는지 알 수 있다.
- **운영 자동화**: 자동화를 통해 비용을 절감하고 고도로 숙련된 직원이 더 가치 있는 업무에 집중하게끔 할 수 있다.

학습

IBM 디자인 씽킹 프로세스를 통해 클라우드 솔루션 구축을 시작하는 것처럼, 고객에 대해 끊임없이 배워야 한다. 가설 테스트와 명확한 측정을 통해 의사결정에 관한 정보를 얻고, 필요한 경우 결정할 수 있도록 알게 된 것들을 백로그에 쌓아 지속해서 실험해야 한다. 고객에 대해 배우기 위해 권장하는 두 가지 방법은 다음과 같다.

- **A/B 테스트 수행**: 두 가지 이상 버전의 설계 또는 애플리케이션 기능을 비교해 어떤 것이 더 나은지 확인한다. A/B 테스트는 경험적 데이터를 얻을 수 있는 가장 명확한 방법으로, 가장 생산적인 접근 방식을 결정할 수 있다.
- **가설을 통한 개발 추진**: 애플리케이션의 개선 과정에서 가설을 세우고 이를 테스트하는 것은 고객을 만족시키는 데 매우 중요하다. 올바른 해답을 찾으려면 계속 실험해봐야 한다. 실험은 가설을 검증하거나 새로운 방향으로 선회하기 위한 명확한 측정 항목을 갖춰야 한다.

IBM 클라우드 개러지 방법론을 설계할 때 업계에 관련된 몇 가지 주제를 다뤘는데, 첫 번째이자 가장 중요한 것이 애자일 개발 방법이었다. 또한 린 스타트업^{Lean Startup} 및 린 개발 방법^{Lean Development} 등 린 방법^{Lean method}과 디자인 씽킹에 대해서도 다뤘다. 이와 같은 주제들이 개러지 방법론에서 어떻게 조화를 이루는지 이해하기 위해서는 클라우드와 애자일이 어째서 잘 어울리는지를 알아야 한다.

클라우드와 애자일 간의 결합

클라우드는 셀프서비스 리소스 프로비저닝, 탄력성^{elasticity} 등 소프트웨어 개발에 필요한 특정 기능을 제공한다. 그리고 컴퓨터 리소스에 대해 사용량만큼 비용을 내는 기능을 제공하며, 서비스로서의 플랫폼^{PaaS}을 통한 신속한 개발, 테스트 및 배포도 가능케 한다. 또한 클라우드 서비스는 성능 테스트 및 이메일 같은 전문기술 서비스를 위해 더욱 저렴하고 쉽게 얻을 수 있는 서비스로의 전환을 촉진하거나 대체할 것을 보장한다.

그러나 이와 같은 새로운 기능을 활용하기 위한 프로세스가 있어야 한다. 컴퓨팅 리소스의 비용과 가치에 대한 다양한 가정을 위해 개발된 공식적인 프로세스를 따르고 모든 것을 미리 계획해야 하는 엄격한 통제와 관료적인 환경에서 일해야 한다면 클라우드가 제공하는 이점을 모두 얻을 수는 없다. 이러한 이유로 애자일 방법 및 접근 방식이 필요하다.

애자일 방법은 반복적이고 점진적인 개발을 촉진하는 소프트웨어 프로젝트 조직 및 프로젝트 관리 스타일이다. 애자일 커뮤니티가 가치 있다고 정리한 4가지 가치에 대한 간략한 설명이 애자일 매니페스토$^{Agile Manifesto}$에 애자일 방법론의 기본 요건으로 정의되어 있다.[7]

- 프로세스와 도구보다는 개인과 상호작용
- 포괄적인 문서보다는 작동하는 소프트웨어
- 계약 협상보다는 고객과의 협업
- 계획에 따르는 것보다는 변화에 대응

애자일 커뮤니티는 소프트웨어의 조기 및 지속적 제공, 소프트웨어의 빈번한 제공, 간결함 및 기술적 우수함에 대한 가치 제공, 때로는 개선 방법을 반영하기 위해 중지하는 등의 관행을 강조하는 12가지의 원칙을 개발함으로써 4가지 가치를 더욱 명확

---

[7] "Manifesto for Agile Software Development." Manifesto for Agile Software Development. Accessed January 31, 2018. http://agilemanifesto.org.

히 했다. 애자일 방법의 일반적인 특징에는 소규모의 점진적 릴리스를 통한 반복, 반복적이고 경량화된 방식의 요구사항 분석, 비즈니스 사용자의 적극적 참여와 같은 개념이 포함된다.

이러한 관행은 애자일 방법을 따르는 사람들에 의해 주도됐으나, 비즈니스 팀과 기술 인력 간의 협업을 촉진해야만 이와 같은 변화를 가져올 수 있다. 또한 올바른 일을 한다고 믿을 수 있는 근무환경을 조성해야 사람들에게 동기를 부여할 수 있다. 마찬가지로 조정과 측정 또한 중요하다. 만일 얼마나 잘하고 있는지 측정하지 못하고 매몰 비용의 오류에 빠질 수 없다면 개선되고 있는지 판단할 수 없다. 이를 위해 새로운 정보를 토대로 방향을 바꿀 수 있는 능력이 중요하다.

이러한 이유로 클라우드와 애자일이 서로 협력해야 한다. 애자일 방법을 사용해 클라우드가 제공하는 기능을 최대한 활용할 수 있는 형태로 팀을 구성할 수 있다. 마찬가지로 애자일 팀은 클라우드 기반 환경에서 작업할 때 가장 생산적이다. 소프트웨어 개발 팀 앞에 장애물이 적을수록 개발 팀은 더욱 효율적일 것이다.

린 스타트업과 린 개발

2003년, 메리 포펜딕^{Mary Poppendieck}과 톰 포펜딕^{Tom Poppendieck}은 린 소프트웨어 개발에 관한 첫 번째 책인 『Lean Software Development: An Agile Toolkit』을 출간했다. 하지만 린 소프트웨어 개발 방법은 에릭 레이스^{Eric Reis}의 책인 『The Lean Startup』이 출간되고 나서야 인기를 끌었다. 2013년 출간된 진 킴^{Gene Kim}의 저명한 저서인 『The Phoenix Project』를 통해 린 소프트웨어 개발 방법에 대해 많은 사람이 알게 됐다. 이 책은 소프트웨어 개발에 대한 소설 형식으로 린 소프트웨어 개발 방법을 소개했다.

린 소프트웨어 개발 방법은 토요타^{Toyota} 등 일본 자동차 제조업체가 개발한 린 제조^{Lean manufacturing}의 원리를 소프트웨어 개발에 적용한 것이다. 린 소프트웨어 개발 관련 책들에서 말하는 첫 번째 원칙은 소프트웨어 개발 활동이 실제 가치를 만들어내거나 낭비를 일으킨다는 생각에 대한 것이다. 낭비란 고객에게 가치가 없는 것으로 정의된다. 이러한 정의는 모든 린 방법의 바탕에 있는 원칙을 의미하며 매우 중요하다. 올바른 방법으로 제품을 만드는 것은 좋은 일이나, 올바른 제품을 만들고 있지 않다면 헛된 일일 것이다.

레이스의 책에서는 고객에게 실질적이고 측정 가능한 가치를 제공할 수 있는 가장 작은 단위인 MVP[8]로 프로젝트를 시작하여 고객이 언제나 가치를 창출할 수 있게 하는 방법을 소개한다. 린 개발에 관한 모든 책에서 분명히 하는 것은 과학적 방법과 흡사한 과정을 따르는 게 중요하다는 점이다. 항상 확정된 요구사항을 정의하기보다는 가설을 세워 이를 검증하는 방법을 택해야 한다. 그리고 가설을 검증할 수 있는 기능을 구현하고 이러한 과정을 반복해야 한다.

핵심은 측정이다. 기능이 고객에게 가치 있는 것인지 측정할 수 없다면, 고객의 행동 방식에 대한 근거 없는 가정을 하여 작업하는 것이나 다름없다. 측정은 결과의 가치를 측정할 때와 마찬가지로 소프트웨어를 개발하는 과정에서도 중요하다. 기능을 개발하는 데 얼마나 많은 노력을 투입해야 하는지 측정할 수 없다면, 다음 기능을 개발하는 데에도 얼마나 큰 노력이 필요할지 가늠할 수 없다.

빌드-측정-학습의 과정에서 개발 프로세스를 고려해야 한다. 학습은 필수적이다. 만일 고객에 대해 지속해서 알지 못한다면, 고객에 대한 근거 없는 가정을 토대로 일하는 것이나 다름없다.

클라우드에 애플리케이션을 구축하는 효율성은 이러한 린 접근 방식에 완벽히 부합한다. 컴퓨터 리소스 확보, 미들웨어 설정, 네트워크 또는 스토리지 구성 같은 반복적인 작업에 낭비되는 시간이 줄어들수록 빌드-측정-학습 과정에 걸리는 시간을 효과적으로 줄일 수 있다. 마찬가지로 각 과정을 통해 배운 것을 토대로 시간, 일, 또는 월 단위로 청구되는 클라우드의 비용 구조는 컴퓨팅 인프라 구조에 대한 우리의 생각을 바꾸게 한다. 이러한 구조에서는 하드웨어 비용에 연연할 필요가 없기에 확정

적인 결정을 내릴 필요가 없다.

다만, 고객이 무엇을 원하고 필요로 하는지 알기 위해서는 고객에 대해 알아야 하며, 고객이 무엇을 생각하고 느끼는지 이해해야 한다. IBM 클라우드 개러지 방법론에서는 디자인 씽킹을 통해 린과 애자일 방법론의 부족한 부분을 채울 수 있다.

디자인 씽킹이 부족한 부분인 이유

소프트웨어 개발 프로세스는 고객 경험이 매우 중요하다는 단순한 가정에서부터 출발해야 한다. 조직이 웹을 성공적으로 구축하려면 고객이 최대한 유쾌하고 쉽게 경험할 수 있도록 만들어야 한다. 세계적 수준의 고객 경험은 고객 만족뿐만 아니라 고객 확보 및 유지와 매출 증대를 위해서도 중요하다. 또한 고객 경험 또는 고객 경험의 부족은 이해관계자 간 조정이 얼마나 잘되어 있는지, 특히 사업 부서와 소프트웨어를 구현하는 팀이 얼마나 잘 조정되어 있는지를 잘 보여주는 지표이기도 하다. 의도한 동작뿐만 아니라 의미 있는 방식으로 비즈니스 요구사항을 충족시키는 소프트웨어를 구축하는 데 있어 이러한 조정이 중요하다.

이러한 원칙을 완전히 수용하기 위해 모든 개발이 고객 중심적이고 모든 구성원이 같은 목표를 지향하는 방법으로 IBM 디자인 씽킹[9]을 도입할 것을 적극적으로 권장한다. 린과 애자일 방법은 양질의 소프트웨어를 구축하고 제공하는 데 도움을 준다. 하지만 고객에 대해 잘 모른다면 고객에게 품질이 의미하는 바를 규정할 수 없다.

IBM 디자인 씽킹은 다음과 같이 선순환되는 과정으로 정의된다(그림 8.2 참조).

IBM 디자인 씽킹의 선순환 과정은 관찰, 숙고, 개발로 이어지는 연속적인 과정이다. 또한 애자일 방법의 반복과 린 스타트업의 중요한 학습 요소들을 반영하고 있다. IBM 디자인 씽킹을 구현하는 연습을 통해 반복과 학습의 중요성을 확인할 수 있다.

---

9   IBM Design. https://www.ibm.com/design.

관찰 　　　　　 숙고 　　　　　 개발

▲ 그림 8.2 IBM 디자인 씽킹의 선순환 과정

IBM 클라우드 개러지 방법론을 활용한 프로젝트 수행

이어지는 절에서는 IBM 클라우드 개러지 방법론이 어떻게 이뤄지고, 각 조치별로 어떻게 단계가 이동되는지 설명하고자 한다. 해당 예제는 이상적인 경우를 다루지만, IBM 클라우드 개러지 방법론을 적용하는 경우 모든 기업은 각기 다르며 환경에 따라 관행을 적용하기 수월할 수 있다는 점을 참고하여 고객에게 맞게 조정할 필요가 있다.

우선, 고객을 이해하는 데 도움이 되는 관행을 설명하고자 한다. 디자인 씽킹 워크숍은 설계자, 스폰서 유저sponsor user 10, 비즈니스 오너 및 개발자가 함께 모여 비즈니스 요구를 충족하는 방법에 대한 공통적인 이해를 끌어내는 관행이다.

IBM 클라우드 개러지 방법론에서는 모든 프로젝트를 디자인 씽킹 워크숍으로 시작하도록 권장한다. 디자인 씽킹 워크숍은 모든 사람이 프로젝트의 진행 방향에 대해 합의할 수 있게 한다. 이를 통해 올바른 방식으로 제품을 개발할 뿐만 아니라, 그보다 더 중요한 올바른 제품을 개발할 수 있다.

디자인 씽킹 워크숍에서 가장 먼저 해야 할 일은 모든 참가자가 서로를 이해하게 하는 것이다. 팀 구성원들이 워크숍에 대한 기대와 우려를 표현하는 것으로 워크숍을 시작함으로써 모든 참가자가 이러한 과정을 통해 기대하는 바를 명확히 인지하게 할 수 있다. 이러한 관행을 통해 조정이라는 중요한 측면을 촉진할 수 있다.

---

10 기업이 개발하는 솔루션을 우선 경험하고 적극적으로 피드백하도록 선정한 사용자를 뜻한다. - 옮긴이

고객을 이해하는 실제 작업은 공감 지도를 통해 표현된 페르소나라는 개념을 사용함으로써 시작된다.[11] 공감 지도empathy map는 일반적인 고객을 상정하는 페르소나persona가 무엇을 생각하고 느끼고 행동하고 말하고 있는지 보여준다. 다양한 페르소나가 시스템에 어떻게 반응하고 느끼는지 이해함으로써 설계자와 개발자는 고객이 왜 해당 설계 및 구현을 선택하는지 더 잘 이해할 수 있다. 다만, 단순히 이상적인 고객을 모델링하는 것만으로는 충분치 않으며, 아이디어에 대한 구체적인 피드백을 받기 위해 스폰서 유저를 통해 모델을 그려나가야 한다.

올바른 제품을 개발하기 위해서는 학습 과정을 통해 아이디어를 얻어야 한다. 좋은 아이디어를 찾는 방법은 디자인 씽킹 워크숍의 또 다른 주요 부분이며, 이를 프로세스 아이디에이션process ideation이라 한다.

좋은 아이디어를 도출하는 것은 디자인 씽킹 워크숍의 가장 중요한 목표 중 하나다. 관건은 어떤 아이디어가 중요하고 팀의 의제를 진전시키는 데 도움이 될 수 있는지 아는 것이다. 자주 활용되는 접근 방식은 팀에서 최근 연구한 페르소나를 고려하여 현재 프로세스를 검토해 시작하는 방식이다. 이러한 관행을 as-is 시나리오 모델링이라고 한다. 팀은 이전 단계에서 가장 중요한 페르소나 중 하나를 선택한다. 일반적으로 선택된 페르소나는 애플리케이션의 가장 일반적인 사용자로 상정되지만, 이러한 프로세스는 다른 페르소나에도 반복해 적용될 수 있다. 해당 사용자의 관점에서는 사용자가 오늘 어떤 행위를 할 것인지 설명하는 단계별 시나리오를 식별할 수 있다. 이러한 관행의 목표는 무엇 때문에 현재 사용자가 가장 불만족스러운지를 이해하고 어떻게 개선할 것인지를 생각하기 시작하는 데 도움이 되도록 현재 문제를 해결하는 것이다.

먼저 벽에 커다란 종이를 붙이는 것부터 시작해야 한다. 그리고 종이에 4개의 가로줄을 그어 '단계', '실행', '생각', '느낌'이라는 이름의 레이블을 붙인다. 그런 다음 현재 시나리오의 각 단계에 대해 종이의 맨 위에 열을 생성하여 스티커 메모를 하나씩

---

11 이 장에서 굵게 강조된 단어나 문장은 IBM 클라우드 개러지 방법론의 실천 방법이다. 각각에 대한 세부 내용은 http://www.ibm.com/cloud/method에서 확인할 수 있다.

붙여 기존 시나리오의 개요를 적는다. 그리고 다른 팀원들은 페르소나 정의와 공감 지도로부터 도출된 정보를 통해 각 열에 새로운 스티커 메모를 추가하여 사용자가 프로세스의 특정 단계에서 무엇을 하고, 무엇을 생각하고 느끼고 있는지를 나타낼 수 있다. 이러한 결과는 그림 8.3과 비슷해 보일 것이다.

▲ 그림 8.3 as-is 시나리오 모델링

이러한 과정은 반복적으로 수행된다. as-is 모델링 시나리오에서 페르소나에 대해 배우는 것과 그 반대의 경우를 오가게 된다. 이렇게 만들어진 시나리오는 이전 시나리오에서 놓친 부분을 나타낼 수 있다. 애로사항을 파악한 후에는 사용자 경험을 향상하기 위해 아이디어 발굴 작업을 시작한다. 각 팀원은 최소 5개에서 10개의 아이디어를 발굴해 사용자 애로사항을 해결해야 하며, 아이디어 중 3개는 불합리할 정도로 현실의 벽을 뛰어넘는 것이어야 한다.

그런 다음 모든 아이디어를 취합해 그림 8.4와 같이 '낮음에서 높은 영향력'(Y축), '비쌈에서 저렴함'(X축)을 통해 구분하여 분류한다. 이러한 작업에서는 개발 팀의 참여가 중요하며, 이를 통해 구성원들이 구현에 필요한 비용을 모두에게 이해시킬 수 있다. 이러한 과정은 '중요하지만 실행하기 어려운 일'에 속하는 개념들이 더 쉽게 만들어질 수 있고 옳은 방향으로 갈 수 있는지를 결정하게 되는 순간이다. 가장 오른쪽 위에 놓인 것들을 집중적으로 토론해야 한다. 그리고 전략적으로 차별화된 아이디어를 구현하는 것이 더 쉬워질 수 있는지 자문해야 한다. 2개의 오른쪽 위 영역의 아이디어는 팀이 다음 단계를 수행하는 동안 초점을 맞춰야 하는 것들이다.

디자인 씽킹의 이러한 측면을 적용해 얻은 정보는 팀이 소통할 수 있는 접점인 MVP에 대한 명세를 제공한다. 앞서 논의한 바와 같이 MVP는 팀이 제공할 수 있는 것에 대해 가장 작고 밀접하게 초점을 맞춘 내용이며, 측정 가능한 고객 가치를 가져다준다. 각각의 커다란 아이디어가 나타내는 주요한 가설은 무엇인지 확인할 필요가 있다. MVP는 중요한 개념이다. 디자인 씽킹 워크숍 프로세스는 며칠 만에 달성될 만큼 신속한 절차이며, MVP는 수개월이 아닌 몇 주 만에 빠르게 개발되어 고객에게 제공되는 것으로 정의된다. 디자인 씽킹 워크숍 프로세스를 통해 개발자는 신규 기능을 신속하게 제공하고 피드백을 얻을 수 있어 팀이 가설을 입증하거나 반증할 수 있게 한다. 향상된 통찰력을 바탕으로 팀은 MVP를 검증하는 방법을 이해하는 데 도움이 되는 일련의 가설과 사용자 실험을 만들어야 한다.

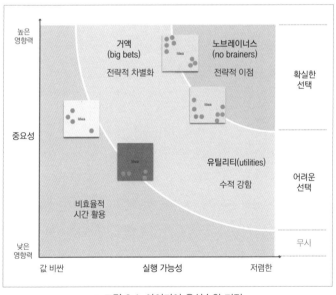

▲ 그림 8.4 아이디어 우선순위 지정

이 시점에서 조정이 다시 시작된다. 디자인 씽킹 워크숍에서 자주 활용되는 한 가지 활동은 팀이 전체 제품의 목표와 목표가 아닌 것이 무엇인지 결정하는 데 도움이 된다. 이 활동은 팀원들이 프로젝트의 의제를 이해하도록 돕는 데 중요하다. 예를 들어 개발자는 PaaS 같은 새로운 클라우드 기술을 탐구하려 할 수 있지만, 제품 책임자는 첫 번째 기능을 제때 구현하는 것에만 관심을 가질 수 있다. 이 활동을 통해 팀은 원하는 바를 협조적인 방식으로 이끌 수 있으므로, 잠재적 목표의 장단점을 분류해볼 수 있다. 목표와 목표가 아닌 것에 대해 합의하면 팀이 MVP를 정의하는 데 있어 올바른 우선순위를 정할 수 있으며, 이후의 논의에도 도움을 준다.

워크숍 마무리

IBM 클라우드 개러지 접근 방식이 다른 애자일 방법 및 IBM 디자인 씽킹의 기본 개요와 다른 이유는 이 시점에서 몇 가지 주요 아키텍처 문제를 다뤄야 한다는 점 때문이다. 아키텍처에 대한 반나절가량의 짧은 논의로 디자인 씽킹 세션을 진행하면, 비즈니스 팀과 기술 팀이 더욱 긴밀하게 협업하여 MVP를 구현하기 위한 가장 좋은 접근 방식을 도출할 수 있다. 또한 이러한 논의는 팀이 초기 단계에서 애플리케이션을 구현하는 데 필요한 추가 핵심 정보를 정의할 때도 도움이 된다.

설계자의 역할은 디자인 씽킹 워크숍으로 끝나지 않고 제품 개발 기간 내내 지속된다는 점을 유념해야 한다. 이 시점에서 각기 다른 기술들이 적용될 수 있다. 설계 팀에는 사용자 환경을 설계하는 데 필요한 정보가 있어야 한다. 초기에 설계 팀은 스폰서 유저와 사용자 인터페이스의 개념을 검증하고 개발 팀이 작업할 수 있도록 필요한 최소한의 설계만 제공하면 된다. 이후에 설계자는 세부 와이어프레임wireframe을 개발하고 상세한 사용자 경험UX, User Experience을 개발할 수 있도록 구성한다. 설계자와 제품 책임자는 스폰서 유저와 함께 일련의 플레이백을 통해 피드백을 수집하고 검토하여 가설과 와이어프레임을 변경한다.

가장 좋은 방법은 개발 스쿼드에 설계자를 배치하는 것이다. 그러나 대부분의 IT 조직에는 설계자가 적기 때문에 이러한 접근 방식이 항상 가능한 것은 아니다. 따라서 4장에서 소개한 지원 스쿼드 개념을 도입해 여러 개발 팀에서 설계자를 공유할 수 있다. 이 경우 공유된 설계자로 구성된 설계 스쿼드 또는 콘텐츠 스쿼드를 두게 된다.

프로젝트 착수 접근 방식

4장에서는 프로젝트의 리드 개발자인 스쿼드 리더의 역할에 관해 설명했다. 스쿼드 리더를 비롯한 다른 개발자들은 프로젝트의 핵심 범위를 이해할 수 있도록 디자인 씽킹 워크숍에 참여해야 한다.

설계 팀이 초기 UX를 위한 와이어프레임을 만들어내는 동안 빌드 스쿼드는 첫 번째 회의를 위해 모여야 하며, 이를 착수 워크숍이라고 한다. 착수 워크숍에서 빌드 스쿼드는 채택된 접근 방식을 검토해 팀원들에게 어떠한 관행을 적용할지 상기시키며, MVP와 디자이너들이 개발한 신뢰성 낮은 와이어프레임도 살펴볼 수 있다. 여기서 가장 중요한 것은 MVP 정의를 더 작은 유저 스토리로 세분화하는 것이다. 각 사용자 정의는 개발 페어(2명)가 하루 만에 구현할 수 있다. 좋은 유저 스토리는 페르소나에 따라 표현돼야 하며, 개발자가 완료 시점을 알 수 있도록 잘 정의된 수용 기준을 통해 시스템과 상호작용하는 동안 페르소나가 경험하는 것을 설명해야 한다. 개발자는 유저 스토리의 기술적 복잡성에 대한 의견을 제공하고 팀 전체가 함께 협력해 유저 스토리를 적절히 세분화해야 한다. 개발자는 유저 스토리의 복잡성에 기반해 작업량을 가늠한다. 어떤 스토리는 각 스토리가 2일 정도 내에 구현될 수 있도록 더 작은 스토리로 나누어야 할 수도 있다.

제품 책임자는 스쿼드 리더와 협업해 개발자가 작업량을 가늠할 수 있도록 세부 정보와 함께 유저 스토리의 우선순위 스토리 백로그를 만들고 관리해야 한다. 여기서 제품 책임자와 스쿼드 리더의 직무 역할상의 중요한 차이점을 발견할 수 있다. 제품 책임자는 무엇을 만들지 결정하고, 스쿼드 리더가 이끄는 개발 팀은 어떻게 만들지를 결정한다.

개발 착수

팀은 약 일주일 정도 지속하는 반복적 패턴을 수립하는 것이 좋다. 일주일이 반복을 위한 적당한 시간이다. 이를 통해 팀은 실질적 결과를 보여줄 수 있을 만큼 성과를

낼 수 있지만, 팀에게 변화가 필요한지 아닌지를 알려주는 스폰서 유저로부터 피드백을 받기 전에 잘못된 방향으로 너무 멀리 가지 않도록 한다.

각 반복은 반복을 계획하는 회의로 시작하게 된다. 회의에서 스쿼드 리더와 제품 책임자는 모두가 유저 스토리를 이해하고 개발자가 각 스토리별로 개발량을 가늠하게 한다. 중점은 전체 백로그에 있는 것이 아니라 일주일 동안 구현될 유저 스토리에 있다. 이해관계자 및 스폰서 유저로부터 수집된 평가 및 피드백의 결과에 따라 제품 책임자는 유저 스토리 및 스토리 백로그의 우선순위를 빈번하게 바꾸게 된다. 제품 책임자는 개발 작업을 완전히 통제할 수 있으며, 유저 스토리에서도 원할 때마다 언제든지 개발 내용을 변경할 수 있다.

앞서 '프로젝트 착수 접근 방식' 절에서 언급한 바와 같이, 유저 스토리의 핵심적인 측정 요소는 개발 페어가 하루 만에 구현할 수 있는지다. 시간이 지나며 팀에서의 구현 속도가 달라질 수 있으며, 이에 따라 스토리의 크기를 조정할 수 있다. 또는 스토리를 분리해 백로그에 다시 추가하거나 다시 결합할 수 있다. 팀은 매일 스탠딩 회의를 통해 조정을 거치는데, 이때 회의에서는 팀원들 간 진행 상황을 공유하고, 개발 페어는 백로그의 처음부터 그날 작업할 부분까지 스토리를 선택하며, 수행해야 하는 스토리 크기의 변경에 대한 정보 등을 공유한다.

팀은 또한 개발자가 테스트할 코드를 작성하기 전에 먼저 테스트를 설계하는 테스트 주도 개발^{TDD, Test Driven Design} 방법을 따라야 한다. TDD는 개발자가 기능 테스트 스위트를 이해할 수 있다면 팀원들에게 코드를 이해시킬 수 있는 중요한 방법이며, 팀원들은 특정 코드 요소가 어떻게 구현되는지 알 수 있다. 테스트 주도 개발을 통해 개발된 테스트 스위트는 기능, 사용자 인터페이스, 성능 등 필요한 모든 테스트 유형을 포함해야 한다. 개발을 계속 진행하면 각각의 테스트 스위트가 다양한 빈도로 수행된다는 사실을 알 수 있다. 예를 들어, 성능 테스트는 애플리케이션 개발 초기보다 개발 후반에 더 많이 수행된다.

IBM 클라우드 개러지 방법론의 부분으로 도입된 가장 독특한 방법 중 하나는 페어 프로그래밍^{pair programming}이다. 페어 프로그래밍은 고객에게 뚜렷한 이점을 제공한다. 첫 번째 장점은 개발 페어가 모든 코드를 작성할 때 지속적인 코드 검토를 거치게 되어, 공식적인 코드 검토에 걸리는 시간을 줄이거나 없앨 수 있다는 것이다. 페어 프로그래밍은 또한 팀의 집중도를 향상한다. 다른 사람과 직접 소통하는 동안 기술적 문제로 인해 해결되기 더 어려울 수 있기에, 개발 페어는 당면한 문제를 직접 해결하려 할 것이다. 개발 페어가 매일 작업하게 되면 페어가 새로운 유저 스토리를 구현하고, 기존 코드를 검토하고, 다시 논의하고, 수정함으로써 개별 시스템 요소에 대한 지식을 페어의 다른 동료와 팀원들에게 전파할 수 있다. 이 방법으로 특정 팀원에 치우치는 의존도를 줄이며, 대체할 수 있는 인원을 늘릴 수 있다(특정 팀원이 작업할 수 없게 되더라도 지식의 병목 현상 때문에 개발 작업이 중단되지 않는다).

페어 프로그래밍을 TDD와 함께 적용하면 모든 팀원은 누구나 쉽게 롤백하거나 수정할 수 없다는 편견을 깨트리고, 어렵지만 불가능하지는 않다는 확신을 안고 페어에 참여하게 할 수 있다. 이 프로세스는 4장에서 논의한 풀 스택full-stack 개발자를 양성해 고유 기술을 가진 전문가 또는 다른 팀에 넘기지 않음으로써 팀의 전반적인 효율성을 높인다.

팀이 올바른 방향으로 나아가고 필요에 따라 변경할 수 있도록 스폰서 유저와 제품 책임자의 피드백을 정기적으로 수집하는 것이 중요하다. 그러므로 이러한 이해당사자들과 매주 시연이나 반복의 결과에 대한 플레이백을 수행할 필요가 있다. 마지막으로 모든 반복이 끝날 때마다 팀은 회고retrospective를 위해 모이게 되며, 이를 통해 팀은 문화와 경험을 지속해서 향상할 수 있다.

그림 8.5는 유저 스토리, 스탠드업 미팅, 회고 및 검증을 하는 방식을 보여준다.

첫 번째 반복에서 팀의 가장 중요한 작업 중 하나는 자동화된 코드 개발, 테스트 스위트 실행, 상태 보고 및 성공을 바탕으로 여러 환경을 통해 준비에 이르는 자동화된 제공 파이프라인을 개발하는 것이다. 팀은 제품 책임자가 코드를 운영 환경에 릴리스해야 하는 시기를 결정할 수 있도록 제공 프로세스에 수동 단계manual step를 포함하는 방법을 택할 수 있다. 팀이 제공 파이프라인을 제공하고 각 페어의 코드가 팀의 다른 코드와 너무 많이 엇나가지 않도록 지속적인 통합을 연습하는 것이 중요하다. 10장에서는 지속적인 통합과 지속적인 제공에 대해 더 상세한 내용을 기술했다.

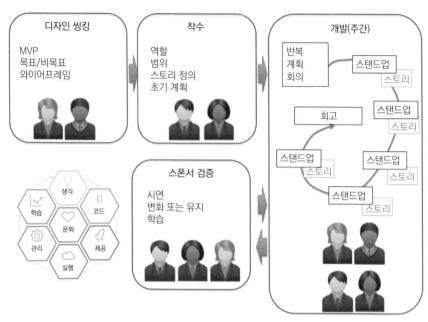

▲ 그림 8.5 개러지 방법론 반복 사이클

클라우드에 적합한 도구들은 팀이 빠르게 일을 시작하는 데 큰 도움을 줄 수 있다.
예를 들어 IBM 클라우드 지속적 제공 서비스를 활용하면 팀은 필요에 따라 시작할
수 있으며, 커스터마이즈할 수 있는 템플릿 도구 체인을 정의할 수 있다. 팀이 클라
우드 파운드리를 활용해 마이크로서비스 기반 애플리케이션을 구현하는 경우 해당
패턴과 일치하는 템플릿을 고를 수 있다. 젠킨스 같은 도구로도 같은 목표를 달성할
수 있으나, 같은 시작점에 도달하려면 더 많은 작업이 필요하다.

기술 선택의 역할

개발이 진행되면서 개발자들은 신속한 개발을 위해 기술을 선택한다. 5장에서 논의
한 바와 같이 많은 팀이 다중 언어^{polyglot} 개발 방식에 따라 클라우드 네이티브 애플
리케이션을 일련의 마이크로서비스로 구현한다. 이러한 두 가지 기술 선택은 클라우

드를 통해 제공되는 이점과 일치한다. 또한 이러한 기술 선택은 팀이 디자인 씽킹 프로세스 일부로서 동의한 목표 및 목표가 아닌 것과도 일치해야 한다. 대부분 개발자는 프로젝트가 진행됨에 따라 기술 관련 목표 리스트에 목표를 추가한다. 이러한 결정을 암묵적으로 하는 대신 명시적으로 함으로써 개발 팀의 목표와 제품 책임자의 목표 사이의 간극을 줄인다. 이러한 간극은 프로젝트가 진행됨에 따라 팀의 목표 및 목표가 아닌 것에 대한 리스트를 주기적으로 재검토함으로써 줄일 수 있다.

린 개발 및 린 스타트업 접근 방식의 중요한 측면 중 한 가지는 낭비를 제거하기 위한 정신이다. 개발 과정 내내 팀은 점진적 개발에 있어 KISS^{Keep It Simple, Stupid}(단순하게 할 것) 원칙을 포함해 낭비를 줄일 필요가 있다. 마찬가지로 팀은 일정한 주기로 코드 리팩토링을 수행해 코드가 불필요하게 반복되지 않도록 하거나 현재 유저 스토리에서 아직 필요하지 않은 기능이 구현되지 않게 할 필요가 있다.

MVP 제공을 위한 확장

팀이 MVP를 운영 환경에 제공하기 시작하면서 제공 및 운영과 관련된 추가적인 방법이 중요해진다. 운영 환경에 제공하기 위한 과정에서 제품 책임자와 스쿼드 리더 사이에 갈등이 생기는 경우가 있다. 이러한 갈등은 비기능적 측면의 유저 스토리를 통해 드러난다. 가용성에 대한 유저 스토리는 모든 시스템에 포함돼야 한다. 보안은 중요한 만큼 간과되기도 한다. 보안에 대한 논의는 해커 또는 블랙햇 등 새로운 페르소나가 페르소나 매핑 프로세스가 적용되어 개발되도록 할 수 있으며, 그에 따라 유저 스토리가 정의될 수 있게 한다.

또한 운영상의 고려사항도 잊지 말아야 한다. 내부 페르소나와 외부 페르소나가 포함될 수 있게 해야 하며, 로깅, 알림 및 대시보드에 대한 유저 스토리가 동작하지 않을 수 있는 퍼스트 리스폰더^{first responder}(10장 참고) 같은 페르소나도 포함해야 한다.

여기서 중요한 부분은 이러한 유저 스토리를 프로세스 일부로 작성해야 한다는 것이다. 그러나 이러한 유저 스토리에 지금까지 수행되지 않은 백로그보다 낮은 우선순위를 매길 수는 없다. 개러지 방법론에서 스쿼드 리더의 주요 책임은 애플리케이션의 비기능적인 측면과 더불어 기능적 측면이 다뤄지게 하는 것이다. 기능적 측면을 고려하는 제품 책임자는 우선 비기능적 사고에 대해 교육받을 필요가 있으며, 비기능적 유저 스토리가 기능적 유저 스토리만큼이나 비즈니스에 중요하다는 점을 이해할 필요가 있다. 제품 책임자는 자신의 결정에 따른 결과를 이해하지 못하는 것을 원하지 않는다. 예를 들어, 특정 지역에만 위치하는 클라우드에 배포하는 경우 어떠한 이유로 해당 지역에 문제가 생기면 전체 애플리케이션이 중단될 위험이 있다.

IBM 클라우드 개러지 방법론에서 이러한 이해는 스쿼드 리더와 제품 책임자 간의 지속적인 협상의 일환으로서 백로그가 한 방향으로 너무 치우치지 않게 한다. 이러한 비기능 요구사항이 얼마나 중요한지는 애플리케이션과 팀의 개발 단계에 따라 달라진다.

팀이 지속적으로 더 많은 기능을 운영 환경으로 이관함에 따라 특히 새로운 사이트가 기존의 웹사이트를 대체하려면 더 높은 수준의 확장성, 복원력 및 가용성이 필요해진다. 팀이 자동화된 모니터링을 통해 성능 데이터를 분석해 리소스 사용을 이해하는 것이 권장된다. 클라우드에서의 확장은 IBM 클라우드 오토스케일링 서비스 및 운영 수준 서비스 계획 또는 쿠버네티스에 포함된 오토스케일링 같은 기능을 통해 수행할 수 있다. 소규모 및 스테이트리스^{stateless} 서비스를 제공하는 마이크로서비스 아키텍처를 적용하면 오토스케일링이 가능하다. 가용성을 극대화하고 재해 복구의 필요성을 없애려면 각 애플리케이션을 각기 다른 지역의 여러 클라우드 데이터 센터에 배포해야 하며, 데이터 센터 간에 데이터 복제가 이뤄져야 한다.

스쿼드 모델에서 테스트의 역할

대규모 개발의 경우 자동화된 테스트, TDD 및 페어 프로그래밍의 결합이 개발 팀이 일반적으로 하는 암묵적인 생각을 변화시킨다. 이는 개발 프로세스의 일부로 전담 테스트 인력이 팀에 포함될 필요가 있음을 의미한다. 자동화 및 TDD의 결합으로 인해 전담 테스트 인력 역할의 필요성은 줄어들었지만, 기존 품질 보증 담당 인력의 기술은 여전히 테스트 프로세스에 존재한다. 결과적으로 조직에는 많은 테스터가 필요하지 않기 때문에 사람들은 다른 역할을 찾아야 한다. 어떤 테스터는 개발자가 될 수 있으며, 도메인 지식이 깊은 테스터는 제품 책임자가 되고자 할 수 있다.

마이크로서비스를 위한 개발 제공 파이프라인을 구축할 때 팀이 가장 궁금해하는 것은 그들에게 필요한 테스트 도구의 종류다. 일반적으로 팀이 유연하게 적용할 수 있으나, 적어도 다음과 같은 세 가지 도구가 필요하다.

- 파이프라인 초기 단계에서 일반적인 xUnit 단위의 테스트 도구
- 최종 사용자 경험 및 종단 간 상호작용을 그릴 수 있는 Cucumber, Selenium, Fitnesse 같은 그래픽 사용자 인터페이스^{GUI} 및 수락^{acceptance} 테스트 도구. 이러한 도구는 Saucs Labs 같은 클라우드 기반 도구와 통합되어 있을 수 있다.
- 성능 테스트 도구(일반적으로 Jmeter 같은 것을 기반으로 함). 이러한 도구는 클라우드 또는 온프레미스 기반일 수 있다.

보안 테스트 또한 중요하다. 6장에서 논의한 바와 같이 모든 데브옵스 파이프라인에는 정적 및 동적 취약점을 점검하는 도구가 포함돼야 한다. 이후에는 침투 테스트$^{penetration\ test}$ 같은 더욱 적극적인 테스트도 필요해진다.

일반적으로 대기업은 기기 간 모바일 테스트 및 엔드투엔드$^{end-to-end}$ 성능 테스트 등 전문적 기술이 필요한 테스트를 수행하기 위해 엔드투엔드에 특화된 테스트 스쿼드가 필요하다. 일반적으로 핸드오프^{handoff}를 피하고자 이러한 특별한 영역의 전문가를 일시적으로 추가해 필요에 따라 빌드 스쿼드를 구성한다.

고객 사례

대형 항공사에서 IBM 클라우드 개러지 방법론의 적용 가능성을 설득하는 데 가장 중요한 지지자 중 하나는 설계자 커뮤니티였다. IBM 개러지 팀은 클라우드 도입 건

으로 항공사와 협업하면서 IBM 클라우드 개러지 방법론에 커뮤니티의 요구를 충족시키기 위해 일부 커스터마이즈가 필요하다는 사실을 알게 됐다. 이를 통해 아키텍처에 지원 스쿼드가 필요하다는 사실을 깨닫게 됐다.

IBM 개러지 팀은 애플리케이션 설계자와 몇 명의 전문 설계자 역할로 구성된 특별 지원 스쿼드를 구성했으며, 이러한 스쿼드에는 때로 테스트 설계자와 한 명 이상의 시스템 설계자가 포함되기도 한다. 특별 지원 스쿼드 팀원들은 빌드 스쿼드 역할 수행 중에 시간을 쪼개어 때로는 프로젝트 수준에서 설정된 지침 내에서 구현에 관한 결정이 미치는 영향에 대해 조언하기도 한다. 그러나 그보다는 에픽epic과 스프린트sprint 레벨에서 발생하는 설계 계획을 단순히 돕는 경우가 더 많다.

IBM 클라우드 개러지 방법론을 적용해 출시한 첫 번째 애플리케이션은 Reaccommodation이다. Reaccommodation 앱은 여행 시 가장 큰 불편함인 비행 지연과 결항 관련 문제를 해결하는 것을 목표로 했다. 이 앱은 모바일이나 웹 애플리케이션을 이용해 항공편의 재예약을 완전히 제어할 수 있게 하여 승객들의 경험을 근본적으로 바꿔놓았다. 또한 Reaccommodation 앱을 통해 승객들은 대체 일정, 경유, 환경 등 비행 옵션을 유연하게 선택할 수 있어 탑승 대기 시간이 크게 단축되며 지원 인력, 콜센터 직원, 게이트 직원의 업무량이 줄어들었다. 이를 통해 규모에 맞는 IBM 개러지 방법론 적용에 따른 성공을 증명했다. Reaccommodation 애플리케이션을 통해 고객은 신규 항공편에 대한 정보를 받아볼 수 있으며, 불규칙한 비행 스케줄에 따라 다른 항공편을 예약할 수도 있다. 이를 통해 고객 문의 전화를 크게 줄였으며 고객 경험을 향상할 수 있었다.

개러지 방법론을 통해 항공사의 팀은 페어 프로그래밍과 TDD 같은 방법을 적용해 애플리케이션을 개발하고자 IBM과 파트너 관계를 맺었다. 그 결과 현대적 웹 인터페이스와 반응형 설계로 마이크로서비스 아키텍처에 구축된 최초의 클라우드 네이티브 애플리케이션이 나타나게 되었다. 이 프로젝트는 IBM에게 큰 성공이었으며 이후의 고객과의 프로젝트에서 롤 모델이 됐다.

항공사의 팀은 반복적인 계획과 페어 프로그래밍을 열정적으로 실행했다. 페어 프로그래밍은 유저 스토리 구현의 부담이 페어 간에 나누어지므로 지식 전달 및 협업을 가능케 하고 스트레스를 감소시키는 것으로 나타났다. 또한 개발이 진행됨에 따라 유저 스토리의 순서를 바꾸거나 추가하고, 크기를 조정하는 능력과 개러지 방법론이 만들어낸 생산적이고 협력적인 분위기를 즐겼다.

이 프로젝트는 착수에서 초기 출시까지 항공사가 예상한 시간의 절반에 불과한 4개월 만에 완료됐다. 이러한 접근 방식에 따라 비즈니스는 매우 안정되고 자신감이 생겨 허리케인 어마^{Irma}가 큰 혼란을 일으켰을 때, 항공사는 애플리케이션이 더 많은 공항에 서비스되도록 Reaccommodation의 출시를 가속화했다.

IBM 개러지 팀은 프로젝트가 큰 성공을 거뒀음에도 불구하고 어떤 일들은 성공적이지 못했다고 봤다. 이 프로젝트의 큰 문제점은 스쿼드 리더와 IBM 클라우드 개러지 방법론을 기존 팀에 적용하는 것이었다. 그 결과, IBM 개러지 팀이 참여하기 전에 화면 설계가 완료됐기 때문에 항공사의 팀에게 디자인 씽킹 방식을 적용하는 법을 보여줄 기회를 얻지 못했다. 일부 사소한 문제들은 낮은 신뢰도의 페이퍼 목업$^{paper\ mockup}$과 스토리보드를 사용해도 초기 고객의 피드백으로 해결될 수 있었다. 또한 항공사의 팀은 기존 팀이었기 때문에 일반적인 팀의 10명 한도에 맞게 크기를 조정할 수 없었다. 권장되는 인원보다 더 많은 인원이 있다는 것은 더 많아지는 커뮤니케이션 경로로 인해 팀이 신속하게 대응할 수 있는 능력을 잃게 된다는 것을 의미했다. 즉, IBM 개러지 팀이 원하는 방향으로 빠르게 전환하기는 어려웠다는 뜻이다.

정리

8장에서는 IBM 클라우드 개러지 방법론에 대해 정신없이 알아봤다. 또한 여기서는 IBM 클라우드 개러지 방법론을 구성하는 IBM 디자인 씽킹, 린 스타트업 및 애자일 방법론을 강조했다. 그리고 더욱 중요한 내용인 이러한 방법들이 어떻게 결합하는지, 그리고 왜 이 방법들을 전체로 결합하는지도 설명했다.

다음 장에서는 데브옵스 및 사이트 신뢰성 공학으로부터 아이디어를 빌려 클라우드 도입 과정에서 운영 팀(스쿼드 레벨 및 글로벌 레벨)을 참여시키는 마지막 방법론적 퍼즐을 알아본다.

9 서비스 관리 및 운영

기존의 IT 데이터 센터나 클라우드 등 애플리케이션이 실행되는 위치와 관계없이 애플리케이션 사용자에게 가용성, 보안 및 적절한 서비스 품질을 제공하기 위해 애플리케이션의 관리가 필요하다. 서비스 관리 및 운영은 조직 내에서 IT 기술을 활용하는 데 필요한 기능을 설계하고, 관리 및 제공하는 분야다. 서비스 관리는 대개 사실상의 업계 표준인 ITIL^IT infrastructure library과 맞춰지며, 성숙하고 명확한 기능이다.

그리고 프로세스 집약적이고 성숙한 운영 팀이 어떻게 애자일과 클라우드 지향적 접근 방식을 지원할 수 있는지에 대한 문제도 존재한다. 이러한 내용을 이번 장에서 설명하겠다.

클라우드는 운영 담당 임원(VP)에게 어떤 의미인가?

운영은 조직, 프로세스 및 도구에 대한 다년간의 경험이 쌓여 잘 정의된 부문이다. 애플리케이션과 워크로드가 클라우드로 이동함에 따라, 서비스 관리 및 운영 프로세스를 다시 검토할 필요가 있다. 목표는 시장의 기회와 위협에 신속하게 대응하기 위해 신뢰성과 속도 및 생산성 사이의 균형을 달성해야 한다. 이러한 두 가지 측면에서의 균형을 맞추지 못한다면 부서 간 갈등과 불신이 발생할 것이다.

문제는 기존의 ITSM[IT service management] 프로세스가 번거롭고 복잡하며 애자일이나 데브옵스 같은 방법과 충돌한다는 것이다. 이러한 인식 차이로 인해 명시적인 승인 없이 조직 내에서 솔루션을 구축하고 사용하는 결과를 낳기도 하며, 이를 섀도 IT[shadow IT]라고 부르기도 한다. 유감스럽게도 섀도 IT는 컴플라이언스 문제와 비효율성 및 조직의 기능 장애를 초래할 수 있다.

클라우드 도입은 기존의 ITSM 관행을 다시 검토하고 수정할 기회가 될 수 있다. 이러한 기회는 문화, 조직, 역할, 프로세스, 도구 및 기술에 영향을 미친다는 사실을 이번 장에서 알 수 있다. 현대적인 클라우드 지향 서비스 관리 방법을 통해 애자일 방법론과 데브옵스로 얻는 비즈니스 가치를 지원하고 확장할 수 있다.

대부분 기업은 두 곳 이상의 클라우드에서 서비스를 운영한다. 새로운 방법의 도입으로 충분하지 않으면 여러 공급업체를 통한 동기화가 꼭 필요하다. 서비스 통합 관리[SIAM, service integration and management]는 고객과 내·외부의 포괄적 서비스 제공자에게 전체 단계에서 통합 서비스 경험을 제공할 수 있도록 지원한다.

균형을 이루는 데 중요한 것은 잘 정의된 서비스 수준 계약[SLA, service-level agreement]과 서비스 사용자에게 제공되는 서비스 수준 목표[SLO, service-level objective]다. SLA는 의사 결정의 기반이 되며, SLA를 통해 비즈니스, 개발 및 운영 등 모든 부서가 공통의 목표를 달성할 수 있다. 이러한 조정을 통해 운영 담당 임원은 거버넌스 및 책임 의무를 수행하면서 비즈니스의 전략적 파트너로서의 역할을 수행할 수 있다.

운영 전환

클라우드 서비스 관리 및 운영[CSMO, cloud service management and operations]은 IT 인프라 라이브러리[ITIL, IT infrastructure library] 같은 기존의 서비스 관리 접근 방식을 그대로 유지하면서 클라우드에 더욱 적합하도록 전통적인 서비스 관리를 재정의한다. 서비스 관리는 애플리케이션과 서비스의 모든 운영 측면을 포괄한다. 애플리케이션을 운영 환경에 적용한 뒤에는 반드시 관리가 필요하며, SLA 및 SLO에 따라 가용성과 성능을 보장하기 위한 모니터링이 수행된다. 이러한 관리에는 용량 관리, 컴플라이언스, 복원력 및 확장성 같은 측면도 포함된다.

새로운 기능을 개발, 테스트, 배포하는 방법이 애자일로 바뀌어감에 따라 서비스 관리는 이러한 패러다임 전환을 지원하기 위해 바뀌어야 한다. 이러한 전환은 다양한 영역에서 의미가 있다.

- **조직**: 운영 팀을 개발 팀과 분리하는 대신 스쿼드라는 작은 팀을 통해 전체 라이프 사이클을 책임진다. 사이트 신뢰성 엔지니어링[SRE, site reliability engineering] 은 운영에 대한 강한 엔지니어링 포커스를 제공한다. SRE에서는 부하가 증가하면서 운영을 확장하기 위한 자동화 및 예방이 강조된다.
- **프로세스**: 자동화되고 지속적인 테스트, 배포 및 릴리스는 데브옵스의 핵심요소다. 변경 관리 프로세스 같은 기존의 서비스 관리 프로세스는 데브옵스 방식으로 바뀌어야 한다.
- **기술**: 서비스를 복구하는 데는 시간이 필요하므로 사고 관리 도구는 적절한 정보, 지원 자동화, 주제 전문가[SME, subject-matter expert] 와의 협업을 즉각 제공할 수 있어야 한다. 기술 혁신의 예시로서 팀이 사고에 신속하게 대응할 수 있는 능력을 향상하는 챗옵스[ChatOps] 라는 새로운 협업 기술을 소개하고자 한다. 또한 챗옵스 기술이 협업의 목적으로 서비스 관리 및 데브옵스 도구와 어떻게 통합되는지 다룬다.
- **문화**: 전환 프로젝트로서 성공하기 위해서는 문화적인 측면을 몇 가지 고려해야 한다. 예를 들어보자면, 조직이 비난 없이 사건의 원인으로부터 교훈을 배울 수 있는 문화가 필요하다는 점이다. 아울러, 클라우드 지향적 운영을 위해서는 투명성 문화가 요구된다.

조직 변화

전통적인 IT 구조하에서 많은 기업은 잘 구성된 개발 및 운영 조직이 있다. 개발 부서는 코드를 개발하고 테스트하는 업무를 담당하며, 새로운 기능, 속도 및 생산성을 추구한다는 특징이 있다. 개발 부서는 개발 프로젝트에 투입되어 일하게 된다. 운영 부서는 애플리케이션을 유지 관리하고 운영하며, 안정성, 성능, 신뢰성 및 정확성을 추구한다는 특징이 있다. 운영 부서는 서비스의 운영 환경에서 일하게 된다.

이러한 구성은 자연스럽게 개발 부서와 운영 부서 사이의 갈등을 유발하며, 종종 불신을 초래하기도 한다. 이 두 조직의 인력들은 배경, 기술 및 인센티브가 서로 다르다.

데브옵스는 소프트웨어 개발^{Dev}과 소프트웨어 운영^{Ops}의 통합을 목표로 하는 소프트웨어 공학적 방법으로서, 조직 구조에 명확한 영향을 준다.

데브옵스

데브옵스는 운영 부서와 개발 부서 간의 협업 관계를 구성한다. 이상적인 상황에서 개발 부서(스쿼드)는 계획, 구축, 테스트와 배포부터 실행 및 운영 단계에 이르기까지 애플리케이션 전체의 라이프 사이클을 담당한다. 이를 지원하기 위해서는 개발과 운영 사이의 조직 경계를 없애야 한다. 팀원들은 목표를 공유하고 속도와 안정성 사이의 균형을 유지한다.

적합한 기술력을 갖춘 데브옵스 인력을 채용하기는 쉽지 않다. 이상적인 상황에서 모든 팀원은 다른 팀원의 역할을 맡을 수 있어야 한다. 하지만 팀원들은 특정 업무를 수행하는 경우가 많다. 일부 팀원은 개발 또는 테스트가 업무의 중심인 데 반해, 다른 팀원들은 배포 또는 운영을 중심으로 업무를 수행한다. 팀원들이 팀에서 주 역할 외에도 보조 역할을 수행하게 하고 싶을 것이다.

그림 9.1은 전통적인 사일로 IT 조직에서 통합 조직으로 발전하는 것을 보여준다. 통합 조직에서는 팀이 서비스 전체 라이프 사이클을 담당하게 된다.

운영 전환 - 운영 변화

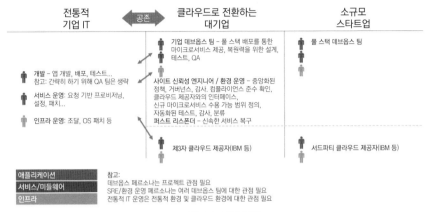

▲ 그림 9.1 운영 변화

데브옵스 스쿼드 접근 방식은 많은 장점이 있으나, 여러 데브옵스 팀에 영향을 줄 수 있는 특정 운영 활동에는 부족한 면이 있다. 현대적 운영은 여러 기술 분야에 걸쳐 광범위하고 깊은 기술 지식이 필요하다. 그러나 모든 데브옵스 팀원이 효율적인 자동화 접근 방식 또는 확장 가능한 분산 로그 관리 솔루션을 개발할 수 있을 만큼 숙련된 것은 아니다. 또한 각 스쿼드가 도구와 플랫폼에 대해 기술적 결정을 자체적으로 내릴 수 있는 능력을 갖추고 있는 경우, 개별 구성요소는 최적화할 수 있으나 전체 시스템을 최적화하기는 어렵다. 그 결과, 협업의 효율성이 떨어질 뿐만 아니라 팀원들이 여러 스쿼드에 투입될 수 있는 역량 개발도 어려워진다.

다음과 같은 조건이 있는 경우 데브옵스 접근 방식이 적용되지 않는다.

- 애플리케이션이 상용 제품을 활용해야 구동되는 경우
- 애플리케이션이 유지보수되고 있으며 새로운 기능 개발은 필요치 않으나, 여전히 구동되고 유지 관리될 필요가 있는 경우
- 소프트웨어 엔지니어가 수행하는 운영 작업의 수가 문화적으로 제한되어 있는 경우

이러한 과제를 해결하는 한 가지 방법은 소수의 운영 전문가들을 보유해 하나 이상의 운영 팀을 구성하는 것이다. 이 스쿼드에는 개발 스쿼드가 사용하는 운영 제품의 설계, 배포 및 제공에 대한 책임이 있다. 또한 경찰의 작전 결정 능력과 유사한 거버넌스 구조를 구축할 필요가 있다.

사이트 신뢰성 엔지니어링

운영에 대한 또 다른 접근 방식은 사이트 신뢰성 엔지니어링^{SRE, site reliability engineering}이다. 구글의 사이트 신뢰성 팀을 구축한 벤 트레이너^{Ben Treynor}에 따르면, SRE는 "소프트웨어 엔지니어가 운영이라고 여겨지던 업무를 맡게 되면 어떻게 될까?"라는 물음에서 출발한다.[1]

SRE를 적용하면 현대적 개발 팀의 속도로 업무를 수행할 수 있다. 사이트 신뢰성 엔지니어는 자동화를 통해 작업을 효율적으로 수행하고 수작업을 줄일 수 있다. 자동화가 가장 효과적일 수 있는 업무를 파악하는 데 최대 50%의 시간을 할애해야 한다. 사이트 신뢰성 엔지니어는 나머지 50%의 시간을 환경을 개선하는 데 쓰게 된다. 과도한 운영 부하가 SRE 팀에서 개발 팀으로 이동되면 안정성을 위해 속도가 자동으로 늦춰진다. 운영 활동의 또 다른 5%는 개발 팀과 공유하므로 사이트 신뢰성 엔지니어는 지속해서 애플리케이션 또는 서비스의 운영상 특성을 상기하게 된다.

SRE는 문제가 재발하는 것을 방지한다. 사이트 신뢰성 엔지니어는 사고에 신속하게 대응하는 것보다 사고를 사전에 방지하는 데 더욱 힘쓰게 된다. 사이트 신뢰성 엔지니어는 아키텍처 및 애플리케이션의 비기능적 측면을 개선하기 위해 사고의 원인을 다룬다. 또한 사이트 신뢰성 엔지니어는 코드 변경을 수행할 권한이 있으며, 반드시 개발자에게 백로그 항목 구현을 의존하는 건 아니다.

주된 척도는 우선순위를 결정하는 합의된 SLO이다. SLO가 충족되면 속도가 증가할 수 있으며, 팀은 기능을 추가하고 새로운 릴리스를 배포하는 데 좀 더 적극적으로 참

---

1 "Site Reliability Engineering," Google. Accessed January 31, 2018. https://landing.google.com/sre/interview/ben-treynor.html.

여할 수 있다. SLO가 충족되지 않는 경우 안정성과 서비스 신뢰성 개선 속도가 늦춰진다. 보증 기간이 만료된 소프트웨어는 실패한 예산error budget이며, 오류와 운영 중단 사태에 대한 한계점이 될 것이다.

데브옵스와 SRE는 서로 잘 보완된다. 데브옵스 방법론은 개발 스쿼드의 각 구성원이 강력한 코드를 구현하는 것을 목표로 한다. 개발자들은 코드를 운영 팀에 넘기기보다는 서비스의 신뢰성에 대해 고유한 관심을 갖는다. SRE 접근 방식은 자동화를 통해 작업을 확장하고 부족한 기술을 채우기 위해 새로운 기능의 균형을 맞출 수 있게 한다. 그 결과 전체 조직의 운영 효율성이 향상된다.

데브옵스와 SRE의 조합은 고도로 규제되는 환경과 같이 업무 분리가 필요한 경우에도 유용하다. 이러한 접근에 따라 두 가지 방식의 가치를 결합한 융합형 모델을 도입할 필요가 있다.

프로세스 변화

클라우드에서는 많은 활동을 자동화할 수 있다. 환경은 자동으로 프로비저닝되고 애플리케이션은 자동으로 배포되며, 애플리케이션 인스턴스는 정책에 따라 자동으로 확장되거나 축소됨에 따라 운영 프로세스에 영향을 주게 된다. 수동으로 이뤄졌던 것들은 자동화되어 배포 파이프라인에 통합돼야 한다.

전통적 IT에서 변경 관리 프로세스는 변경 및 릴리스가 수동으로 수행되는 형태였다. 변경자문위원회CAB, change advisory board는 각 변경사항을 평가해 개발 라이프 사이클의 다음 단계 이행 여부를 결정한다. 변경은 FSCforward schedule of changes[2]를 통해 실행이 예정된다.

---

2 승인된 모든 변경에 대한 상세한 내용과 이행 날짜 등을 포함한 일정을 의미하는 ITIL 용어 – 옮긴이

지속적 제공(CD, continuous delivery)은 새로운 기능, 설정(configuration) 변경, 버그 수정, 실험 등 모든 유형의 변경사항을 운영 환경 또는 이용자에게 안전하게 지속 가능한 만큼 신속하게 제공한다.

CD에서는 코드 변경이 개발 단계에서 운영 단계로 끊임없이 이어지도록 요구된다. 일관되고 신뢰할 수 있는 방식으로 지속적으로 제공하기 위해 팀은 소프트웨어 제공 프로세스를 제공 단계와 코드 이동을 통한 자동화 단계로 나누어 제공 파이프라인을 구축해야 한다.

지속적인 통합과 지속적인 제공$^{CI/CD, continuous integration/continuous delivery}$을 특징으로 하는 클라우드 네이티브 환경에서 변경사항은 다양한 단계를 통해 자동으로 추진된다. 성공적 테스트 실행의 유효성 확인과 같이 CAB가 평가했던 것이 자동으로 수행된다. ITIL 용어에 따르자면 사전 승인된 변경 또는 표준이라 할 수 있다. 인위적으로 속도를 늦추는 FSC 없이도 변경은 즉각적으로 적용된다. 운영 환경으로의 릴리스는 카나리아 릴리스 같은 전략을 통해 신중히 수행되며, 이 전략에서는 초기에 카나리아라는 서브셋에 배포가 이뤄진다. 카나리아 배포가 성공하면 전체 배포가 수행된다. 블루-그린$^{blue-green}$ 배포 등의 기법은 운영 단계에서 오류가 있으면 롤백^{rollback}을 허용한다.

CAB의 역할은 "테스트 단계에서 테스트를 충분히 수행하는 데 필요한 코드 커버리지는 어느 정도인가?" 및 "배포용 카나리아를 수행하는 서브셋은 어떤 것인가?"와 같은 질문에 대답을 하는 등 개별 변경에 대한 평가에서 배포 파이프라인과 정책을 정의하는 것으로 역할이 전환된다.

그림 9.2는 기존 IT에서 클라우드 지향 환경 및 클라우드 네이티브 환경으로의 프로세스 전환을 보여준다.

운영 전환 - 프로세스 변화

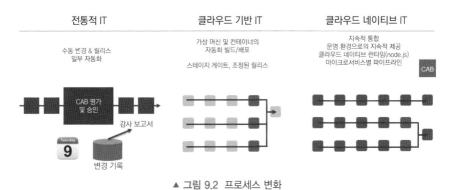

전통적 IT	클라우드 기반 IT	클라우드 네이티브 IT

▲ 그림 9.2 프로세스 변화

기술 변화

역할 및 프로세스와 마찬가지로 워크로드가 클라우드로 이동함에 따라 기술도 변경된다. 이러한 변화의 대부분은 클라우드와는 무관하지만, 클라우드 도입은 새로운 도구 및 기술의 채택에 상당한 영향을 준다.

예를 들어, 모니터링 도구는 새로운 워크로드를 볼 수 있어야 한다. 리소스 중심 모니터링(파일 시스템, 프로세스, 메모리)에서 애플리케이션 및 서비스 지향 모니터링(응답 시간, 지연 시간, 오류율, 서비스 한계)으로 관점이 변경된다. 이러한 관점의 변화를 염두에 두고 대시보드에서 측정 데이터를 만들 수 있어야 한다. 과거에는 많은 모니터링 도구가 시스템 관리자^{SysAdmin}에게 임계치를 초과하는 사건만을 알리기 위해 경고를 했다. 시스템 관리자는 시간에 따른 측정값의 분포 또는 다른 측정값과 비교를 하기는 어려웠다.

기술 변화가 운영 방식에 영향을 미치게 된 두 가지 원인으로는 챗옵스의 도입과 작업 항목의 백로그를 관리하는 새로운 방법의 등장을 들 수 있다.

챗옵스

가장 혁신적인 기술 변화 중의 하나는 더욱 협력적인 운영 방식으로의 전환을 이끄는 챗옵스^{ChatOps}다. 사고 기록(티켓 등) 및 전화로 의사소통하는 대신 SME(데브옵스 팀원, 보안 전문가 또는 네트워크 전문가 등 주제별 전문가)는 인스턴트 메시징 도구를 활용해 사고에 대해 소통할 수 있다.

과거에는 운영 팀이 티켓을 만들고 티켓 변경을 통해 업데이트를 기록함으로써 시간을 낭비했던 측면이 있다. 이러한 과정이 너무나 번거로웠기 때문에 중요 정보는 티켓에서 알기 어려웠다. 대신에 사람들은 이메일, 스카이프^{Skype}, 세임타임^{Sametime}, 왓츠앱^{WhatsApp} 같은 좀 더 직접적으로 의사소통할 수 있는 대안을 찾아냈다. 챗옵스를 통해 SME 간의 즉각적이고 직접적인 협력의 필요성을 알 수 있다.

슬랙^{Slack}과 힙챗^{Hipchat} 같은 도구들은 인스턴트 그룹 메시지 기능을 제공한다. 여기서는 텍스트 메시지 외에도 미디어(스크린샷 등) 또는 파일(설정 파일 또는 명령줄 등)을 공유할 수 있다. 이러한 도구들은 메시지를 영구 저장하기 때문에 나중에 대화에 참여하는 사람이라도 이전의 모든 대화를 볼 수 있다.

사람 간의 즉각적이고 협업적인 의사소통만으로도 이미 충분한 장점이 있지만, 챗옵스에서는 시스템도 대화에 참여하는 것이 가능하다. ITSM 및 데브옵스 도구는 이벤트 알림 같은 정보를 그룹 채팅에 직접 전송할 수 있다. 이러한 알림의 예를 들자면 지난 24시간 동안의 관련 이벤트 표시나 응답 시간 분포 보고 등이 있다.

이러한 도구는 챗봇^{chatbot} 기술을 활용해 특정 메시지에 반응하여 명령을 수행하도록 구현할 수 있다. 스크립트를 통해 코드 변경 목록과 제출자 이름을 제공해 가장 최근에 수행된 배포에 관한 정보를 받을 수 있다.

그림 9.3은 챗옵스의 예시로서, 기존 서비스 관리 도구에서 더욱 협력적이고 클라우드 지향적인 도구로 발전된 기술을 보여준다.

운영 전환 - 기술 변화

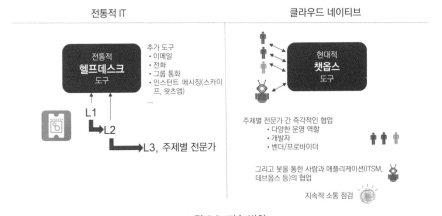

▲ 그림 9.3 기술 변화

챗옵스는 다양한 서비스 관리 분야에 적용될 수 있다.

- **사고 관리**: 챗옵스는 사람들이 시간에 따라 프로세스에 신속하게 투입될 필요가 있는 경우 사고 분석, 격리 및 조사를 수행하도록 지원할 수 있다.
- **근본 원인 분석 및 문제 관리**: 챗옵스를 통해 5 Why 기법[3]을 수행할 수 있다. 또한 균형 잡힌 액션 플랜action plan을 개발하고 우선순위를 부여하는 데 활용될 수 있다. 더 자세한 내용은 이 장의 '근본 원인 분석 및 사후 검토' 절을 참고한다.
- **변경 관리**: 챗옵스는 변경 영향 평가를 수행하는 가상의 변경 자문위원회 역할을 수행할 수 있고, 애플리케이션의 변경 구현 일정을 조정하는 데 활용될 수 있다.

챗옵스는 사람과 ISM/데브옵스 도구 간의 협업적인 소통을 가능하게 하여 사고 대응 시간을 줄이고 반복적인 정보 요청을 없애며, 모든 데브옵스 팀원이 필요한 사고 정보를 일관적인 방식으로 열람할 수 있게 한다.

---

3 문제의 원인에 대해 지속적으로 질문하며 근본적 원인을 찾는 방법 – 옮긴이

챗옵스 기술을 적용하더라도 헬프데스크 티켓팅 시스템이 여전히 중요한 역할을 할 수 있다. 사고 시작 및 종료 시각과 주요 업데이트는 헬프데스크 티켓팅 도구에 자동으로 연동될 수 있다.

백로그

신기술을 적용하는 또 다른 사례로 사고 및 근본 원인을 분석한 결과로서 작업 항목을 처리하는 것을 들 수 있다. 복구 작업은 서비스의 신속한 복원을 다루지만, 예방 작업은 사고의 근본 원인을 해결하는 등 라이프 사이클의 여러 요소에 중점을 둔다.

이렇게 운영 단계에서 발생하는 조치는 더는 운영 팀에 국한되지 않는다. 필요한 조치는 개발 팀과 공유되며, 공통 백로그의 모든 기능 요구사항에 합쳐진다. 통합된 백로그를 통해 팀은 요구사항과 비기능 요구사항을 고려해 합리적으로 우선순위를 매길 수 있게 된다. 제품 책임자는 제품의 속도와 안정성 사이의 균형을 유지할 필요가 있다.

전자식의 칸반 보드Kanban-Boards[4] 같은 기술은 모든 요청에 대한 가시성을 확보하고 팀원들이 올바른 결정을 내릴 수 있게 도와준다. 또한 칸반 보드는 기술적 부채technical debt[5]를 객관적으로 측정하고 솔루션의 신뢰성과 관계된 모든 작업을 기록할 수 있다.

문화 변화

또 다른 예시로서 다른 모든 전환 이니셔티브를 지원할 수 있는 문화를 들 수 있다. 전통적인 IT 서비스 관리는 정확하게 규정되고 구조화된 접근 방식을 특징으로 하며, 이는 대개 학습의 방법으로서 실패를 용인하는 애자일 및 반복 개발 방식과 충돌한다.

물론, 팀의 새로운 업무 방법으로 장애와 같은 것을 수용해야 한다는 뜻은 아니다. 실제로 복원력resiliency은 서비스 관리에서 클라우드 지향 접근 방식의 핵심 요소다. 다음 절에서는 이러한 접근 방법을 가능케 하는 문화 요소를 알아본다.

---

4 카드를 사용해 각 단계의 작업 항목을 시각적으로 나타내는 도구를 뜻한다. – 옮긴이
5 기존의 오류 등으로 인해 새로운 기능을 개발하는 데 어려움을 겪는 것을 뜻한다. – 옮긴이

그림 9.4는 전통적인 IT와 클라우드 네이티브 접근 방식 간의 문화적 차이를 나타낸다.

운영 전환 – 문화 변화

전통적 IT	클라우드 네이티브
계획된, 절차 지향적 좋아 보이는 목표 – '저는 아닙니다.' 구세주 신드롬, '영웅' 비즈니스 유닛별 목표 전문지식 정보를 보호하려 함 정적인 환경에 편안함 위험 회피적인 도전에 대한 반응: 무력감 기본적으로 '아니요'라 하는 태도	반복적, 애자일 배움을 위한 목표 – 비난하지 않는, 지적하지 않는 학습 조직 모든 유닛의 공통적 목표 협업, 공유 투명성 변화와 동적인 것에 편안함 위험 수용적인 도전에 대한 반응: 탄력적 기본적으로 '예'라 하는 태도

▲ 그림 9.4 문화 변화

비난하지 않는 근본 원인 분석

이 장의 뒷부분에서 알 수 있듯이 비난하지 않는 근본 원인 분석^{blameless RCA}이 중요하다. 발생한 일을 파악하는 것뿐만이 아니라 조직이 대응하는 방식을 개선하는 것이 목표이며, 팀원들이 같은 실수를 하지 않도록 교훈을 공유하는 환경을 만들고 싶을 수 있다. 그러한 환경을 조정하려면 우선, 처벌이나 징계에 대한 두려움 같은 불이익을 재검토할 필요가 있다.

투명성

또 다른 중요한 문화적 요소는 투명성^{transparency}이다. 신뢰를 구축하면 원격 팀 간의 경계가 해소된다. 다음과 같은 분야에 투명성이 적용돼야 한다.

- **코드**: 코드 리포지터리에 일별 제출된 것을 포함하여 소스 코드 접근 권한은 기업 내 모든 사람에게 부여된다.
- **백로그**: 기능적, 비기능적 요구사항에 대한 접근 및 우선순위 부여는 기업 내

모든 사람에게 부여된다. 의사결정에 대한 세부적인 내용을 제공하면 해당 커뮤니티의 구성원들로부터 지원을 받을 수 있다.

- **메트릭**: 가용성 및 메트릭 데이터를 서비스 내·외부의 이용자가 활용할 수 있다.
- **사고 조사 및 문제 관리**: 사고에서 발생한 것과 그로부터 얻은 교훈을 문서화하여 제공함으로써 조직은 경험을 통해 이익을 얻을 수 있다. 이러한 예시로는 모든 근본 원인 분석 결과에 대한 공개적 접근이 있다.

엔지니어링 기반 운영 방식

SRE는 엄격한 엔지니어링 기법을 적용해 어려운 문제를 해결하고자 하는 엔지니어링 중심의 접근법이다. 운영 문화는 과학적 방법에 따라 시행착오를 거쳐 엔지니어링 접근 방식으로 전환돼야 한다.

1. 가설을 설정한다.
2. 조치를 계획한다.
3. 결과를 평가한다.
4. 학습하고 반복한다.

엔지니어링 기반 운영 방식의 또 다른 측면은 실패한 예산 검토, SLA 또는 해당 사용자에 의한 사고 우선순위 지정, 백로그 항목의 우선순위 지정과 같은 특징을 갖는 데이터 중심의 결정을 내린다는 것이다.

문화적 변화는 어려우며 조직의 통제된 환경 내에서 발생한다는 점 때문에 복잡한 면이 있다. 팀에서 새로운 문화적 가치를 이해할지라도 예산을 통제하거나 승인하는 다른 부서에서는 이러한 방향을 이해하지 못할 수도 있다.

문화적 변화를 지원하는 한 가지 방법은 핵심 가치를 명확하게 표방하는 것이다. 이상적인 상황에서 이러한 가치는 브레인스토밍 잼^{brainstorming jam}과 같이 바텀업^{bottom up} 방식으로 전개된다.[6] 핵심 가치가 정의된 후에는 최고경영책임자 또는 최고기술

---

6 "The art of the possible." IBM InnovationJam™. Accessed January 31, 2018. https://www.collaborationjam.com.

책임자와 같이 가능한 높은 수준의 리더십을 통해 지원되고 보장돼야 한다.

새로운 역할

클라우드 지향 서비스 관리 솔루션으로 전환하고자 하는 것은 상당한 혼란을 일으킬 수 있다. 변화의 출발은 역할과 책임의 변화와 조직 구조의 변화로부터 시작된다.

역할과 책임

클라우드를 도입하고자 하면 서비스 제공자가 작업을 처리해주기 때문에 특정 활동이 이제는 필요 없어진다. 예를 들어, PaaS^{Platform as a Service} 환경에서 데이터베이스의 설치 및 유지보수는 PaaS 제공자가 수행한다. 또 다른 특징으로는 고가용성 및 안정성 요구사항을 효율적인 비용으로 충족시키기 위해 많은 운영 활동이 자동화된다는 점이 있다.

일부 활동은 더 필요하지 않겠으나, 나머지 기존 활동은 애자일 방식으로 조금 다르게 수행된다. 이어지는 절에서는 이렇게 변화하는 역할 중 일부를 소개하고자 한다.

퍼스트 리스폰더

가장 중요한 요건 중 하나는 서비스 가용성이며, 이는 서비스를 최대한 빨리 복원할 필요가 있음을 나타낸다. 전통적 환경에서는 핸드오프^{handoff}에서 시간이 소모된다. 레벨 1 팀이 티켓을 만들고, 레벨 2 팀은 분류 및 진단 조치를 수행한다. 그리고 플랫폼 엔지니어로 구성된 또 다른 팀은 서비스 복원을 수행하게 된다.

새로운 모델에서는 퍼스트 리스폰더^{first responder} 팀이 레벨 1, 레벨 2 및 플랫폼 엔지니어의 역할을 맡는다. 팀원은 서비스의 초기 분류, 격리 및 복원을 수행할 수 있는 능력을 갖춰야 한다. 퍼스트 리스폰더 팀이 서비스를 복원할 수 없는 경우에만 전문가들이 사고 관리 프로세스에 추가로 투입된다.

사고 책임자

퍼스트 리스폰더 팀이 사고를 해결하지 못한 경우 사고의 효과적인 처리 및 의사소통을 보장하기 위해 사고 책임자^{incident commander}가 배정된다. 사고 책임자는 사고의 진단과 해결에 대한 관리를 맡는다.

사고 책임자는 필요에 따라 추가적인 자원과 주제별 전문지식을 확보한다. 이와 동시에 사고 책임자는 영향을 받는 당사자와 이해관계자, 그리고 (가장 중요한) 최종 이용자들과 상황에 대한 의사소통을 수행한다. 지속적 개선을 투명하게 하는 것은 신뢰를 얻고 유지하기 위해 중요하다.

서비스가 복구되고 사고가 종결되면 사고 책임자는 근본 원인 분석을 이끌며 사후 검토를 수행한다. 사고 책임자가 사고 해결의 중심에 있었기 때문에, 사고 책임자는 다섯 가지 Why에 대한 해답을 가장 잘 도출할 수 있다(이 장 뒷부분의 '근본 원인 분석 및 사후 검토' 절 참조).

사이트 신뢰성 엔지니어

애플리케이션 및 사용자 수가 증가함에 따라 문제 해결을 위해 인력을 더 많이 투입할 수 있으나, 이는 확장성이 떨어지는 방법이다. 그 대신에 워크로드의 부하량과 동적인 특성에 따라 효과적으로 확장할 수 있는 운영 모델이 필요하다. 관리자들은 스스로 문제를 완벽하게 해결하려고 한다.

SRE^{site reliability engineer}는 이러한 목적에 적용될 수 있는 방법이다. SRE는 자동화를 통해 효율적으로 운영 작업을 수행하고 수작업을 제거한다. SRE는 사고의 근본 원인을 해결하기 위해 환경, 아키텍처 및 애플리케이션의 비기능적 측면을 개선한다. SRE는 시스템 관리자와 개발자가 섞여 있는 경우가 많다. 일부 기업들은 SRE에 개발자들만을 고용하기도 한다. SRE는 코드를 개선하기 위해 개발자들과 협력할 수 있어야 한다.

SRE는 애플리케이션을 전체적으로 파악한다. 단지 시스템, 네트워크 데이터베이스나 마이크로서비스에 대한 주제 전문가에 국한되지 않는다. 또한 SRE는 성능 및 용량 관련 문제를 처리하는 데 있어 특히 중요한 애플리케이션과 상호 의존성에 대해 전체적으로 파악할 수 있는 시스템 전문가다.

가용성 관리자

가용성 관리자^availability manager 는 전체 서비스를 담당하며, SLA 및 기본 SLO에 대한 협의를 수행한다.

가용성 관리자는 데브옵스 엔지니어와 함께 블루-그린 배포 및 카나리아 테스트를 포함하는 서비스 릴리스 전략을 수립한다. 또한 가용성 관리자는 롤백 또는 롤포워드^roll forward 시기를 정의한다. 가용성 관리자는 스탠드업 및 회고 같은 개발 단계에도 참여한다.

가용성 관리자는 SRE 및 사고 책임자와의 협력을 통해 실패한 예산을 검토해 변경 속도를 제어한다. 또한 근본 원인 분석과 사후 검토에도 참여해 균형 있는 조치 계획을 검토하고, 근본 원인 분석에서 발생하는 비기능적 요구사항이 개발 백로그에서 높은 우선순위를 갖도록 한다.

그 외 역할

앞에서 설명한 주요 역할 외에도 클라우드 지향 운영 팀은 다음과 같은 많은 역할을 수행할 수 있다.

- 데브옵스 엔지니어
- 챗옵스 개발자
- 자동화 분석가
- 대시보드 엔지니어 및 개발자
- 지속적인 서비스 개선 분석가
- 인공지능/머신 러닝/코그니티브 분석가
- 클라우드 오퍼레이터

조직 조정

새로운 역할을 정의한 후에는 해당 역할을 조직에 어떻게 맞출지 정의할 필요가 있다. 이전 장에서는 스쿼드와 트라이브 모델에 대해 알아봤었다. 이번 절에서는 이러한 모델에서 개발 팀과 운영 팀을 조정하는 방법에 관해 설명한다.

데브옵스의 첫 번째 반복^{iteration}을 할 때, 당신은 팀원들이 스스로 업무를 처리하고 애플리케이션이나 서비스의 전체 라이프 사이클을 책임지기를 원할 것이다. 이러한 모델은 개발자가 견고한 코드를 작성하는 것을 목표로 운영 팀에 이관하기 위한 이전의 접근 방식에 알맞다. 그림 9.5는 애플리케이션의 전체 라이프 사이클을 담당하는 여러 데브옵스 팀을 보여준다.

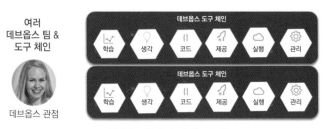

▲ 그림 9.5 데브옵스 스쿼드 모델

이러한 접근 방식이 데브옵스를 시작하는 데는 좋을 수 있지만, 각 팀원은 개발 영역에 대한 전문성뿐만이 아닌 운영 활동에 대한 전문성도 갖춰야 한다. 그러나 모든 데브옵스 팀이 포괄적인 서비스 관리 솔루션을 구축할 만큼 충분히 숙련된 것은 아니며, 더 많은 팀이 구성됨에 따라 이러한 경향은 두드러지고 있다. 또한 적절한 전문성을 갖추고 있더라도 팀의 자율성으로 인해 전문지식이 잘 공유되지 않을 수 있다.

이 경우 중앙 운영 팀^{central operations squad}을 도입하면 도움이 될 수 있다. 중앙 운영 팀은 데브옵스 팀을 위한 컨설팅과 지원을 제공한다. 또한 설정 및 유지보수가 어렵거나 중앙 로그, 이벤트 관리 솔루션, 자동화 백본 등을 운영하는 여러 팀에 서비스를 제공하는 중앙 집중형 서비스도 제공한다. 그림 9.6은 여러 데브옵스 팀과 중앙 운영 팀의 연계를 보여준다.

▲ 그림 9.6 운영 팀과 결합한 데브옵스 팀

중앙 운영 팀을 운영하는 방법은 개발과 운영을 분리해 운영하는 과거의 방식으로 되돌아가는 것이 아니라, 일부 공유 기능에 대한 확장 효율성을 제공하는 동시에 데브옵스 팀의 자율성을 인정하고 활용하는 융합형 모델이라 할 수 있다.

SRE를 추가하면 이러한 방법을 더욱 개선할 수 있다. 적어도 하나 이상의 SRE 팀이 데브옵스 커뮤니티에 제공되는 운영 서비스에 배정된다. SRE 팀의 SRE는 서비스를 담당해 책임지며, 이러한 서비스의 예로는 자동화 프레임워크, 셀프서비스 인프라, 로깅 및 메트릭, 운영 스코어카드 등이 있다.

또한 각 데브옵스 팀에는 팀이 담당하는 서비스 또는 애플리케이션의 비기능적 측면에 중점을 둔 SRE가 포함되어 있다. SRE들은 운영 기능에 따라 할당되기보다는 애플리케이션별로 할당된다. SRE가 책임지는 영역에는 고가용성, 속도 제한, 중단 없는 배포, 성능, 복원력, 서비스 가용성 등이 있다.

그림 9.7은 중앙 SRE 조직과 각 데브옵스 팀의 구성원으로 구성되어 향상된 모델을 보여준다. 데브옵스 팀당 SRE의 수는 운영 스코어카드(이 장 뒷부분의 '운영 준비' 절 참고) 및 이전의 사고로 인한 백로그 항목 수와 서비스의 상태 및 품질에 따라 달라진다. SRE는 단순히 데브옵스 팀 내 운영 팀 역할을 하지 않는다. 데브옵스 팀 전체는 여전히 서비스 전반에 책임이 있으며, 각 팀원은 결함을 고치기 위해 준비해야 한다.

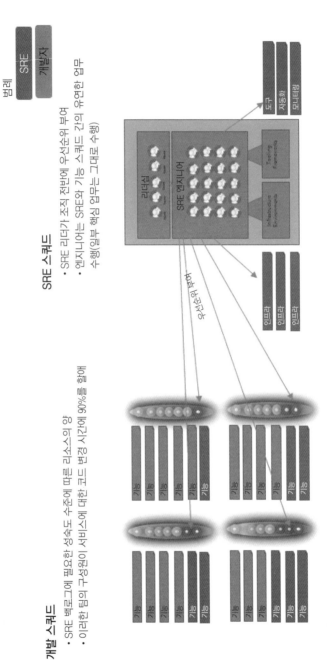

개발 스쿼드

· SRE 백로그에 필요한 성숙도 수준에 따른 리소스의 양
· 이러한 팀의 구성원이 서비스에 대한 코드 변경 시간의 90%를 할애

SRE 스쿼드

· SRE 리더가 조직 전반에 우선순위 부여
· 엔지니어는 SRE와 기능 스쿼드 간의 유연한 업무 수행(일부 핵심 업무는 그대로 수행)

범례

▲ 그림 9.7 SRE 팀 모델이 결합된 데브옵스 및 모델

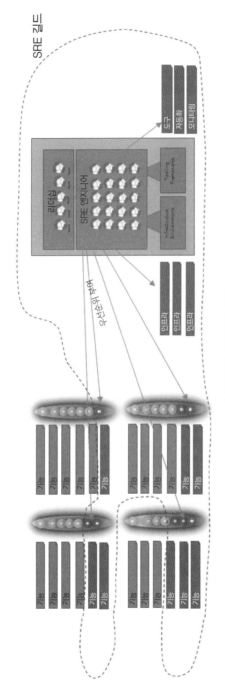

▲ 그림 9.8 SRE 길드 모델

SRE 팀원은 비기능적인 측면을 전문적으로 다루며, 데브옵스 팀원은 기능 개발을 전문적으로 다룬다.

모든 SRE(SRE 팀과 데브옵스 팀에 속한 SRE)는 각각 원격으로 연결돼야 한다. SRE들은 그림 9.8과 같이 SRE 길드를 구성한다. SRE 길드에서 각 회원은 조직 전반에 걸친 운영 경험과 통찰력을 공유한다.

운영 준비

조직은 리스크를 효과적으로 운영 및 관리할 수 있도록 일련의 가이드라인을 따라야 한다. 이러한 가이드라인은 상식과 경험을 바탕으로 구성된다. 특정 산업 분야에서는 운영 리스크가 사용자나 생태계에 부정적인 영향을 미치지 않도록 기업에 추가적인 가이드라인을 따르도록 요구하는데, 예로는 바젤-2$^{Basel-2}$ 및 HIPAA가 있다.

기업이 클라우드 기술을 도입하고 워크로드를 클라우드로 이전함에 따라 기존의 가이드라인을 수정할 필요가 있다. 이번 절에서는 두 가지 관점에서 이 주제를 논의한다.

- 기업에서 클라우드를 통한 운영 준비가 되었는가?
- 클라우드로 이관되는 애플리케이션이 동작할 준비가 되었는가?

클라우드 운영

기업이 새로운 플랫폼을 도입함에 따라 프로세스, 역할 및 책임들이 여전히 유효한지, 또는 클라우드에 맞추어 바꿀 필요가 있는지 재검토해야 한다. 이는 퍼블릭 클라우드, 전용 클라우드 또는 프라이빗 클라우드를 도입할 때도 마찬가지다.

RACI 매트릭스 활용

클라우드 운영은 클라우드 제공자와 클라우드 서비스 사용자의 역할과 책임을 이해하는 데서 시작된다. 이러한 역할과 책임은 책임 주체^{responsible}, 승인 주체^{accountable}, 의견 제공 주체^{consulted}, 정보 제공 주체^{informed}로 정의되는 RACI 매트릭스로 정의하는 것이 좋다. RACI 매트릭스에서 주요 활동을 나열하고 다양한 당사자들이 어떠한 역할에 대응되는지 구분할 수 있다.

피터 웨일Peter Weill과 잔느 로스Jeanne Ross가 집필한 IT 거버넌스에 관한 책에서는 IT 거버넌스 의사결정 프레임워크의 필요성을 설득력 있게 설명한다.[7] RACI 매트릭스는 역할과 책임을 명확히 하기 위해 의사결정 프레임워크를 구현하는 일반적인 방법이다.

RACI 매트릭스에서는 주요 역할을 행에 나타내고, 이해 당사자는 열에 나타낸다. 첫 번째 인스턴스에서, 표에는 클라우드 서비스 공급자와 클라우드 서비스 이용자라는 2개의 열만 존재한다. 이후에 열을 개별 비즈니스 유닛 또는 부서로 분리해 세부적인 정보를 추가할 수 있다. 각 결과에 대해 참여 수준은 다음과 같이 정의된다.

- **수행 담당자**responsible: 업무를 달성하는 데 필요한 작업을 수행하는 당사자들로서 필요한 작업을 보조하기 위해 다른 역할을 맡을 수 있으나, 적어도 하나의 책임 참여 유형이 있어야 한다.
- **결과 책임자**accountable(승인자 또는 승인 기관): 산출물 또는 업무의 정확하고 철저한 완성에 대한 궁극적인 책임이 있으며, 수행 담당자에게 작업 수행을 위임하는 당사자를 의미한다. 즉, 결과 책임자는 수행 담당자가 제공하는 작업을 승인해야 한다. 각 업무 또는 산출물에 한 명의 결과 책임자가 할당돼야 한다.
- **조언자**consulted: 주제 전문가SME 등과 같이 의견을 묻는 대상으로서 양방향 의사소통을 한다.
- **관련자**informed: 진행 상황에 대한 최신 정보를 제공받는 당사자들로서 대개 업무 또는 산출물의 완료 시 일방향 의사소통이 이뤄진다.

표 9.1은 RACI 매트릭스의 예시를 나타낸다. 이러한 RACI 매트릭스는 일반적으로 수백 개의 행을 포함하여 수행할 모든 운영 활동을 자세히 설명한다.

---

7 Weill, Peter, and Jeanne W. Ross. *IT Governance: how top performers manage IT decision rights for superior results*. Boston, MA: Harvard Business Review Press, 2017.

영역	유스케이스	서비스 이용자	서비스 제공자
프라이빗 클라우드	필요한 컴포넌츠 구축(헬름 차트 등)	C	R, A
프라이빗 클라우드	백엔드와 모니터링의 연결 및 통합	C	R, A
프라이빗 클라우드	구성 파일의 백업	C, I	R, A
네트워크	네트워크 성능 연결 및 보장	C	R, A
보안	구축 후, 보안 체크리스트 수행	R, A	R
보안	원격 접근 통제 검증	R, A	C
백업	백업 크기 조정 요구사항 제공	C	R, A

기존 ITSM 환경과 플랫폼 통합

새로운 플랫폼을 기존 ITSM 환경에 통합하는 방법에 대해서도 고려해야 한다.

클라우드 플랫폼은 일반적으로 다양한 서비스를 나열하는 서비스 카탈로그를 제공하며, 때로는 다른 품질의 동일한 서비스를 제공하기도 한다. 예를 들어, 하이브리드 클라우드 전략을 구현하는 조직은 여러 개로 분리된 서비스 카탈로그를 받을 수도 있다. 또한 클라우드 제공자가 제공하는 모든 서비스는 비용이나 컴플라이언스 준수 등의 이유로 활용되지 않는다. 따라서 개별 서비스 카탈로그를 하나의 서비스 카탈로그로 통합하는 것이 한 가지 업무가 될 수도 있다. 이러한 작업을 통해 비용 산출 및 청구 같은 중앙 관리 작업을 수행할 수도 있다.

두 번째로 고려할 사항은 클라우드 서비스 제공자가 사용자에게 계획된 유지보수 또는 변경 작업과 알려진 서비스 중단에 대해 다양한 방법으로 정보를 제공한다는 점이다. 이러한 알림은 상태 페이지에서 제공되거나 API[application programming interface], RSS[Really Simple Syndication] 피드 또는 이메일을 통해 받을 수 있다. 모든 알림이 특정 이용자에게 적용되는 것은 아니므로 관련성을 위해 제공받는 정보들을 정리할 필요가 있다. 운영 팀이 이러한 알림을 직접 확인하고 검토하지 않아도 된다. 대신에 이러한 알림을 내부 시스템(이벤트 상관관계 관리 시스템, 사고 관리 도구, 대시보드 등)에서 수집하게 할 수 있다. 그 외 통합에 있어 다음과 같은 측면을 고려할 수 있다.

- 헬프데스크 시스템은 클라우드 제공자의 지원 시스템과 통합된다.
- 인스턴스 및 서비스 같은 클라우드 플랫폼의 CI 정보는 기존 설정 관리 데이터베이스^{CMDB, configuration management database}에 통합된다.
- 클라우드 플랫폼의 사용 및 라이선스 정보는 기존 CMDB에 입력된다.

애플리케이션 작동 준비

애플리케이션이 마이크로서비스로 전환됨에 따라 기업은 가이드라인과 프로세스를 검토해 이러한 서비스가 견고하고 서비스 가용성을 갖추는지 확인해야 한다. 최신 웹 기반 애플리케이션을 구축할 때 따라야 할 개발자 지침(Twelve-Factor App manifesto[8] 등)이 존재한다. 이러한 지침은 마이크로서비스 개발을 위한 모범 사례로 볼 수 있다. 그러나 운영 준비가 된 마이크로서비스를 구축하는 것이 어떤 것인지에 대한 논의는 거의 없었다. 이러한 논의는 기술적인 질문을 넘어 조직적, 프로세스 및 문화적 요소로 발전돼야 한다. 개발자가 높은 품질의 견고한 서비스를 개발하는 데 관심이 있는 경우가 아니라면 이전의 습관으로 돌아가려는 경향이 있다. 특히 개발자들은 운영(비기능적) 측면보다 새로운 기능을 선호한다. 보안, 컴플라이언스, 복원력, 가용성, 성능 등 서비스의 운영 요구사항을 충족하려면 올바른 기술 구현뿐만 아니라 고성능 조직과 애자일, 통합된 프로세스가 필요하다.

데브옵스가 최종적 책임을 지는 팀과 함께 조직에서 구현된다 하더라도, 조직에서 규모에 맞게 관리될 필요가 있다. SRE 같은 새로운 운영 모델은 효율적인 운영 문화의 핵심 요소가 될 수 있다. 그러나 개발 팀이 잘 정의된 규칙을 준수하지 않는다면 SRE 조직도 클라우드 기반 환경을 운영하는 데 비효율적이다.

이러한 단점을 해결하기 위해 명확한 지침이 정의 및 전달되고 시행돼야 한다. 이러한 지침은 마이크로서비스 또는 기타 클라우드 서비스가 고품질의 운영 준비가 되어 있는지 여부를 평가하는 데 도움이 된다. 데브옵스 파이프라인에 따라 이러한 지

---

8 Wiggins, Adam. "The Twelve-Factor App." The Twelve-Factor App. Accessed January 31, 2018. https://12factor.net.

침을 자동으로 확인해 해석의 모호성을 제거하고 그 결과를 보관해야 한다. 그런 다음 관련성에 따라 결과를 평가하고 전체 스코어를 집계해 스코어카드와 대시보드에 이를 게시할 수 있다.

다음은 기술 지침의 예시다.

- 헬스체크HealthCheck API를 구현해 서비스의 상태를 확인
- 서비스가 수평적으로 확장될 수 있도록 스테이트리스stateless 여부를 확인
- 서비스가 로그 및 설정configuration 파일 등 로컬 파일을 사용하지 않도록 확인
- 최신 버전의 라이브러리가 사용되는지 확인(버전 최신성)
- 의존성 및 토폴로지 데이터베이스 등 토폴로지 정보의 사용 가능 여부 확인
- 신속한 사고 처리를 위한 초동 장애 데이터 수집first-failure data capture

다음은 비기술적 지침 및 접근 방법의 예시다.

- 서비스 책임자(제품 관리자) 정의
- 서비스 운영을 담당하는 SRE 팀 정의
- 알려진 사례에 대한 완화 조치 방법을 설명하는 실행서runbook 제공
- 아키텍처, 주요 메트릭, 설정configuration, 조정 지침 등 서비스 관련 문서 제공
- 개별 서비스 및 애플리케이션의 복원력을 보장하기 위해 혼돈 테스트chaotic test 실시
- 백업 및 복구 기능의 정기적 검증 수행
- 배포 카덴스deployment cadence 문서화
- 랙rack 다양성 지정

서비스의 계약사항을 준수하지 않으면 영향을 끼치게 된다. 동시에 이러한 규칙을 준수하기 위해서는 직접적 인센티브가 있어야 한다. 이러한 당근과 채찍의 효과는 여러 조직에서 체감한 바 있다.

사고 관리

이용자들은 가용성과 성능에 대한 기대가 크기 때문에 서비스 중단 등 사고에 대처하는 것이 중요하다. 사고 대응은 현대의 클라우드 기반 또는 클라우드 네이티브 환경에서의 운영 팀 업무에만 국한되지 않으며, 개발자와 설계자들이 애플리케이션을 견고하게 개발함으로써 사고 대응 업무에 이바지하기도 한다. 이러한 접근법은 애플리케이션 아키텍처 및 모범 사례의 일부 발전에 기초한다. 또한 개발 팀이 애플리케이션의 전체 라이프 사이클을 담당하는 데브옵스 접근 방식은 견고함을 명시적인 개발 목표로 한다.

클라우드를 위한 복원력 있는 애플리케이션 설계

설계자와 개발자는 견고성의 필요성을 확인하고 복원력 있는 애플리케이션을 구축하기 위한 관행을 만들어왔다. 이러한 신규 관행 중 일부는 다음과 같다.

- **고가용성 애플리케이션 설계**: 애플리케이션의 각 구성요소는 각기 다른 가용 영역availability zone에 있는 여러 활성 인스턴스에 의해 제공된다. 애플리케이션 앞단에 있는 로드밸런서는 여러 인스턴스에 로드를 분산시킨다. 인스턴스 운영이 중단되는 경우, 로드밸런서가 트래픽을 다른 인스턴스로 쉽게 리다이렉트redirect할 수 있다.
- **정책에 따른 애플리케이션의 확장성 적용**: 로드가 증가하면 추가 인스턴스가 자동으로 프로비저닝되며, 로드가 감소하면 제거된다.
- **블루-그린 배포 전략을 통한 무중단에 가까운 구현**: 최신 버전의 애플리케이션은 현재 릴리스에 영향을 미치지 않고 배포된다. 배포할 준비가 완료되면 로드밸런서는 트래픽을 신규 버전으로 리다이렉트한다. 또한 이러한 방식은 애플리케이션의 이전 버전으로 재구성하는 롤백을 하기에도 편리하다.
- **의존성 장애 발생 시 서비스의 정상적 성능 저하 구현**: 서킷 브레이커Circuit Breakers[9]

---

9 Fowler, Martin. "Bliki: CircuitBreaker." Martinfowler.com. 2018년 1월 31일 방문. https://martinfowler.com/bliki/CircuitBreaker.html.

는 사용자 코드에서 외부 시스템에 실제로 연결을 시도하기 전에 외부 의존성을 확인할 수 있게 한다. 만일 서킷 브레이커가 장애가 발생한 다운스트림 서비스를 감지한다면, 서킷 브레이커는 해당 서비스를 호출하려 하지 않으며 다른 해결책을 찾으려 한다.

새로운 방식이 있음에도 불구하고, 여전히 전통적 사고 관리가 필요하다고 생각하는가? 새로운 설계 패턴을 적용하면 분명 사고가 덜 발생하긴 하지만 여전히 사고는 발생한다. 가용성 문제 외에도 병목에 따른 지연, 성능 및 용량 관련 문제로 인해 사고가 발생할 수 있다.

새로운 사고 관리 접근 방식 도입

우선, 가능한 한 신속하게 서비스를 복원하고 서비스 사용자에게 미치는 영향을 최소화할 수 있는 기능인 사고 관리의 범위를 정의할 필요가 있다. 이 단계에서는 사건의 근본 원인에 대해서는 고려하지 않아도 되며, 근본 원인 분석은 문제 관리 단계에서 다룬다. 원인을 조사하는 데 너무 많은 시간을 소비해 다운타임이 길어지는 대신 서비스의 복원에 중점을 둬야 한다. 변경사항에 대한 롤백, 해결 방법 구현 또는 서비스 재시작 같은 여러 가지 방법으로 서비스 복원을 수행할 수 있다.

클라우드 지향 환경에서는 가용성이 다수의 SLA에서 핵심이기 때문에 사고와 문제 관리의 구분이 중요하다. 흥미롭게도 ITIL은 사고 관리에 대해 동일한 정의를 하고 있다. 이러한 관점에서 클라우드 지향적 운영은 기존의 IT 서비스 관리와 크게 다르지 않다.

다음으로, 사고 관리에 필요한 능력을 확인할 필요가 있다. 모니터링, 알림 및 협업은 사고 관리의 기본적인 도구 체인을 구성한다.

모니터링

모니터링은 IT 운영에서 잘 정립된 분야다. 예상과 다른 동작 또는 편차를 탐지하기 위해 메트릭 데이터가 임곗값에 대해 수집 및 평가된다. 모니터링 도구는 일반적으로 서비스 사용자에게 영향을 미치기 전에 문제를 식별할 수 있도록 구성된다. 수집된 메트릭을 통해 지연 시간과 오류율 같은 가용성 및 성능 문제를 파악할 수 있다.

현대적인 모니터링 도구들은 분석을 통해 정상 동작과의 편차를 탐지하고 예측한다. 이러한 도구는 시간이 지남에 따라 시스템을 관찰해 메트릭 값을 비교하는 기준을 만들어낸다.

모니터링 시스템은 데이터 센터 외부에서 가공된 트랙잭션을 만들어 실제 사용자를 가정한 시뮬레이션을 수행할 수 있다. 모든 운영 담당자는 사용자에게 영향을 미치기 전에 문제를 파악하길 원하지만, 사용자들은 애플리케이션에서 원하는 결과가 나타나지 않는 문제, 특히 기능적 문제에 대한 이슈를 보고할 수 있어야 한다.

알림

환경 및 애플리케이션에 대한 가시성을 확보하려면 대시보드가 중요하지만, 퍼스트 리스폰더가 이상 이벤트를 끊임없이 확인하는 것을 기대하기는 어려울 것이다. 퍼스트 리스폰더는 즉각적인 대응을 위해 알림notification을 받을 필요가 있다. 이메일, 문자 메시지, 앱 등 다양한 채널을 통해 알림을 보낼 수 있다.

애플리케이션은 이중화 설계되므로('운영 준비' 절 참조), 알림은 사용자가 영향을 받았거나 받으려고 하는 경우에만 발생한다. 중요하지 않은 알림은 다음 영업일까지 발생하지 않게 해서 절차를 효율적으로 운영해야 한다.

알림 시스템은 에스컬레이션escalation 정책을 통해 할당 그룹 및 당직 스케줄에 따라 적절한 주제별 전문가에게 알림이 가도록 한다. 또한 더욱 정교한 시스템은 현재의 작업 부하도 고려한다. 주제별 전문가가 더 중요한 사고에 투입되어 있다면, 경고를 받지 않으므로 가장 중요한 활동을 끝내고 지치는 것을 방지할 수 있다.

협업

가능한 한 신속하게 서비스를 복구하기 위해 주제별 전문가들은 사고를 식별하고 해결하고자 긴밀히 협력한다. 이 장의 앞부분에서 설명한 바와 같이 챗옵스는 대다수의 클라우드 지향 운영 팀에게 매우 중요하다.

심각도가 높은 알림의 경우 주제별 전문가가 커맨드 아웃풋이나 설정 파일 내용 같은 관련 정보를 공유하고 협업하기 위한 전용 채널이 만들어진다. 정의된 정책에 따라 적절한 주제별 전문가가 채널에 초대될 것이다.

도메인 전문지식이 추가로 필요한 경우, 주제별 전문가들은 협업을 위해 초대될 것이다. 새로운 사람들이 더욱 쉽고 빠르게 대화에 참여할 수 있으려면 정보를 지속해서 저장하는 것이 중요하다. 도구를 통해 대화에 참여할 수 있으며 협업 효율이 강화된다. 모니터링 도구는 메시지를 게시하여 사고에 대한 정기적인 업데이트를 제공할수도 있다.

챗옵스 도구가 원격을 통한 협업을 쉽게 하는 기능을 제공하는 반면, 브리지 콜^{bridge call}이나 워룸^{war-room} 스타일의 전문가 모임 같은 잘 정립된 방법도 활용할 수 있다. 챗옵스 도구는 이런 전통적인 접근 방식을 보완 및 지원하며, 팀이 새로운 프로세스에 따라 작업하며 전문지식을 습득함에 따라 전통적인 방법을 대체할 수 있다.

이벤트 관리

모니터링을 통한 알림 시스템 모델의 공통적 문제점 중 하나는 너무 많은 알림이 생성되어 솔루션에 대한 신뢰가 저하된다는 점이다. 영향이 아닌 증상에 대한 알림, 중복 정보 또는 중요하지 않은 이벤트에 대한 알림은 시스템에 노이즈를 발생시킨다.

이러한 상황에서 이벤트 관리가 중요하다. 지능형 시스템은 알림이 사용자에게 가기 전에 알림을 분석한다. 이벤트 관리 시스템은 중복된 이벤트를 제어하고 의존성 있는 이벤트를 연관시키며, 의미 있는 정보(영향받는 서비스, 관련 SLA와 전문가 의견 링크 등)의 제공으로 이벤트의 질을 높일 수 있다. 이를 통해 올바른 정보를 가진 적절한 주제별 전문가에게 통지되는 적합한 설명을 포함하고 실용적인 알림을 만들 수 있다.

실행서

주제별 전문가는 사고에 신속하게 대응하기 위해 적절한 대응 방법을 숙지하고 있어야 한다. 학습 조직은 모든 전문가의 지식을 활용해야 하며, 당직^{on-call} 전문가에게

만 의존해서는 안 된다.

이러한 지식을 조직 전체에서 활용하는 방법은 실행서^{runbook}를 만드는 것이다. 실행서는 그림 9.9와 같이 성숙 단계를 구분할 수 있다.

- **애드혹**$^{ad\text{-}hoc}$: 1단계로서 문서나 일관성 없는 개인의 수작업으로 특징지어진다.
- **반복 가능한**^{repeatable}: 2단계에서는 조직 전반에 걸쳐 기본적 조치가 문서화되고 일관성이 유지된다. 이러한 활동은 여전히 수작업으로 이뤄진다.
- **정의된**^{defined}: 3단계에서는 조치가 강제된다. 조치는 스크립트와 태스크로 제공되며, 관리 도구 내에서 상황에 따라 운영자에게 제공된다(현장 실행).
- **관리되는**^{managed}: 이 단계에서 시스템은 주어진 이벤트에 대한 적절한 조치를 추천한다. 기본적인 if/then 기능을 사용해 자동으로 조치를 실행한다.
- **최적화된**^{optimized}: 마지막 단계로서, 분석 기능이 적용되어 자동화할 시기와 대상이 식별된다.

실행서에 대해 검토할 때, 문제 해결(자동 수정)을 위한 생각을 제한해서는 안 된다. 문제 확인(자동 점검)도 중요하다. 예를 들어, 자동화된 문제 확인 프로세스의 일부로서 종속 구성요소에 대한 연결을 확인하기 위한 검증을 할 수 있다.

시스템 스냅샷$^{system\ snapshot}$을 만드는 건 훨씬 더 어려운 일이다. 시스템 스냅샷을 위해 시스템(호스트명, FQDN, IP 주소)을 찾고, 시스템의 자격증명을 얻어야 하며, 점프 서버를 거쳐 서버에 로그인하고, 프로세스 목록, 메모리 및 CPU 사용률, 버전 정보 등을 가져오는 데 필요한 명령을 수행해야 한다. 이렇게 수행하는 데 약 5분 정도가 소요될 수 있다. 이 5분이 매일 실행된다고 생각해보면 자동화가 얼마나 이득을 줄 수 있는지 알 수 있다. 이벤트 관리 시스템은 이벤트를 수신하면 즉시 일련의 작업을 수행하며, 명령의 결과를 퍼스트 리스폰더에게 전송할 수 있다. 이러한 시스템을 통해 사고 탐지된 건에 대한 일관되고 문서화된 데이터를 적시에 제공한다는 긍정적인 효과를 얻을 수 있다. 시간이 지남에 따라 이렇게 읽기만 하면 되는 작업들은 사람들에게 자동으로 문제를 해결할 수 있다는 자신감을 줄 수 있다.

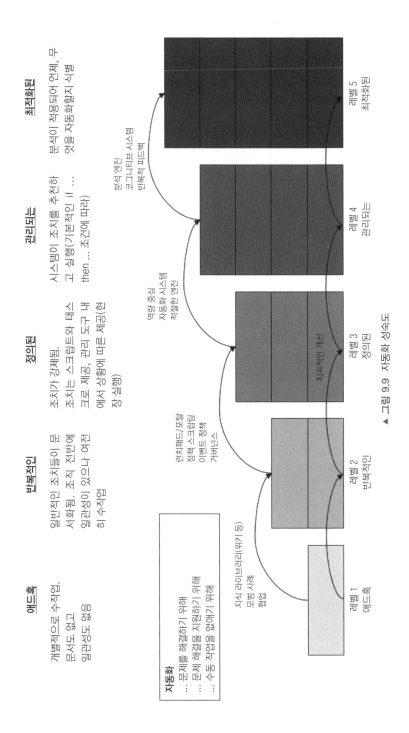

▲ 그림 9.9 자동화 성숙도

애드혹

개별적으로 수작업.
문서도 없고
일관성도 없음

반복적인

일반적인 조치들이 문
서화됨. 조직 전반에
일관성이 있으나 여전
히 수작업

정의된

조치가 강제됨.
조치는 스크립트와 테스
크로 제공, 관리 도구 내
에서 상황에 따른 제공(현
장 실행)

관리되는

시스템이 조치를 추천하
고 실행(기본적인 if ...
then ... 조건에 따라)

최적화된

분석이 작용되어 언제, 무
엇을 자동화할지 식별

레벨 1
애드혹

레벨 2
반복적인

레벨 3
정의된

레벨 4
관리되는

레벨 5
최적화된

지식 라이브러리(위키 등)
모범 사례
협업

런처패드/포털
정책 스크립팅
이벤트 정책
거버넌스

역량 중심
자동화 시스템
적절한 엔진

분석 엔진
코그니티브 시스템
반복적 피드백

지속적인 개선

자동화
... 문제를 해결하기 위해
... 문제 해결을 지원하기 위해
... 문제 해결을 지원하기 위해
... 수동 작업을 없애기 위해

242

자동화는 평균수리시간^{MTTR, mean time to repair}을 줄일 수 있는 효과적인 방법이지만, 사고의 원인이 아닌 사고의 증상만을 해결하는 데 그친다. 이러한 사고는 여전히 발생할 수 있으며, 단순히 더 빨리 처리될 뿐이다. 기업은 SRE의 철학에 따라 해당 사고를 방지하고 싶을 것이다. 최종적인 수정은 개발 백로그의 항목으로 우선순위가 지정되고 추적되지만, 실행서를 작성함으로써 단기적인 해결책을 제공하는 것이 여전히 바람직할 수 있다. 또한 균형 잡힌 조치 계획은 전략적인 해결책을 제시하는 동시에 기술적 부채가 발생하지 않게 한다.

로그 관리

앞서 '모니터링' 절에서는 메트릭 데이터를 활용한 모니터링에 관해 설명했다. 모니터링에 대한 또 다른 관점은 애플리케이션 중심의 관점인 로그 모니터링에서 비롯된다. 개발자는 로그를 통해 개별 트랜잭션과 예외가 표시되게 하여 애플리케이션의 기능적 및 비기능적 동작을 기록한다. 트랜잭션 식별자를 활용하면 개발자가 분산된 구성요소들의 로그를 통합해 시스템을 통한 트랜잭션 경로를 정확하게 볼 수 있다.

따라서 모니터링 솔루션 도입 시에는 애플리케이션 및 시스템 로그를 고려해야 하며, 다음과 같은 여러 시나리오를 고려해야 한다.

- 알림을 생성하는 위험 항목에 대한 로그 분석
- 사고 조사 및 근본 원인 분석 지원을 위한 탐색
- 감사 및 컴플라이언스 준수를 위해 분산된 구성요소의 로그 수집 및 결합

대시보드

지금까지 설명한 모든 도구에는 맞춤형 콘솔, 즉 대시보드^{dashboard}가 포함된다. 특정 뷰 외에 시스템 전반의 가시성이 필요한 경우가 많기 때문이다. 대시보드는 여러 구성요소의 뷰를 결합하고 연결하며, 비즈니스 데이터와 기술 데이터를 자주 결합해 추가적인 비즈니스 상황을 알 수 있게 한다.

대시보드는 항상 역할 또는 개인별로 제공된다. 퍼스트 리스폰더의 정보 요구사항은 사고 책임자나 가용성 관리자의 정보 요구사항과는 다르다. 따라서 관계된 데이터를 보여주는 맞춤형 대시보드가 각 역할에 따라 제공돼야 한다.

종종 간과하게 되는 것은 세부사항이 아닌 전체적 상황이다. 대시보드는 기존 제품의 사용자 인터페이스를 바꾸지 않은 채로 합쳐진 뷰로 제공돼야 한다. 그러나 세부 정보가 필요한 경우, 대시보드에는 각 도구의 세부 정보를 보는 방법이 제공돼야 한다.

티켓팅

많은 기업은 고객에게 영향을 미치는 사고에 대한 감사 추적을 요구한다. 이 감사 추적에는 사고가 시작되고 해결된 시간과 사고 관련 주요 업데이트 내용이 포함돼야 한다.

이렇게 주요 사고 내용이 저장된 사고 저장소는 같은 사고 패턴이 애플리케이션 전반에 걸쳐 발생하는 경우 추세 분석을 가능케 한다.

이벤트 관리, 협업, 티켓팅을 연결해 티켓을 자동으로 업데이트한다면, 현대적 협업 솔루션의 민첩성 및 기존 티켓팅 솔루션의 감사 기능이라는 두 가지 장점을 가져갈 수 있다. 이벤트 관리, 로그 모니터링, 실행서, 대시보드 및 티켓팅을 통합함으로써 그림 9.10과 같은 완벽한 사고 관리 도구 체인을 구성할 수 있다.

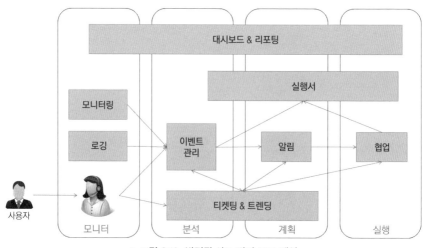

▲ 그림 9.10 발전된 사고 관리 도구 체인

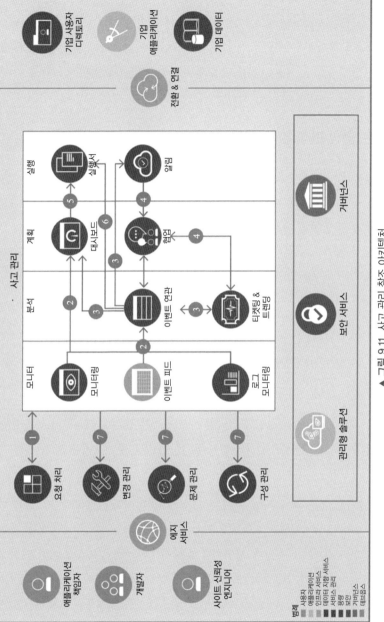

▲ 그림 9.11 사고 관리 참조 아키텍처

파블릭 네트워크 & 이용자 ── 클라우드 제공자 ── 기업

기업

- 기업 사용자 디렉토리
- 기업 애플리케이션
- 기업 데이터

전환 & 연결

사고 관리

모니터
- 모니터링
- 이벤트 피드
- 로그 모니터링

분석
- 이벤트 연관
- 티켓팅 & 트렌딩

계획
- 대시보드
- 협업

실행
- 실행서
- 알림

요청 처리
변경 관리
문제 관리
구성 관리

에지 서비스

애플리케이션 책임자
개발자
사이트 신뢰성 엔지니어

관리형 솔루션
보안 서비스
거버넌스

범례
- 사용자
- 애플리케이션
- 인프라 서비스
- 데이터 지향 서비스
- 서비스 관리
- 운영
- 보안
- 거버넌스
- 데이터운스

5장에서는 클라우드 애플리케이션을 구축하는 방법을 제공하는 IBM 클라우드 아키텍처 센터[10]를 소개했다. 아키텍처 센터에는 서비스 관리를 위한 참조 아키텍처가 포함되어 있으며, 각 요소를 더욱 자세히 설명한다. 또한 깃허브를 통해 코드도 제공된다. 그림 9.11은 사고 관리를 위한 참조 아키텍처를 나타낸다.

근본 원인 분석 및 사후 검토

사고 관리와 문제 관리는 명백히 다른 것이다. 사고 관리는 재시작, 롤백, 해결 방법 등을 통해 최대한 빠르게 서비스를 복원하는 데 중점을 둔다. 반면, 문제 관리는 사고의 근본 원인을 해결해 부작용을 최소화하고 재발 방지를 목표로 한다. 전통적 ITSM과 클라우드 지향적 서비스 관리 모두 사고 관리와 문제 관리가 구분되지만, 미묘하게 다른 방식으로 접근한다.

근본 원인 분석

> 기업이 원인을 밝혀내고 기업 전체에서 이를 예방할 수 있다면, 모든 결함은 보물이다.
>
> — 토요다 키이치로[Kilchiro Toyoda] / 토요타 창업자

서비스가 복구되고 사건이 종결되면 사고의 근본 원인을 규명하기 위한 일련의 후속 활동이 이뤄져야 한다. 근본 원인을 알아야 사고가 재발하지 않도록 적절한 대응책을 마련할 수 있다.

사고를 책임지는 사고 책임자 또는 SRE는 이러한 활동을 조정하므로, 여러 가지 사고의 처리가 담당자에게 과중하지 않게 하는 것이 중요하다. 그렇지 않으면 문제 관리 품질과 결과가 나빠진다. 담당자에게 세세한 부분까지 확실히 하기 위해 가장 좋은 방법은 사고 후 활동이 완료될 때까지 해당 담당자를 당직 임무에서 제외하는 것이다.

---

10 IBM Cloud Architecture Center, https://www.ibm.com/cloud/garage/category/architectures.

5 Whys

문제의 근본 원인을 찾아내고 더욱 깊게 분석해 증상이 아닌 원인을 확실히 다루게 하는 5 Whys라는 방법이 추천된다.

5 Whys는 특정 문제의 원인이 되는 인과 관계를 찾기 위해 사용되는 반복적인 의문문을 제기하는 기법이다. 5 Whys 기법의 주요 목표는 "왜?"라는 질문을 반복해 결함이나 문제의 근본 원인을 파악하는 것이다. 각 답변은 다음 질문의 기초가 된다. 다섯 번이라는 숫자는 문제를 해결하는 데 필요한 반복 횟수를 관찰 및 분석한 데서 비롯됐다. 때로는 네 번만 반복해도 충분할 수 있으며, 경우에 따라서는 여섯 번이나 일곱 번이 필요할 수도 있다.

다음은 5 Whys 기법의 예시다.

1. 왜 서비스가 중단됐는가?

   데이터베이스가 잠겼기 때문에

2. 왜 데이터베이스가 잠겼는가?

   데이터베이스에 너무 많은 쓰기 작업이 있었기 때문에

3. 왜 데이터베이스에 많은 쓰기 작업이 있었는가?

   예측되지 않았고 부하 테스트도 수행되지 않았기 때문에

4. 왜 변경에 따른 부하 테스트가 수행되지 않았는가?

   테스트 변경사항을 로드할 경우에 대한 개발 프로세스가 마련되지 않았기 때문에

5. 테스트를 로드할 때 개발 프로세스가 필요하지 않은 이유는 무엇인가?

   대규모 부하 테스트를 수행한 적이 없고, 새로운 수준의 규모에 도달한 적이 없었기 때문에

모든 문제가 하나의 근본 원인을 갖고 있는 것은 아니다. 여러 개의 근본 원인을 밝혀내기 위해서는 매번 일련의 질문을 통한 5 Whys 방법을 반복할 필요가 있다.

또한 기억해야 할 또 다른 중요한 내용으로 근본 원인을 사람의 실수로 결론지어서는 안 된다는 점이 있다. 대신에 사람의 실수에서부터 원인 파악을 수행해야 하며,

또 다른 방법으로 '왜' 대신에 '어떻게'를 물을 수도 있다.

문화 변화를 다룬 절에서 설명한 바와 같이, 사후 검토 시 비난하지 않는 문화는 무슨 일이 일어났는지에 대한 모든 세부사항을 밝혀내는 데 매우 중요한 요소다. 사람들은 처벌과 질책을 두려워하지 않는 문화가 조성돼야만 다른 사람들이 똑같은 실수를 저지르지 않도록 자신의 실수를 공유할 것이다.

균형 잡힌 조치 계획

근본 원인을 파악한 경우 적절한 대응 조치를 찾아내어 유사한 사고가 재발하지 않게 할 수 있다. 목표는 문제를 예방하는 데 있어야 하지만, 일반적으로 이러한 조치는 구현에 있어 가장 비용이 많이 드는 작업이다. 따라서 전략적인 개선 외에 단기적인 해결책도 개발할 필요가 있다.

다음의 분류 중 하나에 해당하는 조치로 구성된 균형 있는 조치 계획을 수립하는 것이 좋다.

- **탐지**: 모니터링 및 측정 요소를 개선해 문제를 좀 더 신속하게 탐지할 수 있도록 한다(예: 조기 탐지를 가능하게 하는 임계치를 모니터링에 추가).
- **조사**: 좀 더 신속한 사고 격리 및 진단을 수행할 수 있도록 개선한다(예: 문서 입·출력 API 호출에 대한 로깅 개선).
- **교정**: 오작동을 좀 더 빨리 교정하기 위해 개선한다(예: 트래픽을 자동으로 다시 라우팅하게 하는 실행서 마련).
- **예방**: 기본 애플리케이션 코드 또는 아키텍처를 개선한다(예: 입력 유효성 검사 수행).

솔루션을 좀 더 견고하게 만들려면 실패한 서비스의 제공자와 이용자 간에 조치의 균형을 맞출 필요가 있다.

- 서비스 제공자는 문제가 다시 발생하지 않도록 예방 조치를 해야 한다.
- 서비스 이용자는 애플리케이션이 서비스 중단의 영향을 덜 받도록 추가적인 내결함성 조치를 구현해야 한다(서킷 브레이커를 사용하는 등).

이러한 내용을 애플리케이션 백로그에 추가하고 우선순위를 지정해야 한다. 심각도가 높은 문제의 경우, 비기능 요구사항을 갖는 백로그는 다른 기능 요구사항보다 우선순위가 높아야 한다. 비기능 요구사항 백로그에 낮은 우선순위를 부여하는 것은 사고가 재발해도 좋다는 것과 같다.

기술적 부채

더 전략적인 백로그 항목은 우선순위가 낮아지고, 다른 전략적 백로그 항목이 다뤄질 위험이 있다.

기술적 부채^{technical debt}는 시간이 오래 걸리는 더 나은 접근법 대신 쉬운 해결책을 선택함으로써 야기되는 추가로 수행해야 하는 재작업의 묵시적 비용을 반영하는 개념이다.

사고 관련 조치와 조치에 대한 기술적 부채를 줄이기 위해 진행 상황을 측정하고 검토하는 것이 좋다.

속도와 신뢰성이라는 상충하는 목표를 해결하기 위해서는 경영진의 참여와 지원이 필요하다. 최고재무책임자가 기업의 재무 부채를 담당하는 것처럼, 최고정보책임자는 기업의 기술적 부채를 다뤄야 한다.

사후 검토

5 Whys에 대한 해답을 찾고 균형 잡힌 조치 계획을 수립한 후, 사고에 대해 완전히 문서화하고 이를 공개 및 공유할 필요가 있다.

이러한 문서는 일반적으로 다음과 같은 개요를 따른다.

- **무슨 일이 발생했는가?** 이벤트 타임라인과 서비스 이용자에게 미치는 영향
- **왜 발생했는가?** 5 Whys 수행 결과
- **해결책은 무엇이었는가?** 즉각적인 서비스 복원 조치
- **어떤 조치가 취해질 것인가?** 균형 잡힌 조치 계획

그림 9.12와 같은 공식적 사후 검토 문서는 대개 B2B[business-to-business] 비즈니스에서만 제공된다. 최종 사용자용 서비스의 경우 정보가 이메일이나 블로그 게시물을 통해 비공식적으로 전달된다. 정직한 언어를 통해 소통하고 실패를 인정할 필요가 있다. 또한 이러한 의견을 개진하면 받아들여진다는 믿음이 있어야 한다.

PR2645 – 지역의 XXX 서비스에서 주문 상세 화면이 간헐적으로 나타남

사고	심각도	실제 발생일	실제 종료일	기간	SLA 영향	근본 원인 분류	문제 분석 담당자
IN136038	3	2017년 5월 2일 12:00	2017년 5월 2일 13:00	1시간 48분	없음	클라우드 백엔드 장애	YYY 애플리케이션 팀

비즈니스/고객 영향

정보 획득 지연, 검색 및 지역에서 모바일 기기를 통한 주문 수정 지연

근본 원인

로드밸런서 그룹의 5개 API 게이트웨이(20%의 장애 관측률) 중 하나가 DB 지연 상황이 발생해 카탈로그 메타데이터를 적시에 전달받지 못함

해결

지연 상황을 피하기 위한 DB 설정값 조정

모니터링 & 경보

APM 모니터링 콘솔에 의해 탐지됐음

주요 이벤트 경과

2018년 5월 2일 (Hrs. CDT)	이벤트
12:00	사고 관리에서 XXX 장애에 대한 보고서 접수 후 IN136038 사고 발생
12:05	XXX 전문가가 문제 해결을 위해 투입
12:20	전문가들은 API 연결에 예기치 못한 오류로 간헐적 장애가 발생함을 확인
12:40	전문가들은 특정 API 게이트웨이에서 문제가 발생했음을 확인
13:00	서비스를 정상으로 복구하기 위해, 전문가들은 영향을 받는 로드밸런서로부터의 API 게이트웨이들에 투입되어 운영 환경에서의 API 연결을 재개발함

▲ 그림 9.12 사후 검토 요약 예시

문서를 작성해 검토한 후 영향을 받는 사용자와 사후 검토 문서를 공유해야 한다. 이러한 문서를 영향받는 사용자 이외에도 공유하기를 원할 수 있다. 사후 검토 문서를 폭넓게 공유함으로써 경험을 통해 조직이 배울 수 있게 하며, 다른 곳에서 이와 같은 사고를 방지할 수 있게 한다. 또한 인터넷에 사후 검토 문서를 공유한다면 투명성의 문화를 한 단계 더 발전시킬 수 있다. 좋은 예로는 깃랩[GitLabs][11], 클라우드 플레어

---

11 "Postmortem of database outage of January 31." GitLab. Accessed January 31, 2018. https://about.gitlab.com/2017/02/10/postmortem-of-database-outage-of-january-31.

Cloudflare[12], 몬조Monzo[13]가 있다.

주요한 사고 발생 후 문서 작성 시 SLA가 추가되는 경우가 많다(중간 사후 검토 문서화의 경우 3일, 최종 문서화의 경우 10일 후). 그러나 정의된 SLA가 없더라도 사용자들은 무슨 일이 발생했으며, 사고가 재발하지 않도록 어떤 조치가 취해질지에 대해 시기적절한 설명이 있기를 기대한다.

배포, 릴리스 관리 및 변경 관리

클라우드 지향 환경에서 새로운 버전의 애플리케이션을 운영 환경에 자주 배포하는 경우 어떤 기업은 일주일에 여러 번 새로운 버전을 배포하고, 또 어떤 기업은 하루에 여러 번 배포한다. 이러한 방법은 배포 및 릴리스의 대한 기존의 폭포수waterfall 접근 방법과 크게 다르다. 다음 절에서는 배포에 대해 알아본다.

배포

지속적 제공CD, continuous delivery은 소프트웨어를 구축해 언제든지 운영 환경에 릴리스할 수 있게 하는 방법이다. 소프트웨어 개발에 관한 사실 중 하나는 개발 및 구축 주기가 계속해서 짧아지고 있다는 것이다. 컴퓨터의 역사 초기에는 프로그램이 스위치와 토글을 가지고 이진법으로 입력됐을 때 프로그램을 입력하는 일은 시간이 오래 걸리고 오류가 발생하기 쉬운 과정이었다. 이후에 프로그램은 즉각 수정할 수 있게 됐지만, 컴파일에는 여전히 수 시간이 소요됐다. 그 이후, 자바 및 루비 같은 최신 컴파일러와 언어를 통해 프로그래머가 소스 파일을 저장하는 만큼 빨리 컴파일할 수 있게 됐다.

---

12 Graham-Cumming, John. "Incident report on memory leak caused by Cloudflare parser bug." Cloudflare Blog. December 11, 2017. Accessed January 31, 2018. https://blog.cloudflare.com/incident-report-on-memory-leak-caused-by-cloudflare-parser-bug.

13 Crablab, Chapuys, et. al. "RESOLVED: Current account payments may fail – Major Outage (27/10/2017)." Monzo Community. October 28, 2017. Accessed January 31, 2018. https://community.monzo.com/t/resolved-current-account-payments-may-fail-major-outage-27-10-2017/26296/95.

지속적 제공에 대한 지속적 통합

여러 해 동안 개발자가 시스템의 코드를 개별적으로 코딩하는 것은 일반적이었지만, 자동화 또는 반자동화된 빌드 시스템이 모든 작업을 통합하기 위해 매일 밤 실행됐다. 개발자들은 '빌드를 망가뜨린 사람'이 될 수도 있다는 불안감 속에서 살았다. 빌드 실패는 다음 날 밤까지 해결할 수 없었다. 많은 팀이 빌드 실패의 원인이 된 사람들에게 불쾌한 영화 캐릭터 또는 재미있는 모자를 골라주는 등의 트로피를 수여했다.

이러한 접근 방식은 지속적 통합$^{CI, continuous integration}$ 도구와 실행 방식이 도입되면서 변화하기 시작했다. 코드가 자주 통합됨에 따라 빌드가 망쳐질 문제의 가능성은 줄어들었다. 또한 잘못된 자동화 테스트로 빌드가 망가질 경우의 결과도 덜 심각해졌다. 다시 초점은 바뀌었다. 많은 팀이 CI 도구를 구현했지만, 여전히 분기별 또는 반기마다 시스템 릴리스를 수행하고 있다.

빈번한 소량의 릴리스: 지루해진 릴리스

왜 기업과 상업용 소프트웨어사는 빅뱅 릴리스의 고통과 불안감을 안게 될까? 아마도 가장 큰 이유는 관성 때문일 것이다. 운영 팀은 운영 환경을 자세히 정의하고 올바른 방식으로 변경해 환경이 안전하고 성능이 우수하며 신뢰할 수 있는지 확인한다. 그러나 변경 작업은 신중하게 구성된 환경에서 모든 작업을 망칠 수 있기에 운영 팀원들은 변화에 대한 두려움 속에 살고 있다.

상업용 소프트웨어사에서 영업 팀과 마케팅 팀은 연 2회 훈련 세미나를 하는 데 익숙해져 있으며, 이 세미나에서는 연간 계획이 수립된다. 기업 개발 세미나에서 계획된 코드 프리즈$^{code freezes}$, 이를 고려한 계획된 휴가 및 코드 프리즈의 일반적 원인이 되는 다양한 감사와 점검이 이뤄진다. 대규모의 여러 파괴적 릴리스 대신에 작은 규모의 릴리스를 하는 일정 계획을 수립한다면 다음과 같은 장점이 있다.

- 각 릴리스별로 변경 작업을 줄이면 릴리스에서 더 적은 수의 사항이 적용되므로 릴리스의 예측이 가능하고 더 쉽게 롤백할 수 있다.
- 더 자주 릴리스한다면 콘셉트와 출시 사이의 시간이 크게 줄어든다. 자주 릴

리스하지 않으면, 제품이 출시될 때까지 기능 변경이 더 자주 요구된다.

- 빅뱅 릴리스에 필요한 회의 횟수를 줄임으로써 시간, 불안감 및 비용을 절약할 수 있다.
- 릴리스할 때의 관리 복잡성이 줄어든다.
- 각 릴리스를 테스트하고 확인하는 데 드는 시간을 단축할 수 있다.

이익은 막대하다. 팀은 생산성을 높이고 스트레스를 줄이며 기능 제공에 더욱 집중할 수 있다. 이렇게 충분히 자주 릴리스한다면 변화는 예측할 수 있고 심지어 지루해질 것이다. 그러나 이러한 이점을 취하려면 CD의 몇 가지 원칙을 지켜야 한다.

지속적 제공에 대한 원칙

지금까지 지속적 제공이 가치 있는 접근 방식임을 보여줬다. 이를 성공적으로 구현하기 위해서는 다음과 같은 원칙들을 준수해야 한다.

- **모든 변경사항은 릴리스될 수 있어야 한다.** 이러한 원칙을 통해 개발 팀과 운영 팀이 소통하는 방식에 영향을 미치는 오래된 관행들을 없앨 수 있다. 모든 변경사항을 릴리스할 수 있는 경우 이는 각각 독립적이어야 한다. 변경사항에는 사용자 설명서, 운영 실행서 및 변경된 내용과 감사 및 추적 가능성^{traceability}에 대한 정보가 포함된다. 어떤 것도 미뤄져서는 안 된다.
- **코드 브랜치**^{code branch}는 **일시적이어야 한다.** 코드 브랜치가 일시적이어야 한다는 생각은 일반적인 CI의 관행이다. 만약 코드를 메인 트렁크로부터 분기하고자 한다면, 그 분기는 다음 릴리스를 준비하기 위해 트렁크에 다시 합쳐지기 전에 짧은 기간만 존재해야 한다. 만약 릴리스를 매주 또는 매일 해야 한다면, 개발자나 팀이 하나의 브랜치에서 작업하는 데 걸리는 시간이 제한된다.
- **자동화된 파이프라인을 통해 제공한다.** CD를 달성하기 위한 진정한 방법은 자동화된 제공 파이프라인을 사용하는 것이다. 제대로 구축된 제공 파이프라인은 모든 코드 릴리스가 반복적이고 질서 있게 테스트 환경과 운영 환경으로 이동되도록 보장한다.

- **대부분의 작업을 자동화한다.** CD를 구축하는 핵심이 제공 파이프라인을 구축하는 것이듯, 좋은 파이프라인을 구축하는 핵심은 개발 프로세스의 대부분을 자동화하는 것이다. 빌드 및 코드 배포만을 자동화할 뿐만 아니라 신규 개발, 테스트 및 운영 환경을 구축하는 프로세스를 자동화해야 한다. 인프라를 코드로 다루는 단계에 이르면, 인프라 변경사항은 코드 릴리스로 간주되어 제공 파이프라인을 통해 반영될 수 있다.

- **다운타임을 최소화한다.** 빈번한 업데이트에 있어 애플리케이션의 가용성을 보장하기 위해 팀은 블루-그린 배포를 구현해야 한다. 블루-그린 배포에서는 신규 기능을 운영 환경으로 이관하는 경우 실제 실행 중인 인스턴스가 아닌 인스턴스로 배포된다. 신규 애플리케이션 인스턴스의 유효성을 검증한 후, 퍼블릭 URL은 애플리케이션의 신규 인스턴스로 연결된다.

릴리스 관리

CD의 개념에서는 빈번한 소량의 릴리스가 가능하다. 클라우드 기반 애플리케이션의 아키텍처는 운영 환경으로의 릴리스를 쉽게 하고 자동화하는 추가적인 단계를 제공한다.

블루-그린 배포

클라우드 기반 애플리케이션은 모든 요청을 수신하는 로드밸런서에 의해 전처리되므로, 로드밸런서는 다운타임이 거의 없이 애플리케이션을 배포할 수 있다. 현재 버전의 애플리케이션(블루 버전)이 로드밸런서를 통해 서비스되는 동안, 애플리케이션의 다음 버전(그린 버전)은 다른 환경에 자동으로 배포될 수 있다. 이를 통해 운영 환경에 영향을 주지 않고 배포된 그린 버전의 애플리케이션에 대한 최종 테스트를 수행할 수 있다. 이러한 테스트가 통과되면 트래픽을 그린 버전의 애플리케이션으로 라우팅하도록 로드밸런서가 재설정된다. 신규 요청은 새로운 환경에서 처리되며, 이전의 환경은 서서히 사용되지 않도록 할 수 있다.

블루-그린 배포 ^{blue-green deployment}라고 하는 새로운 배포 방법은 효과적인 롤백 방법도 제공한다. 이전 환경은 사용되지 않는 대신 휴면 상태로 전환된다. 새로운 환경에 문제가 발견되면 트래픽을 이전의 블루 환경으로 라우팅되도록 로드밸런서를 조작하면 된다.

인터페이스를 변경할 때는 롤백이 안전하게 수행되는지 확인하기 위해 해당 인터페이스가 역으로도 호환할 수 있어야 한다. 데이터베이스에 대한 스키마 변경의 경우에도 마찬가지다. 스키마 변경에 대한 배포를 애플리케이션의 업그레이드와 분리하는 것이 권고된다.

카나리아 테스트 및 기능 토글

블루-그린 배포 방법은 한 번에 전환하는 것이 아닌 점진적으로 전환하고자 할 경우에도 적용될 수 있다. 카나리아 릴리스는 일부 사용자에게만 변경사항을 적용토록 한다. 탄광에 있는 카나리아와 같이, 일부 사용자들은 새로운 릴리스를 위한 테스트 베드 ^{test bed} 역할을 한다. 이러한 기법은 모든 사용자에게 결함이 적용되는 위험을 줄인다. 결과가 만족스럽다면 카나리아 릴리스를 확장해 전체 사용자 커뮤니티에 배포할 수 있다.

기능 토글은 새로운 기능을 운영 환경으로 자연스럽게 적용할 수 있는 방법을 제공한다. 신규 기능은 토글이 켜져 있을 때만 활성화된다. 기능 토글 전략은 잦은 릴리스 적용의 위험을 완화하며, 특히 복수의 릴리스를 통해 변경사항이 적용될 경우 효과적이다.

롤포워드

매우 성숙한 환경에서는 롤백하는 대신 적극적으로 앞으로 나아가는 공격적인 전략을 취한다. 현재 버전에서 문제를 수정하는 대신, 수정사항은 새로운 버전에 반영되어 차례대로 릴리스된다. 물론 이러한 전략은 하루에 여러 번 릴리스를 수행하는 성숙한 환경에서만 수행될 수 있다. 이러한 환경에서는 사고와 문제 관리 사이의 경계가 모호해진다.

개발 및 테스트에 오랜 시간이 걸리는 코드 수정과 같이 롤포워드roll forward가 항상 가능한 것은 아니다. 때문에, 롤백이 항상 가능해야 한다. 롤포워드 전략은 롤백 전략이 없는 경우에는 활용할 수 없다.

변경 관리

자동화 방법의 발전에도 불구하고 배포와 릴리스는 여전히 신중하게 이뤄져야 한다. IT 프로세스 협회IT Process Institute의 'Visible Ops Handbook'[14]에 따르면 예상치 못한 장애의 80%가 관리자(운영 담당자) 또는 개발자의 계획되지 않은 변경으로 인해 발생한다.

지속적인 통합, 테스트 및 배포 방법의 발전에 따라 변경자문위원회CAB의 개별 변경 사항에 대한 평가에서 자동화 정책에 대한 평가로 전환될 수 있다. ITIL에서 설명된 바와 같이 CAB가 개입하지 않아도 정책에 대한 변경 작업을 수행할 수 있다. CAB는 정책(테스트 및 테스트 결과의 코드 커버리지 임곗값 등)을 수립해야 하며, 이러한 정책에 기해 대부분의 변경사항을 제공 파이프라인을 통해 처리할 수 있다. 이러한 변경은 즉각적으로 구현되며, 정해진 릴리스 날짜까지 미뤄지지 않는다.

더욱 파괴적인 변화에 대해서는 여전히 CAB가 개입될 필요가 있다. 파괴적인 변화는 변경의 범위가 넓거나 파괴적인 애플리케이션이 도입되기 때문에 발생한다. 이러한 변화들은 조심스럽게 운영 환경으로 적용돼야 한다.

최신 데브옵스 분석 도구들은 변경의 중요도를 평가할 수 있다. 코드 저장소, 이슈 트래킹 시스템 및 빌드 시스템의 풍부한 데이터를 활용해 더 빠르고 좋은 품질의 애플리케이션을 제공할 수 있다. 데브옵스 분석 도구를 통한 분석의 예는 다음과 같다.

- **개발자 통찰력**: 오류가 발생하기 쉬운 파일, 커밋먼트commitments, 이슈 및 코드 변경에 대한 주요 정보
- **팀 다이내믹스**: 데브옵스 팀이 개발 중인 코드의 변경을 통한 상호작용

---

14 The Visible Ops Handbook by Kevin Behr, Gene Kim and George Spafford, Information Technology Process Institute (2005).

- **배포 리스크**: 코드 커버리지, 테스트, 보안 스캔 등이 어떻게 정책을 충족시키는지와 배포 품질을 개선하기 위해 게이트로 데이터를 전송하는 방법에 대한 정보
- **제공 인사이트**: 애플리케이션, 환경, 구성요소별로 필터링된 배포 데이터, 팀이 애플리케이션을 검토해 더 많은 주의가 필요한 영역을 탐색할 수 있게 하는 날짜 범위
- **가용성 인사이트**: 팀이 운영 환경에서 애플리케이션의 성능을 파악할 수 있는 품질 관련 메트릭(서비스 가용성 및 고객에 미치는 영향, 근본 원인 분석 조치 항목 완료, MTTR에 미치는 영향 등)

설정 관리

이 장의 마지막 절에서는 설정 관리에 대해 알아본다. 앞으로 살펴볼 것과 같이 설정 관리는 클라우드 지향 서비스 관리 솔루션, 특히 규제 산업에서 관련성이 있다.

클라우드 환경(동적, 서비스 인식, 복잡성 증가, 이기종, 하이브리드)은 다음과 같은 이슈가 발생할 수 있다.

- 상호 연결된 복잡한 애플리케이션 및 데이터 리팩토링
- 애플리케이션, 데이터 및 통합을 위한 성능 및 SLA 요구사항 유지
- 보안 및 컴플라이언스를 위한 멀티 프로바이더 공유 책임 모델
- 여러 클라우드 제공자 간의 통합, 데이터 관리, 서비스 보증 및 거버넌스
- PaaS 등 빠르게 발전되는 기술의 도입 및 공급업체 종속성에 대한 우려
- 데브옵스로의 전환을 이루기 위한 조직 및 문화 변화

예를 들어, 마이크로서비스는 느슨하게 결합해 배포된다. 애플리케이션은 작고 독립적이며 상호 의존적인 부분들로 구성된다. 각 구성요소는 동적으로 배포되고 관리된다. 이러한 측면은 환경을 정확하고 완벽하게 파악하는 설정 관리에서 어려움을 준다.

설정 관리는 구성 항목이라 불리는 IT 인프라의 모든 요소를 식별, 제어 및 유지 관리한다. 설정 관리의 목적은 시스템 및 인프라에서 구동되는 구성 항목의 무결성을

유지하고 구성 항목 간 관계에 대한 정확한 정보를 제공하는 것이다. 사고 관리, 변경 관리, 용량 관리 등 많은 프로세스가 설정 관리에서 제공되는 정보에 의존한다.

CI/CD를 통해 기능을 운영 환경으로 신속하게 이관할 수 있다. 이에 따라, 운영 팀이 성능 및 안전성 문제를 애플리케이션 및 설정 변경과 효과적으로 연관시키는 일이 점점 더 중요해지고 있다.

다음 절에서는 설정 관리의 주요한 측면들을 살펴본다.

구성 항목 및 관계

클라우드 내 구성 항목은 서버와 라우터처럼 클라우드 서비스 사용자에게 불투명한 물리적 자산이 될 수 없다. 그 대신에 구성 항목은 가상 시스템, 컨테이너 또는 마이크로서비스 같은 논리적 측면과 서비스를 포함할 수 있도록 좀 더 포괄적이어야 한다.

애플리케이션이 점점 더 복잡해짐에 따라 논리적 구성 항목 간의 관계는 인과관계뿐만 아니라 종속성을 이해하는 데 매우 중요하다.

CMDB/CMS

구성 관리 데이터베이스CMDB, configuration management database (ITIL 최신 버전에서 구성 관리 시스템CMS, configuration management systems으로 정의) 서비스 관리 지원을 위해 잘 정의된 스키마를 가진 데이터베이스다. 구성 항목의 범위가 변하는 것을 고려할 때, 모든 정적 데이터 모델에는 한계가 있다. 지금까지 대부분의 CMDB는 가상 시스템을 지원하며 일부는 컨테이너도 지원하지만, 모든 CMDB가 마이크로서비스나 사이드카sidecar를 지원하고 서비스의 구성요소로 동작한다.

이는 구성요소 간의 관계에서도 마찬가지다. 전통적인 관계 유형(예: runs-on, provides-power-for, is child-of)은 클라우드에서 제한적으로 활용된다. 새로운 아키텍처와 개념들은 새로운 관계 유형이 필요하다.

예를 들어, 데브옵스 도구는 변경으로 문제가 발생한 시점을 추적할 수 있도록 알림 트리거notification trigger (배포 마커deployment marker 라고도 함)를 관리 시스템으로 전송할 수 있다. 이러한 배포 마커는 다른 구성 항목과의 관계와 함께 구성 항목으로 포함될 수 있다.

클라우드 환경의 급속한 발전을 참작해 기술이 발전함에 따라 쉽게 확장할 수 있는 동적 데이터 모델이 필요하다.

구성 항목과 관계 모두에 있어서 시간은 중요한 속성이다. 지속적 변경, 오토스케일링, 중복성redundancy 및 속도는 아키텍처의 고유한 측면이기 때문에 CMDB에 반영되는 시스템 구성은 짧은 기간만 최신이다. 이러한 구성은 시시때때로 바뀔 수 있다.

서비스 관리 프로세스의 가치를 제공하기 위해서는 CMDB에서 사고가 탐지된 시점의 전체 시스템 구성 같은 특정 시점의 구성을 검토할 필요가 있다. 더 빠르게 하기 위한 어떤 노력에도 불구하고 사고 조사 및 분류는 사고가 발생한 지 몇 분 후에 수행될 것이다. 성능 관리, 용량 관리, 근본 원인 분석, 시스템 튜닝 같은 많은 시나리오에서 시간은 매우 중요한 요소다.

클라우드 지원 CMDB는 언제든지 구성을 복구할 수 있는 타임머신 기능을 제공해야 한다. 이러한 복구는 구성 항목과 관계에서도 적용된다.

구성 항목 범위, 관계 범위 및 시간이 증가하면 확장성이라는 다른 차원의 요구상황이 발생한다. 기존 CMDB는 수백만 개의 객체를 담도록 확장할 수 있지만, 클라우드 지원 CMDB는 수십억 개의 객체를 담도록 확장해야 한다. 확장성이 주요 고려사항이 되는 것은 많은 객체를 저장할 수 있는 능력이 아닌, 복잡한 관계 트리를 효율적으로 탐색할 수 있는 능력이다.

그래프 데이터베이스 같은 새로운 데이터베이스 기술에서는 엄격하게 스키마를 적용하지 않고도 확장성과 신속한 모델 확장이 지원된다. CMDB에 그래프 DB 기술을 적용하는 초기 도입 사례가 존재하며, 이러한 추세가 향후 구성 관리의 핵심이 될 것이라 예상한다.

탐색

클라우드 지향 환경에서는 애플리케이션의 인스턴스화가 동적으로 이뤄진다. 애플리케이션 오토스케일링 기능은 새로운 인스턴스를 온디맨드 방식으로 프로비저닝하고 더는 필요하지 않으면 남는 인스턴스를 해제한다. 쿠버네티스[15] 같은 클러스터 매니저는 자동으로 이러한 작업을 수행한다. 탐색 및 검색 기술을 통해 CMDB를 채우는 기존의 접근 방법은 자주 변경이 이뤄지는 환경에서는 적용할 수 없다. 구성 드리프트configuration drift[16] 및 스테일네스staleness의 위험이 너무 커 다른 서비스 관리 작업을 효과적으로 지원할 수 없다.

다행히도 자동화는 더욱 효과적일 수 있는 해결책을 제시한다. 리소스 프로비저닝은 소프트웨어(코드로서의 인프라)에 의해 수행되므로 관련 배포 스크립트를 개선해 CMDB를 새로운 정보(새로운 인스턴스, 추가 관계, 속성 등)로 자동 업데이트할 수 있다. 서비스가 폐기되면 그에 따라 CMDB가 업데이트된다.

또 다른 전략은 오래된 데이터를 CMDB에 저장하지 않고 필요할 때 클러스터 매니저 같은 요소 매니저를 직접 참조하는 것이다. 이러한 전략은 현재 활동에 매우 효과적이지만 몇 가지 단점이 있다. 이를테면, 구성 히스토리나 상태를 쿼리해야 하는 경우 현재 상태만을 보는 요소 매니저에서는 이러한 정보를 사용하지 못할 수도 있다. 이런 점은 사고 조사 및 용량 관리를 더 어렵게 한다. 또한 현재 상태와 이후의 상태를 구분해야 하는 경우가 많아지며, 같은 소스에 의존한다면 구분하기가 어려워진다.

정리

9장에서는 서비스 관리의 클라우드 전환에 대해 살펴봤다. 이러한 광범위한 변화는 기존의 역할, 프로세스, 기술 및 문화에 영향을 미친다. 이 책에서는 고객과의 교류 경험을 바탕으로 각 측면에 대한 예시를 제공했다.

---

15 "Kubernetes." Kubernetes. Accessed January 31, 2018. https://kubernetes.io.
16 예상되는 구성값과 실제 구성값 간의 차이를 의미 – 옮긴이

이러한 전환이 사고 관리, 근본 원인 분석, 배포, 릴리스 관리 같은 중요 운영 프로세스에 미치는 영향을 알아보고 기본 원칙과 필요 역량에 대해 논의했다.

또한 향후의 역할을 고려할 때 조직의 데브옵스 및 사이트 신뢰성 엔지니어링이라는 두 가지 방식을 어떻게 통합하고 조정할 수 있는지를 알아봤다.

이러한 모든 변경은 기존 ITIL 지향 운영 조직에 상당한 영향을 미칠 수 있지만, 두 가지 접근 방식 모두 같은 목표를 추구한다는 점을 유념해야 한다. 이러한 목표는 사용자에게 정당한 비용으로 신뢰할 수 있는 서비스를 제공하는 것이다.

이제는 이 책의 마지막 장으로 넘어가 기업 전체의 조직화와 일관성을 보장하는 데 필요한 거버넌스의 측면을 설명한다.

10 거버넌스

클라우드 도입과 디지털 전환은 IT의 미래다. 그러나 보다시피 이 미래의 현실은 멀티채널, 멀티클라우드, 그리고 멀티벤더다. 생태계가 복잡해지면서 거버넌스의 필요성은 명백해졌다. 끊임없이 변화하는 규제 환경은 효과적인 거버넌스의 필요성을 부추긴다.

앞서 논의한 것처럼 IT 환경이 변화하는 이 시점에서 리더들은 IT 영역에 새로운 수준의 오너십을 갖고 비즈니스에서 IT의 역할을 새롭게 그려야 한다는 사실을 알고 있다. 이를 위해 리더들은 적절한 곳에서 이행돼야 할 의사결정 프레임워크를 명확히 정의해야 한다. 단기적인 성공뿐만 아니라 지속적인 성공을 위해서라도 프레임워크를 명확하게 정의하는 것은 필수적이다.

9장에서는 RACI 매트릭스라고 하는 의사결정 프레임워크를 구현하는 일반적인 방법을 사례로 제시했다. RACI는 누가 담당하고 누가 책임을 지며, 누가 컨설팅을 받아야 하고 누가 정보를 받을지 등을 설명한다. 명확한 책임 할당은 조직이 규율대로 의사결정을 내리면서도 신속히 혁신하게 해준다.

조직화, 일관성, 조직 전체에 대한 명확한 시각 등은 몹시 중요하다. 이 문제들을 해결하려면 조직은 반드시 세밀하게 검토된 클라우드 도입 및 디지털 전환 거버넌스 모델을 정의하고 구현해야 한다.

클라우드의 과제

클라우드로 전환할 때 조직은 규제 요구사항, 소싱 및 표준화 문제, 보안과 평판에 대한 위협 등 거버넌스 모델을 통해 해결해야 할 많은 문제에 직면한다. 다음 절에서는 각 과제를 설명하고 적절한 대응책을 설명하고자 한다.

규제 요구사항

6장에서 논의한 것처럼 비즈니스와 IT 제공자들은 규제 요구사항을 충족해야 하며 규제 환경은 계속 진화하고 있다. 컴플라이언스에 대한 책임과 매우 치열한 경쟁 환경 속에서 조직은 비즈니스 가치를 제공하는 속도를 높여야 할 책임도 진다.

조직은 서비스 제공자, 파트너 생태계 및 이들이 제공하는 다양한 서비스를 활용해 비즈니스 책임을 안전하게 이행해야 한다는 압박을 조정해야 한다. 기업은 조직이 산만해지지 않고 핵심 비즈니스에 집중하면서도 규제를 충족할 수 있는 실무적인 적정 수준을 찾아야 한다.

예를 들어, 조직은 빠르게 특정 워크로드의 컴플라이언스를 관리하기 위해 규제 컴플라이언스 경험이 상당한 외부 클라우드 서비스 제공자의 서비스를 이용할 수 있다. 이런 서비스 제공자를 활용하면 IT 부서는 비즈니스 관련 역할에만 집중할 수 있다. 그러나 이 경우 조직이 원하는 결과물을 얻으려면 일관된 거버넌스가 필요하다. 결국, 규제 컴플라이언스는 어떤 서비스 제공자나 벤더만의 책임이 아니라 조직의 책임이다. 기본적인 수준의 컴플라이언스 결과를 제공하면서도 규제 컴플라이언스에 관한 서드파티 감사를 정기적으로 수행하는 서비스 제공자와 긴밀한 파트너십을 맺으면 조직이 컴플라이언스 구현의 부담을 완전히 지지 않으면서도 원하는 결과를 효과적으로 얻을 수 있다.

소싱 및 표준화 문제

적절히 관리된 멀티클라우드 하이브리드 환경은 상당한 비즈니스 이점을 제공할 수 있다. 그러나 올바른 거버넌스와 관리 구조를 구축하지 않으면 비용이 상당히 증가할 수 있으며, 보안과 컴플라이언스 노출을 증가시키고 비즈니스 우선순위에 제대로 부합하지 않을 수 있다.

또 더 많은 벤더와 제공자들이 복잡한 클라우드 지원 환경에서 거버넌스 과제를 증가시키고 있으며, 이러한 환경에서 제대로 조율이 이뤄지지 않으면 비즈니스 민첩성과 생태계 연결의 이점이 궁극적으로 약화될 수 있다.

이와 같은 복잡성 때문에 표준화는 조직이 원하는 비즈니스 이점을 얻기 위한 가장 효과적인 도구다. 오직 표준화를 통해서만 멀티벤더 환경에서 제어, 방향 및 책임의 일관성을 확보할 수 있다.

3장에서 산업 코어라는 개념을 소개한 바 있다. 산업 코어는 일반적으로 코어 밖에서 혁신이 일어나는 동안 계속 유지돼야 하는 레거시 시스템 및 프로세스와 관련이 있다. 예를 들어, 메인프레임에서 실행되는 시스템은 통상 코어의 일부로 간주한다. 산업 코어는 효과적이고 효율적인 서비스 제공을 위한 서비스 표준화와 통합을 암시하며, 이는 보통 클라우드에서 산업화된 코어 외부에서 혁신의 시스템을 구축하는 데 필요하다.

경험상 조직이 표준화된 인프라, 플랫폼, 관리 프로세스, 역할, 도구, 애플리케이션으로 구성된 서비스를 제공해 모든 정보 시스템을 산업화하는 경우 클라우드의 이점을 비용 효과적으로 누릴 수 있다.

보안과 평판 리스크

규모를 확장할 때는 기존 리스크의 악화와 새롭게 등장하는 리스크를 계속 평가하고 이해하며 완화해야 한다. 다음은 이전 프로젝트를 통해 식별한 리스크 목록이다. 단, 이 목록에 모든 리스크가 포함된 것은 아니다.

- **사이버 위협**: 온라인 시스템은 공격당하기 쉽다. 그러므로 반드시 신중하게 보안 정책을 검토하고 업데이트 및 이행해야 한다.
- **데이터 유출**: 클라우드의 데이터는 새로운 유출 리스크를 유발한다. 데이터를 보호하면서도 통제하기 위해서는 데이터의 분류, 커스터디^{custody}, 주권에 관한 규제 환경을 준수해야 한다.
- **컴플라이언스 미준수 리스크**: 은행업처럼 규제가 심한 업계에서는 클라우드 설계와 이행 시 구체적인 조직 가이드라인과 프레임워크뿐만 아니라 규제 컴플라이언스도 최우선으로 삼아야 한다.
- **벤더 락인**^{lock-in}: 클라우드 스택은 다양한 제공자의 기술과 도구로 구성된다. 이 요소들은 상호작용해야 하며 이식, 서비스 상호운용, 통합, 원복이 가능해야 한다.
- **일관성**: 조직이 글로벌 시너지를 얻으려면 반드시 시스템, 절차, 정책이 일관돼야 한다.
- **평판 리스크**: 에코시스템 혁신의 이점이 많더라도 기업은 자사의 방법과 통제를 통해 평판 리스크를 방지해야 한다.
- **복구 리스크**: 벤더 락인과 마찬가지로 비즈니스에 영향을 미치지 않고 이행 환경 전반에서 이동성을 유지하기 위해 워크로드와 데이터의 복구 결과를 이해해야 한다.

반드시 거버넌스를 통해 이 모든 다양한 리스크를 해결해야 한다. 조직은 강력한 거버넌스 프로세스를 통해 개발 및 제공 사이클 전반에서 발생할 수 있는 리스크를 모두 고려할 필요가 있다.

거버넌스 모델의 측면

고객과 함께 일한 경험에 근거해 다음과 같은 작업을 수행하는 거버넌스 모델을 권장한다.

- 리스크 식별, 관리, 완화
- 규제 컴플라이언스 준수를 보장
- 표준화 솔루션과 솔루션 패턴을 함께 지원(솔루션 패턴 solution pattern 은 한 가지 목적을 위해 개발되어 다른 시나리오에 적용되는 일반화된 솔루션을 의미)
- 조직 전반에 일관된 클라우드 도입 촉진
- 모범 사례에서 얻은 작동 프로세스를 공유하고 재사용해 시너지 효과를 일으킴

효과적인 거버넌스 모델은 다음 요소를 포함한다.

- 기회 활용과 리스크 완화 측면에 주목하여 적절한 클라우드 전략과 아키텍처를 정의하고 구현하기 위한 강력한 기술적 리더십
- 셀프서비스, 차지백 chargeback 1, 쇼백 showback 2, 사용량 기반 과금 등에 따른 신규 소비 모델이나 제공 모델을 활용하는 내부 운영 모델. 쇼백이란 서로 비용을 요청하지 않고 보고서를 통해 비용을 인지하는 방법으로, 사용량 기반 과금이나 차지백 모델로 나아가기 위한 좋은 전환법이다. 쇼백의 목표는 서비스 이행, 제공, 관리 측면에서 운영 모델의 투명성을 높이는 것이다.
- 클라우드 도입 및 디지털 전환 계획을 가속하기 위해 전문지식과 역량을 유치, 유지, 확대하는 적절한 인재 관리 및 인력 정책
- 다국적 기업이라면 글로벌 파트너십과 얼라이언스는 협력적 생태계를 구축하고 내·외부에 조직 서비스 제공이 가능해야 한다. 이때 전반적인 클라우드 전략 및 운영하려는 목표 시장과 어긋나지 않아야 한다.

거버넌스 모델 정의

거버넌스 모델은 클라우드 관련 결정을 제어하는 핵심 원칙과 표준을 명확히 설정해야 한다. 기술과 비즈니스는 뗄 수 없는 관계이므로 클라우드 결정은 반드시 전략

---

1 인프라, 데이터 전송, 애플리케이션 라이선스 등을 사용한 만큼 비용을 청구하는 방식 – 옮긴이
2 차지백이 발전된 형태의 개념으로, 사용자들끼리 나누어 쓰고 있는 사용량을 서로에게 보여주는 기능 – 옮긴이

적 비즈니스 목표와 원하는 전략적 비즈니스 결과물에 부합해야 한다. 이를 통해 조직은 클라우드 도입으로 나아갈 수 있으며, 가치를 극대화하면서도 리스크를 적절히 관리할 수 있다.

거버넌스 모델은 클라우드 전략을 실행하면서 발생하는 책임 중복과 갭 리스크를 줄여준다. 또한 미래에 조직이 개발할 신규 정책과 세부사항의 기준을 만든다.

각 조직은 고유하므로 거버넌스 모델은 자신에게 잘 맞도록 정의돼야 한다. 그러나 효과적인 거버넌스 모델에 필요한 몇 가지 기본적인 사항은 존재한다.

- 조직의 책임과 프로세스 관점에서 적절한 거버넌스 구조를 만들어야 한다.
- 앞 절에서 설명한 잠재적 리스크를 해결하는 공통 거버넌스 원칙을 정의해야 한다.
- 거버넌스 원칙에 따라 어떻게 이행할지를 정의하는 책임 매트릭스를 설정해야 한다.

경험상 중요한 것은 고객이 거버넌스 모델을 보유하고 있는지가 아니라 고객의 거버넌스 모델이 비즈니스의 전략적 목표를 얼마나 효과적으로 지원하는가였다.

1장에서 논의한 것처럼 클라우드 컴퓨팅은 기존의 기술 제어와 정책을 파괴할 수 있는 잠재력이 있다. 기존 전략을 바탕으로 클라우드 사용이나 관련 제공 모델을 통제하려는 조직은 클라우드 컴퓨팅의 이점을 얻기 어렵다. 비즈니스 결과가 있는 혁신을 촉진하는 인재를 유치하고 유지하는 능력을 잃는 예도 있었으며, 심지어는 전략적 목표와 거버넌스 모델이 일치하지 않아 마찰이 발생해 프로젝트가 실패하는 최악의 사례도 있었다. 효과적인 클라우드 거버넌스가 구축되지 않으면 비용만 많이 들고 관리는 되지 않는 무질서한 시스템 확장이나 섀도 IT, 보안 리스크 증가 등이 나타날 수 있다.

기존의 산업 코어는 가동 시간이 예측 가능해야 하며 기술 업데이트의 빈도가 낮은 경향이 있었다. 시간이 지나면서 애자일 클라우드 환경의 일부로 시작한 프로젝트는 비즈니스 기능에 통합되고 경화되면서 자연스럽게 산업 코어의 일부가 되었다. 코어가 되면 비즈니스를 위해 서비스가 계속 유지돼야 하므로 업데이트를 할 때 더 신중하고 엄격히 수행해야 한다. 코어에 포함된 관련 서비스나 시스템 실패는 비즈니스에 광범위한 영향을 준다.

이처럼 클라우드와 산업 코어의 교차는 불가피하므로 효과적인 클라우드 거버넌스 모델은 현재와 미래 IT 목표를 모두 고려해 반드시 기술 사용자와 관리자, IT 리더의 관계를 해결하고 요구사항을 조정해야 한다.

거버넌스 모델은 조직이 사업부와 최종 사용자에게 제공하는 서비스를 모두 포함해야 한다. 서비스 자체와 서비스 조달의 일부인 소싱 및 표준화 정책, 그리고 IT 포트폴리오가 관리되는 방법 등 거버넌스 모델은 조직이 직면할 수 있는 규제 요구사항을 모두 포괄해야 한다.

거버넌스 모델의 고려사항

앞 절에서 거버넌스 모델의 세 가지 측면인 거버넌스 구조, 거버넌스 원칙, 책임 매트릭스에 대해 살펴봤다. 이 세 가지는 클라우드 거버넌스 모델이 성공하는 데 필요하다. 다음은 이 세 가지 측면이 성공하기 위해 추가로 고려해야 하는 사항이다.

- **거버넌스가 조직에 어떤 의미가 있는지 신중히 생각하라.** 클라우드 기술의 도입과 사용을 지속할 수 있게 돕는 정책과 절차만 우선순위를 지정하여 거버넌스 모델에서 차별화된 비즈니스 가치를 달성하라. 추가로 효과 측정 방법과 이를 어떻게 정기적으로 평가할지, 시간이 지나면서 방법을 어떻게 개선할지 등을 고민하기를 권한다.
- **리스크 완화를 위한 통제의 필요성과 기술 유연성의 이점 사이에서 균형을 잡을 수 있는 전체적인 클라우드 거버넌스 접근법을 도입하라.** 비즈니스 유지에 필요한 기존 산업 코어에 더해 외부 서비스 제공자의 서비스와 통합된 새로운 클라우드 네이티브 애플리케이션을 허용하라. 이때 거버넌스 모델 원칙 안에서 입장을 정해야 한다. 최소한 단기적으로 '멀티모달' IT를 도입할 수는 있지만 경유지가 아닌 장기적인 해결책으로 삼아선 안 된다.

- **거버넌스 모델은 총괄, 평가와 통제, 실행, 정책 준수와 성과 모니터링에 대한 의사결정 프레임워크를 구체적으로 다뤄야 한다.** 이 모델은 역할과 책임, 팀 보고와 커뮤니케이션 구조, 멀티클라우드 멀티벤더 환경에서 기존 산업 코어 정보 기술 분야와 연결 짓기 위한 기술 및 성공적인 네이티브 클라우드 애플리케이션 개발을 위한 기술을 포함해 조직의 방향과 부합하는지를 이해하는 데 도움을 준다.

그러나 가장 잘 규정된 모델이라도 실무에서 구현되지 않는다면 한 장의 종잇조각에 불과하다. 거버넌스 모델이 적절히 구성되고 이행되기 위해 가장 효과적인 조직적 메커니즘은 4장에서 소개한 COC^{Center of Competence} 모델이다.

클라우드 COC

다양한 조직이 있는 만큼 조직의 설계도 다양하다. 클라우드 COC 접근 방식의 목적은 클라우드 도입과 디지털 전환을 전략적 비즈니스 목표 및 결과와 연계하고 이를 효과적으로 가속하는 것이다. 그림 10.1을 예시로 살펴보자.

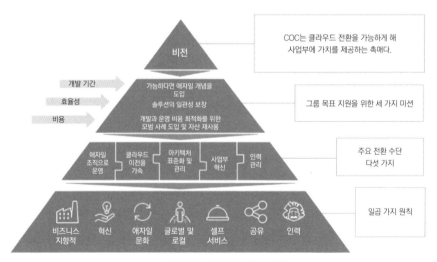

▲ 그림 10.1 클라우드 COC 비전

면밀한 조직 내 조정은 무엇이 비즈니스에 중요한지 파악할 수 있도록 돕는다. 4장에서는 조직의 문화적 전환 과정에서의 COC 역할에 초점을 맞췄다면, 이 장에서는 거버넌스에 초점을 맞춰 지속적인 성공을 위해 COC가 어떻게 촉매로서 역할을 하는지 살펴볼 것이다.

COC는 로컬 설계부^{DAs, design authorities}와 긴밀하게 협업하는 본사 지원 조직으로, 기업이 운영하는 타깃 시장이나 허브(해당 지역의 납품 센터) 대상 글로벌 배포 모델의 설계 결정을 기획, 구현, 관리하는 조직이다. COC는 거버넌스의 세 가지 핵심 요소를 구현한다.

- **기획**: 비즈니스 목표에 부합하는 IT 사용을 위해 계획이나 정책을 준비 및 구현한다. COC는 핵심적인 비즈니스 목표에 맞는 원칙과 정책을 세우고 조직의 책임을 결정한다.
- **평가 및 통제**: 위험 관리를 포함해 현재 및 미래 IT의 사용을 평가하고 통제한다. COC는 거버넌스 구성요소의 위험, 예외 및 업데이트를 평가하고 통제한다.
- **실행 및 모니터링**: 계획과 비교하여 정책 및 성능 준수를 모니터링한다. COC는 매트릭스를 활용해 거버넌스가 비즈니스 목표 달성에 효과적인지 평가한다.

COC는 가능하다면 애자일 개념을 도입해 조직이 클라우드를 도입할 수 있게 한다. 조직의 중앙형 구조를 통해 COC는 솔루션의 일관성을 보장하고, 기술 도입 및 관련된 조직적 조정 과정에서 발생할 수 있는 중복과 마찰을 식별한다. 또한 COC는 개발을 최적화하고 운영 비용을 최소화하기 위해 모범 사례의 도입과 자산 재사용을 유도한다.

COC는 상호 합의된 일련의 원칙에 기반을 둔다. 애자일 문화(즉, '잦은 실패와 개선' 문화)는 이 일련의 원칙의 한 사례다. 기업 비즈니스에 새로 등장한 진입자에 의한 분열 리스크를 통제하기 위해 COC는 지속적인 변화의 문화를 독려해야 한다. 이 문화에서는 새로운 제품이나 서비스가 신속하고 저렴하게 배포됐다가 폐기될 수 있다. 조직은 각 실패에서 배운 교훈을 향후 반복을 위한 자산으로 여겨야 한다. COC는 협업의 문화, 고객 중심의 의사결정, 사용자 피드백 통합 등을 촉진하고 지원한다.

COC는 미션을 수행하기 위해 그림 10.2에 나타나는 여섯 가지 범주의 기능을 수행한다.

- **고객 및 전문 서비스**: 기업이 서비스하는 타깃 시장 조직에 서비스와 전문성을 제공해 클라우드 도입을 가속하고, 필요하다면 로컬 DA와의 업무 일관성을 보장하라.
- **혁신과 파트너십**: 파트너 생태계를 포함해 글로벌 기업 전반에 걸쳐 혁신을 후원하고 육성하라.
- **솔루션 개발**: 정책에 맞는 솔루션을 개발하라.
- **중개**: 멀티클라우드, 멀티벤더 비즈니스 및 기술 환경에서 서비스 사용 조건을 식별, 통합하고 합의하라.
- **마케팅 및 커뮤니케이션**: 서비스의 비전을 사업부, 핵심 지지자, 최종 사용자에게 판매하고 지속적인 개선을 위한 피드백을 도출해 반영하라.
- **플랫폼 운영**: 비즈니스 성과를 위한 명확한 매트릭스와 지속적인 개선을 위한 전략을 통해 제공 서비스가 비즈니스 요구사항을 지원하게 하라.

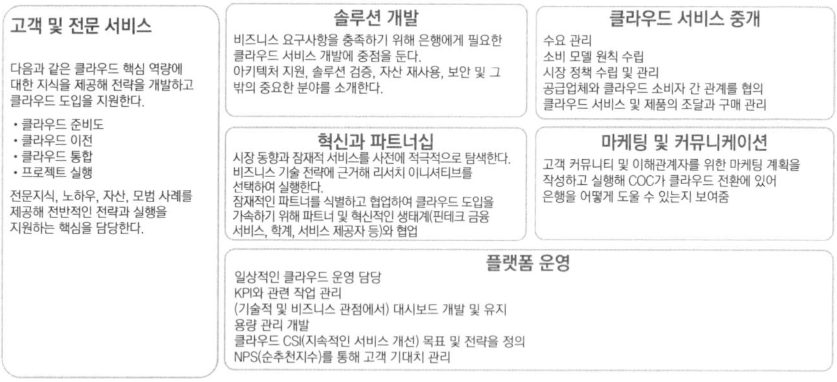

고객 및 전문 서비스

다음과 같은 클라우드 핵심 역량에 대한 지식을 제공해 전략을 개발하고 클라우드 도입을 지원한다.

- 클라우드 준비도
- 클라우드 이전
- 클라우드 통합
- 프로젝트 실행

전문지식, 노하우, 자산, 모범 사례를 제공해 전반적인 전략과 실행을 지원하는 핵심을 담당한다.

솔루션 개발

비즈니스 요구사항을 충족하기 위해 은행에게 필요한 클라우드 서비스 개발에 중점을 둔다.
아키텍처 지원, 솔루션 검증, 자산 재사용, 보안 및 그 밖의 중요한 분야를 소개한다.

혁신과 파트너십

시장 동향과 잠재적 서비스를 사전에 적극적으로 탐색한다.
비즈니스 기술 전략에 근거해 리서치 이니셔티브를 선택하여 실행한다.
잠재적인 파트너를 식별하고 협업하여 클라우드 도입을 가속하기 위해 파트너 및 혁신적인 생태계(핀테크 금융 서비스, 학계, 서비스 제공자 등)와 협업

클라우드 서비스 중개

수요 관리
소비 모델 원칙 수립
시장 정책 수립 및 관리
공급업체와 클라우드 소비자 간 관계를 협의
클라우드 서비스 및 제품의 조달과 구매 관리

마케팅 및 커뮤니케이션

고객 커뮤니티 및 이해관계자를 위한 마케팅 계획을 작성하고 실행해 COC가 클라우드 전환에 있어 은행을 어떻게 도울 수 있는지 보여줌

플랫폼 운영

일상적인 클라우드 운영 담당
KPI와 관련 작업 관리
(기술적 및 비즈니스 관점에서) 대시보드 개발 및 유지
용량 관리 개발
클라우드 CSI(지속적인 서비스 개선) 목표 및 전략을 정의
NPS(순추천지수)를 통해 고객 기대치 관리

▲ 그림 10.2 클라우드 COC의 일반적 기능

챕터와 길드

4장에서 스쿼드와 트라이브를 기반으로 엔지니어링 조직 구조에 대해 논의했었다. 이 모델의 핵심은 엔지니어링 팀의 자율성이었다. 이번 절에서는 자율성과 독립성을 바탕으로 어떻게 거버넌스를 조직의 구조에 적용할지 논의할 것이다.

절대적인 자율은 존재하지 않는다. 건강한 수준의 자율성을 갖더라도 의사결정은 반드시 단기적 목표와 장기적 목표를 모두 고려해야 한다. 마찬가지로 팀은 반드시 조직의 지시와 규정을 준수해야 한다. 엔지니어링 관점에서도 마찬가지다. 개별 자율 구성요소를 최적화하는 것은 전체 솔루션의 건전성이나 장기 전략의 실행에 영향을 미칠 수 있다. 모든 스쿼드가 다른 스쿼드와 완전히 독립적으로 자신들만의 클라우드 플랫폼을 선택하면 어떤 일이 일어날지 상상해보자. 아마 필요한 운영 기술의 수가 증가하면서 운영 비용이 상승할 것이며, 조직은 스쿼드와 트라이브에 적절히 자원을 할당하기도 어려울 것이다.

스쿼드와 트라이브를 조정하고 관리해야 할 필요가 생기면서 챕터와 길드가 출발했다. 챕터chapters는 프론트엔드 개발자, 사이트 안정성 엔지니어, 데이터베이스 전문가 같은 특정 영역에서 일하는 사람들의 집단이다. 길드guild는 관심사를 공유하는 사람들의 모임이다. 두 그룹의 목표는 모두 지식과 모범 사례를 공유하는 것이다. 챕터와 길드에는 각자의 활동을 조정하는 리더가 존재한다.

챕터와 길드의 가장 중요한 미션 중 하나는 엔지니어링 모범 사례를 지지하는 것이다. 기술적인 가이드와 거버넌스는 조직 관리 구조를 통해서만 적용되는 것은 아니다. 챕터와 길드의 리더는 스쿼드의 자율성 안에서 공유 지식을 구축하기 위해 코칭, 멘토링, 모범 사례 공유 등을 통해 가이드와 거버넌스를 제공한다. 길드와 스쿼드 구조의 예시는 그림 10.3을 참조하라.

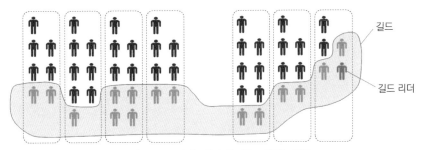

트라이브 A   트라이브 B

길드

길드 리더

▲ 그림 10.3 트라이브와 스쿼드를 교차하는 길드

절대적인 것은 여전히 존재하지 않으며, 조직은 자율성과 중앙집권화된 통제 사이에서 타협해야 한다. 다만 앞선 장에서 COC에 대해 권고한 것처럼, 타협점을 찾기 위해서는 모두가 공유하는 일련의 원칙을 설정하는 것을 추천한다.

COC와 길드는 고객사에서 성공한 여러 모델 중 두 가지에 불과하다. 이 모델들은 상호 배타적이지 않으며 두 가지 모델이 모두 적용된 사례도 있었다. 모든 조직은 고유하며, 거버넌스 모델은 반드시 조직의 고유한 특성을 반영해야 한다. 조직에 어떤 거버넌스 모델이 효과적일지 고려할 때는 반드시 비즈니스 전략 목표나 이와 유사한 핵심 요소와의 조화를 기반으로 조직의 고유한 맥락을 검토해야 한다. 그러나 무엇보다 중요한 것은 가장 유능한 리더는 다른 이들로부터 배우며, 조직의 문화적 제약에 들어맞으면서도 효과성이 입증된 것을 가져다 도입한다는 점이다.

정리

10장에서는 클라우드에서 애플리케이션을 개발하고 제공하기 위한 성공적인 거버넌스 모델에 무엇이 필요한지를 살펴봤다. 완전한 거버넌스 모델은 반드시 리스크 요인과 클라우드로 인해 발생한 문제를 해결해야 하며, 클라우드 개발이 산업 코어를 위한 기존의 개발과 근본적으로 다르다는 사실을 인지해야 한다. 거버넌스 모델에는 프로세스 및 조직 구조가 포함돼야 하며, 이를 통해 식별한 리스크를 해결하는 일련의 거버넌스 원칙을 실행할 수 있어야 한다. RACI 매트릭스 안에서 체계화된 의사결정 프레임워크는 조직 안에서 책임을 규정하고 거버넌스 모델이 필요한 리스크를 해결하는 데 아주 좋은 방법이다. 이 장에서는 클라우드 모델에서 거버넌스 구현에 효과적인 두 가지 조직 구성 모델을 소개했다.

결론

"과거에 비행기를 타던 멋진 사나이들에게는 감각에만 의존해 비행기를 조종하는 것이 근사한 경험이었을지 모르지만, 현대 항공기에 탑승한 500명의 승객 목숨을 걸고도 그런 위험을 감수할 사람은 아무도 없을 것이다. 현대 기업의 비즈니스 관리자들도 이러한 위험을 감수해서는 안 된다. 조직은 반드시 표준 클라우드 매트릭스와 ROI 모델을 개발해 성공을 측정하는 도구를 마련해야 한다."

– 크리스 하딩Chris Harding 박사 / 오픈 그룹The Open Group 상호운용성 이사 겸 SOA

침착하게, 그러나 성공적으로 클라우드 도입하기

클라우드가 얼마나 빠르게 성숙하고 있으며, 클라우드가 모든 조직의 혁신 과정에서 어떻게 중심이 됐는지, 그리고 기업 디지털 전략을 클라우드가 어떻게 뒷받침하는지 등을 살펴봤다. 이제 클라우드는 새로운 기술이나 일시적인 유행이 아니라 기업 구조의 본질이다.

최근 IBM이 800개 이상의 클라우드 의사결정자를 대상으로 한 연구에서 클라우드를 활용해 경쟁 우위를 점하려는 조직을 '페이스세터Pacesetters'라고 정의했다. 페이스세터는 클라우드를 활용해 비즈니스 모델을 다시 구상하고, 분석적 통찰을 바탕으로 더 나은 의사결정을 내리며, 새로운 방식으로 고객을 돕고, 비즈니스 성과를 창출한다. 페이스세터는 동료 그룹보다 약 2배가량 많은 매출 증가세를 보였으며 총 수익도 약 2.5배 더 높았다.

이 정도 수준의 성과는 클라우드를 비즈니스 혁신의 원동력으로서 간과하지 않았음을 의미한다. 클라우드 도입은 비즈니스 전환 요구에 따라 이뤄지며, 절대 기술 중심의 의사결정으로만 이뤄지지 않는다. 빠르게 진화하는 소비자들의 행동, 변화하는 비즈니스 모델, 새로운 시장의 잠재 고객이나 기성 시장 고객의 혼란에 대응해야 할 필요 등에 따른 수요에 기업이 대응하면서 리더들은 지속적인 혁신을 가속하고 우위에 서기 위해 클라우드를 활용해야 한다는 압박을 받고 있다.

분명 클라우드 도입은 최고경영자^{CEO}에서부터 그 아래까지 기업의 모든 이들에게 영향을 미친다. CIO와 CTO는 조직이 자신 있게 미래에 직면할 수 있도록 점차 빠른 속도로 클라우드 컴퓨팅을 도입하고 있다. 동시에 리더들은 증가하는 요구사항과 끈질긴 규제 압력 아래에서 시스템을 운영하고 늘어나는 컴플라이언스 요구를 준수하며 복잡한 정보 기술 인프라를 관리하면서 클라우드로의 변화를 원활하게 관리해야 한다. 모두 오늘날 '더 적은 자원으로 더 많은 작업을 수행'하면서 '어제까지 필요했던' 비즈니스 조건을 충족해야 한다.

위에서 설명한 모든 것들의 결과는 위기 상황에 대한 감각과 빠르게 변해야 한다는 강한 욕구, 그리고 때로는 클라우드의 가능성과 잠재력을 얻기 위한 쇄도로 이어진다.

클라우드를 도입하기 위해 아무 시도도 하지 않은 고객은 없었다. 많은 기업은 최소한 클라우드에 발을 담그기는 했다. 아마 일부 소규모 애플리케이션을 온디맨드 클라우드 기반 인프라 서비스로 이동시켰을 것이며, 혹은 개발자들이 클라우드 인프라나 플랫폼 서비스를 활용해 제품을 출시하기 전 새로운 애플리케이션을 테스트했을지도 모른다. 또한 IT가 의사결정에 관여했는지와 관계없이 사업부 리더들도 SaaS 애플리케이션에 가입해봤을 가능성이 크다. 함께 일했던 많은 고객은 이 초기 사업을 클라우드 버전 1이라고 표현한다.

그러나 어떤 사업도 성공하기 위해 맛만 보지 않는다. 클라우드 버전 1이 당면한 과제에 관한 이야기를 들은 적이 있는데, '샌드박스의 남용', '제어가 안 되는 섀도 IT', '정보 과다로 인한 분석 불능', '일단 구축부터 하자는 무분별한 시도', '불완전한 미션 수행', '일단 IT가 해라' 등 이 모든 것이 급작스러운 접근의 일반적인 증상들이었다.

투자 수익률과 클라우드로부터 얻는 가치를 극대화하려면, 크든 작든 모든 비즈니스를 플레이북 도입을 통해 시작하는 것이 좋다. 플레이북의 목적은 클라우드 도입을 위한 강압적인 접근 방식을 강요하는 것이 아니며, '하나로 모든 것에 적용할 수 있다'는 방법론을 활용하는 것도 아니다. 플레이북은 각 기업이 자신에게 맞는 속도로 변화하고, 자신의 요구사항에 맞는 클라우드 솔루션을 어디에 어떻게 도입할지 스스로 결정할 수 있게 한다. 또한 무엇보다 플레이북은 조직이 오늘날의 요구사항을 해결하기 위해 각각의 클라우드 결정을 내릴 때, 조직 전반에 걸쳐 조정된 접근법을 이용하면 미래에도 그 결정은 유효할 것이고 앞으로 계속 성과를 가져올 것이라 확신할 수 있게 해준다.

클라우드 도입의 다음 버전은 단순히 다른 기술의 선택, 벤더 파트너십 변경, 운영 및 관리 프로세스 재고, 문화 혁신, 새로운 아키텍처 수용, 전략 및 세부 로드맵 설계, 전환 프레임워크 수립 등에 그치지 않는다. 고객과 오랜 시간 일하며 얻은 것, 즉 클라우드 버전 2는 모두 플레이북에 관한 것이다. 업계 모범 사례를 이용해 어떻게 클라우드를 도입해야 전환에서 이행까지의 변화를 가속할 수 있는지를 말해주는 책 말이다.

초대장

많은 고객이 클라우드 도입의 여정을 시작하고 성공할 수 있도록 돕기 위해 우리는 이전에 일하면서 축적한 경험을 공유하려고 노력했다. 그러나 이 책은 클라우드 도입을 향한 여정의 출발점일 뿐이다.

IBM 클라우드 개러지 팀은 플레이북의 일부 또는 많은 전문적 부분을 개발한 IBM 임직원, 동료 및 파트너로 구성된 큰 커뮤니티의 일부다. 이 성장 중인 커뮤니티에 당신이 함께하기를 기대한다. 팀 구성원들은 공통 지식을 공유하고 모범 사례를 교환하며 클라우드 도입의 여정에 함께할 준비가 되어 있다.

우선 https://www.ibm.com/cloud/garage/adoption을 방문하라. 조직만의 플레이북을 구성할 때 활용할 수 있는 수많은 관례, 방법, 도구 체인, 참조 아키텍처 등을 자세하고 다양하게 설명해뒀다. 또한 IBM과 업계의 사상가들이 사이트에 최신 아이디어를 공유하며, 실무자들은 관행적인 가이드를 제공한다.

마지막으로, 도움을 요청하라. 전문 전략가와 혁신 지원자로 구성된 이 커뮤니티는 조직이 클라우드 컴퓨팅을 효과적으로 활용할 수 있도록 지원할 준비가 되어 있다. 이들은 기술력이 우수하며, 기존 환경과 하이브리드 환경의 복잡성을 인정하는 실용적인 엔터프라이즈급 솔루션을 설계, 개발, 구현한다. 플레이북 전반에서 다룬 일곱 가지 도입 및 전환 프레임워크 검토 분야도 지원할 수 있다.

또한 IBM 클라우드 개러지 지부 중 하나에서 귀사를 방문하거나 호스팅할 수도 있다. https://www.ibm.com/cloud/garage/get-started에서 지부 위치를 확인하고 페이지 하단의 연락처 양식을 작성하라. 영업 팀이 귀사에 연락해 IBM 클라우드 개러지 방문 일정을 조율하거나 IBM의 다른 서비스를 이용할 수 있게 도와줄 것이다.

찾아보기

클라우드 도입 실천 전략

클라우드에 첫발 내딛는 기업 맞춤 참고서

발   행 | 2019년 10월 30일

지은이 | 모어 압둘라 · 잉고 애버덩크 · 롤랜드 바르시아 · 카일 브라운 · 인듀 에뮤차이
옮긴이 | 정 진 영 · 이 민 아

펴낸이 | 권 성 준
편집장 | 황 영 주
편   집 | 조 유 나
디자인 | 박 주 란

에이콘출판주식회사
서울특별시 양천구 국회대로 287 (목동)
전화 02-2653-7600, 팩스 02-2653-0433
www.acornpub.co.kr / editor@acornpub.co.kr

한국어판 ⓒ 에이콘출판주식회사, 2019, Printed in Korea.
ISBN 979-11-6175-364-5
http://www.acornpub.co.kr/book/cloud-adoption-playbook

이 도서의 국립중앙도서관 출판시도서목록(CIP)은 서지정보유통지원시스템 홈페이지(http://seoji.nl.go.kr)와
국가자료공동목록시스템(http://www.nl.go.kr/kolisnet)에서 이용하실 수 있습니다.(CIP제어번호: CIP2019041815)

책값은 뒤표지에 있습니다.